『十三五』国家重点图书出版规划项目
国家出版基金资助项目

政府市场社会大扶贫格局

中国扶贫攻坚前沿问题研究丛书

ZHONGGUO FUPIN GONGJIAN
QIANYAN WENTI YANJIU CONGSHU

丛书主编◇黄承伟
本册著者◇陆汉文 梁爱有
彭堂超

湖南人民出版社

中国扶贫攻坚前沿问题研究丛书编委会

（按姓氏笔画排序）

总序

加强中国新时代脱贫攻坚的
理论创新和实践创新研究

习近平总书记在2018年新年贺词中指出："到2020年我国现行标准下农村贫困人口实现脱贫，是我们的庄严承诺。一诺千金。到2020年只有3年的时间，全社会要行动起来，尽锐出战，精准施策，不断夺取新胜利。3年后如期打赢脱贫攻坚战，这在中华民族几千年历史发展上将是首次整体消除绝对贫困现象，让我们一起来完成这项对中华民族、对整个人类都具有重大意义的伟业。"这既是打赢脱贫攻坚战的动员令，也为加强脱贫攻坚实践总结、理论研究指明了方向。

一

中国改革开放以来的扶贫开发取得了举世瞩目的减贫成就，新时代脱贫攻坚取得决定性进展，创造了人类发展史上的奇迹。

中国曾是世界上贫困人口最多的国家，也是世界上最早进行国家救助的国家之一。几千年来，在中华民族发展史上，扶危济困、改善民生始终是中国传统文化的内在追求。从先秦诸子百家倡导的"仁爱""民本""兼爱""大同"等思想理念，到中国共产党消除贫困、改善民生的使命追求，消除贫困始终是华夏民族孜孜不倦的向往追求。中国共产党成立至今97年来，一直把为人民谋幸福、为中华民族谋复兴作为使命。中华人民共和国成立以后，更是把全心全意为人民服务作为执政理念和根本宗旨，建立了社会主义制度，为消除贫困奠定了制度基础。改革开放以来，特别是从20世纪80年代中期开始，我国开始实施有组织、有计划、大规模的扶贫开发，先后制定实施了《国家八七扶贫攻坚计划（1994—2000年）》《中国农村扶贫开发纲要（2001—2010年）》，2011年颁布实施《中国农村扶贫开发纲要（2011—2020年）》。改革开放以来的中国扶贫开发取得了举世瞩目的成就，7亿多贫困人口脱贫，对全球减贫贡献率超过70%。

2012年11月，中国共产党召开第十八次全国代表大会。此后，以习近平同志为核心的党中央把扶贫开发纳入"五位一体"总体布局和"四个全面"战略布局进行部署，把贫困人口脱贫作为全面建成小康社会、实现第一个百年目标的底线任务和标志性指标，在全国范围全面打响了脱贫攻坚战，中国扶贫开发进入新时代脱贫攻坚阶段。经过全党全国全社会的共同努力，中国新时代脱贫攻坚战取得决定性进展。截至2017年末，全国农村贫困人口从2012年末的9899万人减少至3046万人，减贫幅度达到70%；贫困发生率从2012年末的10.2%下降至3.1%，累计下降7.1个百分点；年均脱贫人数1370万人，是1994—2010年间年均减贫人数的两倍多，取得了中国减贫历史上最好的成绩。脱贫攻坚明显改善了贫困地区的生态环境，促进了贫困地区农村基础条件的明显改善和公共服务水平的明显提升，明显提高了贫困地区基层治理能力和管理水平；脱贫攻坚激发了贫困地区贫困群众的内生动力，为建立稳定脱贫长效机制奠定了基础；脱贫攻坚还培养锤炼了一大批干部和人才，营造了良好的社会氛围。

联合国秘书长古特雷斯在致"2017减贫与发展高层论坛"的贺信中，高度评价中国的精准扶贫成就，称赞"精准减贫方略是帮助贫困人口、实现2030年可持续发展议程宏伟目标的唯一途径。中国已实现数亿人脱贫，中国的经验可以为其他发展中国家提供有益借鉴"。脱贫攻坚不仅成为中国特色道路自信、理论自信、制度自信、文化自信的生动写照，而且也成为全球反贫困事业的亮丽风景。

二

习近平扶贫思想为新时代脱贫攻坚理论创新和实践创新研究提供了指导思想。根据党的十九大关于脱贫攻坚的新部署新要求，新时代脱贫攻坚进入了决战决胜阶段，形成了新时代脱贫攻坚理论创新和实践创新研究的宏观背景。

习近平扶贫思想成为新时代中国特色社会主义思想的伟大创新，为新时代脱贫攻坚理论创新和实践创新研究提供了根本遵循。第一，习近平扶贫思想是马克思主义反贫困理论的继承和发展。习近平运用马克思主义立场、观点、方法，深刻思考中国贫困问题演变规律，基于长期担任地方领导的实践积淀，深刻阐述了中国扶贫开发在治国理政中的战略地位作用，科学提出了精准扶贫精准脱贫方略，鲜明指出了深化国际减贫合作、共建人类命运共同体的前进方向，是马克思主义反贫困理论中国化的最新成果。第二，习近平扶贫思想体现了中国传统优秀文化继承及与现代的结合。习近平创新性地提出文化自信，作为“四个自信”的重要内容。显然，中国几千年的优秀传统文化滋养和涵养着习近平扶贫开发思想。第三，习近平扶贫思想具有丰富内涵。坚持党对脱贫攻坚的领导，是政治基础；实施精准扶贫精准脱贫，是思想内核；构建大扶贫格局，是动力保障；激发内生动力，是目标导向；实行最严格考核制度，是根本要求；携手共建人类命运共同体，是价值取向。六个方面的重要思想逻辑严密、自成体系，具有长远性、普遍性，是中国特色社会主义的重要理论创新和实践创新。第四，习近平扶贫思想具有鲜明的理论品格。集中体现在人民性、实践性、科学性、开放性、国际性等方面，这些理论品格和新时代中国特色社会主义思想所贯穿的精神实质完全一致，为我们解决贫困问题、制定更好的扶贫政策提供了思想方法和指导原则。第五，习近平扶贫思想的核心——精准扶贫精准脱贫方略，不仅为打赢脱贫攻坚战提供了理论武装和思想动力，而且对推进国家治理体系和治理能力现代化具有方法论的意义。第六，习近平扶贫思想呈现出巨大的国际价值。这种价值体现在习近平扶贫思想回应了其他发展中国家在解决贫困问题中的世界难题，比如：如何在经济下行、经济复苏缓慢进程中发挥政府在减贫中的主导作用，更好地动员更多力量、构建更完善有效的贫困治理体系？如何通过由上到下、由下到上的互动，形成一个更精准的识别机制，把大规模的贫困人口识别出来？如何采用更综合性、更体系化的机制应对综合性贫困、多维贫困的治理挑战？等等。伟大的思想引领伟大的实践。习近平扶贫思想的中国实践既是扶贫理论实践研究的动力，更为新时代脱贫攻坚理论创新提供了广阔的发展空间。

新时代脱贫攻坚的艰巨性、复杂性进一步凸显，对新时代脱贫攻坚理论创新和实践创新研究提出了新挑战、新需求。习近平总书记指出，脱贫攻坚不是敲锣打鼓一下子就能够完成的。随着攻坚进入深水区、决胜期，其艰巨性、复杂性在多个方面呈现。第一，在最贫困的地方按照最精准的要求开展扶贫工作，各种不精准问题的必然性就是其中的重要挑战。这些挑战在实践中贯穿精准扶贫真正生根落地的全过程。如何通过深入总结不同的实践，总结各种成功做法，从而促进精准扶贫真正落地生根，成为需要研究的重要议题。第二，党的十九大把精准脱贫作为三大攻坚战之一，而且有明确的时限、明确的目标，是中国共产党对人民、对全球的庄严承诺，必须兑现。打好精准脱贫攻坚战，攻克深度贫困地区脱贫任务是关键的关键。深度贫困问题，包括深度贫困区域、深度贫困群体以及深度贫困中的深度贫困。所谓深度贫困中的深度贫困，是指老人、留守妇女、残疾人等深度贫困群体中的特殊贫困群体，解决这类特殊贫困群体难度更大、更复杂，是“坚”中之“坚”。第三，激发内生动力的问题。习近平总书记高度重视扶贫同扶志扶智相结合，多次对此做出重要论述、重要批示。贫困人口内生动力的激发培育是一个世界难题，不少拉美国家陷入福利陷阱，形成“养懒汉”现象，根本原因就是没有把内生动力的建立、提高作为扶贫的根本目标。对于我国脱贫攻坚实践中出现的各种对政府过于依赖的思想、行为，必须予以高度关注和切实解决。同时，内生动力的建立需要以社会整体发展、整体提升为支撑。如果整个社会风气没有在脱贫攻坚战中得到相应的改善，全社会互助互爱的社会氛围没有在高强度的脱贫攻坚投入中形成，都是脱贫攻坚战没能打好的表现。这也体现了脱贫攻坚战的艰巨性和复杂性。上述三个方面的问题，是目前最突出的，需要持续、深入地研究，寻找问题演变规律，形成破解难题对策。

新时代脱贫攻坚的战略性、长期性特征逐步呈现，要求新时代脱贫攻坚理论创新和实践创新研究立足当前、面向长远。脱贫攻坚的战略性和长期性集中体现在习近平总书记在党的十九大报告中提出的“脱真贫、真脱贫”要求上。这六个字富含哲理，意味着脱贫攻坚既是短时间内要实现的目标，更是长远治理要实现的目标。“脱真贫”，要求各种资源一定要瞄准贫困人口，一定要保证经济社会发展中落在后面的区域和群体能够通过精准扶持，赶上主流发展的水平。这是解决不平衡、不充分发展的前提，是实现共同富裕的基础。如何把脱真贫落到实处，不仅是短期问题，更是长期问题。还应该看到，脱贫攻坚建立的治理体系，不是到 2020 年就结束了，而是将在 2020 年后的扶贫工作中继续发挥作用，确保始终实现脱真贫。“真脱贫”，富含一系列精准脱贫体系。从政策资源的整合投入、大扶贫格局的完善、东西部扶贫协作、攻克深度贫困地区脱贫任务、扶贫同扶志扶智结合，到实行最严格的考核评估制度，都是围绕真脱贫而逐步形成的精准脱贫体系。同样，这套治理体系也不应随着 2020 年脱贫攻坚战的结束而结束，而是要在新征程的发展中继续发挥真脱贫的作用。由此，扶贫理论实践的研究，不仅要总结研究经验的有效性，更需要从制度、机制、理念等层面研究脱贫攻坚制度体系对于国家更平衡发展、更充分发展，为我们实现共同富裕的进程奠定基础的角度，进行总结和判断、提炼。

脱贫攻坚取得决定性进展所呈现的多重意义及深远影响，为新时代脱贫攻坚理论创新和实践创新研究提供了新视角新议题。就一般性的总结来说，脱贫攻坚成效明显，贫困人口大幅度减少，贫困地区基础设施明显改善，公共服务水平不断提高，同时锻炼了干部，促进了大扶贫格局的完善，营造了更好的社会氛围。除此之外，脱贫攻坚的意义和影响还体现在以下方面：第一，打赢脱贫攻坚战是中国2020年前发展的底线任务。实际上，从人类发展史看，任何的发展阶段，减贫都是必须面对的底线任务。如何分析其中蕴含的规律，需要深入研究。第二，脱贫攻坚中形成的理论和实践启示，对于农村治理、乡村振兴、新发展理念的落实，都具有重要价值，这些价值需要总结、提炼和转化。第三，在脱贫攻坚中体现出的"短板意识""底线思维"，是国家治理的宝贵经验。"短板意识"不仅重视在现实发展进程中促进均衡发展，促进不平等状况的改善，更重要的是提供了科学的思维方法，这对完善政策，提升社会经济发展的包容性有重要启示。第四，从价值观层面看，脱贫攻坚是以人民为中心的发展思想的生动体现和实践。以人民为中心是中国共产党最重要的发展理念，是初心和使命。脱贫攻坚正是最能呈现共产党执政理念、呈现初心的最生动实践。如何理解和体现习近平扶贫思想的价值观及其影响，是需要加强研究的重要内容。第五，脱贫攻坚成就成为坚定"四个自信"的重要载体。有效解决最底层、最贫困人群的脱贫和发展问题，体现发展尊严，这是中国特色社会主义制度优越性的呈现，这就是制度自信、道路自信、理论自信和文化自信的底气。第六，脱贫攻坚是国家治理体系和治理能力现代化的呈现。习近平扶贫思想引领下的脱贫攻坚，逐步建立中国特色扶贫制度体系，是国家治理体系的重要组成部分。打赢脱贫攻坚战的过程，实际上就是国家治理能力现代化的过程。可见，新时代脱贫攻坚理论实践研究，不仅需要从直接影响效果层面进行全面总结，而且需要从更高、更理性层面，从治国理政层面，从中国共产党执政新思想新理念层面进行深入系统的理论凝练。

三

习近平扶贫思想指引下的新时代脱贫攻坚的理论创新和实践创新，产生了一系列总结研究新议题，这些研究将为打赢脱贫攻坚战提供理论支撑，将推进中国特色扶贫开发理论的丰富发展以及为全球减贫治理提供中国智慧、中国方案。

新时代脱贫攻坚理论创新和实践创新研究，是习近平扶贫思想引领中国扶贫理论丰富发展的需要。很显然，中国最终要为全球、为全人类的进步做出更大的贡献，扶贫是不可或缺的重要领域。扶贫的贡献不仅仅体现在贫困人口的减少，更体现出支撑减贫成效的理论体系具有普遍价值，而这套中国特色扶贫理论正是在习近平扶贫思想的引领下得到了不断丰富和发展。基于实践创新提炼理论创新成果，既是习近平扶贫思想价值的体现，也是在习近平扶贫思想引领下推动实践创新取得的重要成效。只有经过足够的理性思考和理论提炼，中国的扶贫经验才能形成新的理念，才能既可用于指导脱贫攻坚进程，也可为2020年后扶贫工作提供理性层面的指导。新时代脱贫攻坚理论创新和实践创新的目的，正是适应国家扶贫战略转型、新贫困治理体系构建奠定理论基础的需要。

新时代脱贫攻坚理论创新和实践创新研究，是完善脱贫攻坚顶层设计及其政策体系的需要。脱贫攻坚战打响以来，中央致力于脱贫攻坚的顶层设计，创新建立了责任、政策、投入、动员、考核、督查等六大制度体系，出台了两百多项政策，全党、全国、全社会都动员起来了。从顶层设计到基层落实，各种政策与实际的适应以及产生的综合效应需要评估，以为部分政策的完善提供依据。当然，这里的总结不仅是一般性的经验总结，而更应该是从理性层面进行深入思考的普遍性、规律性总结。这样的总结，才能够为进一步完善顶层设计、完善政策措施提供有力支撑。

新时代脱贫攻坚理论创新和实践创新研究，是深化精准扶贫、不断提高脱贫攻坚管理水平的需要。习近平总书记2017年提出了深化精准扶贫的重要思想。深化精准扶贫，需要对实践进行梳理总结，需要明确深化方向，需要把深化落到实处。只有在深化精准扶贫精准脱贫过程中，不断解决现存问题，才能实现从以顶层设计为主向完善顶层设计和促进政策落实并重转变，促进脱贫攻坚管理水平的不断提高。而只有脱贫攻坚管理水平不断提高，精准扶贫、精准脱贫工作中所产生的问题和风险才能够得到及时的化解和防范。由此证明习近平扶贫思想的科学性和正确性。

新时代脱贫攻坚理论创新和实践创新研究，是充分发挥典型引领作用、有力有效地推进工作的需要。从全国看，各地涌现出各种各样的脱贫攻坚典型。总结、推广一批立得住、叫得响、可复制的好典型，对于引领扶贫工作可以起到提高效果、减少成本、培养队伍、激发理念、推动创新的作用。需要从丰富的成功实践中总结、提炼经验，加以理性地总结运用，充分发挥典型的示范引领作用。

新时代脱贫攻坚理论创新和实践创新研究，是营造良好社会氛围、广泛动员社会参与脱贫攻坚的需要。通过总结研究，其成果一方面用于促进顶层设计、政策措施的不断完善，另一方面通过总结推出一系列生动案例和成功实践，可以让更多人在更大范围形成共识，这对于社会良好氛围的形成无疑具有重要推动作用。比如，2017 年有一位残疾人通过办电商平台，自强自立并带动邻里脱贫，这看起来只是一件小事，但是，它所产生的社会正能量却是不可估量的。其中的精神就需要总结、需要研究。再比如，一些革命老区，在脱贫攻坚中，把老区精神、优秀传统文化结合起来，探索出各种文化扶贫、精神扶贫模式。这既是中国共产党精神财富的传承，更是夯实党的执政基础的重要途径。加强这方面的实践总结和理论研究，其重要性不言而喻。

新时代脱贫攻坚理论创新和实践创新研究，是讲好中国扶贫故事、增强中国软实力和参与全球治理话语权的需要。中国扶贫实践特别是脱贫攻坚波澜壮阔的伟大实践，需要总结，需要研究，需要凝练。通过丰富的中国扶贫故事、科学的中国扶贫理论，可以以理性的方式让国际社会更深入地了解、理解中国的减贫事业。讲好中国扶贫故事，需要对实践的生动呈现，需要用更生动的方式、国际化的语言和视野，促进中国扶贫经验的国际分享。

四

湖南人民出版社组织的“中国扶贫攻坚前沿问题研究”丛书，是新时代脱贫攻坚理论创新和实践创新研究的尝试和探索，也是至今关于新时代脱贫攻坚最为全面的理论读物。

该丛书被列入“十三五”国家重点图书出版规划，并获得2018年国家出版基金资助，这表明这套丛书得到了国家层面的认可，体现了丛书出版的价值。丛书共10卷。1卷1个主题，10个方面的选题都是扶贫攻坚的前沿问题。所谓前沿问题，是指在扶贫实践中呈现出趋势，但在理论研究上尚未深入开展，而且很可能对扶贫政策产生影响的问题集合。

第1卷《减贫目标与减贫手段》，在分析以人民的幸福感作为扶贫目标的背景和意义的基础上，阐释了党和国家与时俱进调整减贫的手段和任务。全书围绕扶贫手段的变与扶贫脱贫目标的不变这一矛盾统一体的对立统一关系展开。

第2卷《多维贫困与贫困治理》，通过总结贫困测量的国际国内理论与实践发展进程及趋势，分析多维贫困的特征及测量方法，探讨当前贫困类型的精准识别问题和未来的发展趋势，阐释了各种贫困治理模式的理论成果和实践效果。

第3卷《三维资本协同反贫困机制》，总结了扶贫从物质资本范式到人力资本范式再到社会资本范式的历程及模式，对扶贫理论框架中涉及的基础概念及物质资本、人力资本、社会资本等三维资本结构做了原创性的界定和内涵延伸，构建了三维资本结构的扶贫理论框架及作用机制，阐述了三维资本协同激发内生动力的机理及对策。

第4卷《社会保障与减贫发展》，从贫困、减贫与社会保障概念出发，阐述了社会保障减贫发展的机理，深入分析社会保障视角下的贫困和贫困人口特征以及社会福利、社会保险、社会救助与减贫发展的关系，总结论证了社会保障与扶贫开发的衔接与协作，对社会保障减贫发展进行了展望。

第 5 卷《新型城镇化与减贫发展》，围绕新型城镇化快速进程中如何脱贫发展这一主题，深刻地阐述了如何通过建机制、转方式，在城乡统筹发展的框架下实现工业化与农业现代化相协调，人口、经济、资源与环境相协调，大中小城市与小城镇相协调，人口积聚、“市民化”与基本公共服务相协调，按照产城融合、节约集约、生态宜居的路子走下去等诸多重大理论和实践问题。

第 6 卷《扶贫对象主体性与组织化》，从扶贫对象的组织化定义、内涵、意义出发，对扶贫对象主体性建构过程进行了回顾总结，分析了扶贫对象主体性的现状，阐述了扶贫对象主体性建构动力，从组织化视角分析了扶贫对象主体性的实践，对扶贫对象组织化进行了反思，就社会工作参与扶贫对象组织化提出了相关建议。

第 7 卷《扶贫机制创新的理论与实践》，系统回顾了中国农村扶贫开发的历程，系统分析新时代脱贫攻坚面临的新形势以及新战略定位，全面阐述扶贫攻坚机制创新的目标任务、农村扶贫开发模式创新发展重点，指出扶贫机制模式创新的发展趋势和规律，阐释了扶贫机制的理论创新和实践创新。

第 8 卷《政府市场社会大扶贫格局》，针对扶贫工作“政府热、社会弱、市场冷”的局面，阐述构建政府、市场和社会三者之间各司其职、协调发展、共同作用的和谐互动模式和符合国情、政情的“政府主导、市场能动、社会参与”的中国特色大扶贫格局，总结提炼了国内外引导并鼓励社会力量和市场力量参与扶贫工作的经验及模式。

第 9 卷《政治制度优势与贫困治理》，以中国减贫发展的政治制度承诺为导论，回顾了中国减贫发展的政治逻辑，对深化贫困治理面临的制度挑战进行分析，阐述了精准扶贫与中国政治制度的立体嵌构关系，总结了贫困治理与社会建设的关系和以党建促扶贫的政治定力，通过地方探索的成功案例，呈现了政治制度优势与贫困治理关系，最后以从贫困治理到建设人类命运共同体的大国担当作为结论。

第10卷《精准扶贫精准脱贫方略》，系统地分析和阐释了精准扶贫精准脱贫方略提出与形成的国际国内背景、基本内涵、重要内容、实施体系和重大意义，总结评估了精准扶贫精准脱贫从顶层设计到基层落实的实践现状、主要做法、经验和模式。以习近平精准扶贫思想为指导，论证了精准扶贫精准脱贫方略的创新发展方向。

丛书体现了以下特点：一是始终坚持以习近平扶贫思想为指导，二是始终坚持问题导向，三是坚持规范性与实证性相结合，四是坚持理论性和前瞻性并重。

五

党的十九大把打好精准脱贫攻坚战作为决胜全面小康社会的三大攻坚战之一，再次展现了中国共产党决战决胜贫困的信心和决心。2018年5月31日，习近平总书记主持召开中央政治局会议，审议《关于打赢脱贫攻坚战三年行动的指导意见》，对未来三年打赢脱贫攻坚战做出全面部署，新时代脱贫攻坚的理论创新和实践创新研究的重要性将进一步凸显。

到2020年，中国将在人类历史上第一次消灭绝对贫困问题，这注定会载入人类发展的史册。但消灭绝对贫困现象，并不意味着中国与贫困做斗争的事业终结。随着经济社会的快速转型，相对贫困问题的有效治理将成为推动乡村振兴战略、城乡一体化发展和社会主义现代化建设中的重大议题。

2020年后中国将继续加强扶贫工作。首先，这是由中国共产党的性质决定的。中国共产党的初心和使命，就是为中国人民谋幸福，为中华民族谋复兴。扶贫开发，最能体现中国共产党的初心和使命，最能体现中国共产党以人民为中心的发展思想，最能体现中国共产党的宗旨和社会主义的本质要求。其次，理论和国际发展实践表明，任何社会，即使是发达国家，总会存在一定比例的相对贫困人口。扶贫开发，是中国解决新时代不平衡不充分发展主要矛盾的重要举措，是实施乡村振兴战略的重要基础，是逐步实现共同富裕的重要途径。再次，从国内外减贫历史看，扶贫工作往往会进入“扶贫—脱贫—返贫”的恶性循环，要打破这一循环，就必须始终保持对扶贫工作的重视，避免贫富差距越拉越大，增加工作成本及难度。最后，我国是全球最大的发展中国家，人口众多，不管采取什么标准，相对贫困人口规模都不会小，短期内很难像西方国家那样主要通过福利救济兜底解决贫困问题，必须坚持开发式扶贫和保障性扶贫结合，不仅要减贫，而且要通过开发增强贫困人口的劳动技能，提升民族的整体素质。

今后三年，中国政府在全力打赢打好脱贫攻坚战的同时，将同时研究2020年后扶贫战略，这既是建立稳定脱贫机制的需要，更是实现脱贫攻坚战和战后扶贫工作无缝衔接的需要；既是中国共产党向第二个百年奋斗目标进军的需要，也是在提前10年完成联合国2030年发展议程减贫目标的基础上继续引领全球减贫事业、为全人类做出更大贡献的需要。

立足当前三年，面向新征程的长远，加强新时代脱贫攻坚理论创新和实践创新研究，更显得紧迫而重要。一方面，需要加强精准扶贫精准脱贫前沿问题研究，为完善相关政策、确保打赢脱贫攻坚战提供参考。另一方面，需要加强2020年后扶贫工作的相关研究。可以预期，中国在2020年后将瞄准相对贫困问题，需要在扶贫标准、目标任务、工作范围、基本方略、体制机制、政策体系、保障措施等方面开展深入研究，同时有力、有效地向国际社会推介习近平扶贫思想和中国减贫方案，为全球减贫贡献中国智慧。

但愿本丛书的出版，能够为推动中国新时代脱贫攻坚理论创新和实践创新研究贡献一份微薄力量。

2018年6月

目录

第一章· **概述**

一、中国农村贫困问题及其治理 /002

二、为何要构建政府市场社会协同推进的大扶贫格局 /011

三、如何构建政府市场社会协同推进的大扶贫格局 /022

第二章· **政府、市场、社会之关系与贫困治理：理论、实证经验及争议**

一、政府与贫困治理 /026

二、市场与贫困治理 /038

三、社会参与贫困治理 /046

第三章· **1978—2012 年：中国减贫的历史进程与总体格局**

一、改革开放以来的减贫成就与历史分期 /056

二、农村发展带动减贫的历史阶段 /068

三、工业化成为减贫新能动的历史阶段 /086

四、如何认识政府、市场和社会在减贫进程中的作用 /104

第四章· **新时期经济社会形势变化与贫困治理格局的调整**

一、包容性发展格局的转变与贫困结构化 /108

二、市场与社会力量的发展壮大及其对扶贫形势的影响 /121

三、精准扶贫视角下政府、市场、社会的角色与功能 /128

第五章· 政府主导：新形势下多元协同大扶贫格局的基础力量

一、为什么是政府主导 /134

二、政府如何主导 /150

三、政府主导面临的挑战及其对策 /157

第六章· 市场能动：新形势下多元协同大扶贫格局的活力源泉

一、市场能做什么 /175

二、如何充分发挥市场的作用 /185

三、市场力量对扶贫开发的潜在威胁及其对策 /195

第七章· 社会参与：新形势下多元协同大扶贫格局的强大支撑

一、扶贫开发力量的构成与特征 /210

二、社会力量参与扶贫开发面临的困难与挑战 /231

三、如何充分发挥社会力量的扶贫功能 /246

第八章· 多元协同大扶贫格局的中国特色及其意义

一、多元协同大扶贫格局的中国特色 /255

二、多元协同大扶贫格局的理论意义 /263

三、多元协同大扶贫格局的反思 /267

后　记 /276

·第一章·

概述

德国总理安格拉·默克尔在2017年7月7日于德国汉堡召开的二十国集团领导人峰会（B20）上强调，实现2030年可持续发展议程，特别是在帮助非洲国家减少贫困方面需要向中国学习经验。这是又一位国家领导人对中国减贫经验和成就给予肯定。纵观中国改革开放以来的减贫发展历史，其所取得的成就着实让人惊叹。这既得益于中国政府卓有成效的扶贫政策，也得益于中国经济的快速发展，得益于日益崛起的社会力量参与到扶贫领域。当然，这并不等于说，政府、市场和社会三方力量在不同的扶贫阶段都发挥了同等重要的作用。相反，政府、市场和社会对中国减贫实践的影响是动态变化的，各自的贡献率是不稳定的。这种不稳定性，既与贫困问题的变化有关，也与政府、市场、社会的关系演变有关。

一、中国农村贫困问题及其治理

作为政治、经济和文化等众多落后因素的共同表征，贫困问题自始至终都是世界性难题。不管是发展中国家，抑或是发达国家，贫困问题的存在都对该区域的社会发展提出了巨大挑战。这种挑战不仅体现为贫困群体的收入水平低，更表现为不发达地区的文化、政治、能力和生态等多维度的落后。正是由于“富裕中的贫困是我们这个世界中最大的挑战”，所以世界各国都将反贫困作为共同使命，把“建立一个没有贫困，没有因贫困带来痛苦的世界”作为首要的国际发展目标。而作为世界上重要的经济体，中国一直都积极践行“消除人类贫困的全球公约”，大力推进扶贫开发，取得了令人瞩目的减贫成就。如联合国《千年发展目标 2015 年报告》所述，1990 年至 2015 年，全球极端贫困人口 19 亿降至 8.36 亿，其中中国的贡献率超过 70%①。

（一）改革开放至党的十八大的农村贫困问题

纵观世界发展史或反贫困的历史，不仅可以看出世界减贫的总体进程呈现逐渐放慢的趋势，还能够发现世界的贫困状况在不同的历史时期呈现出较大的差异。这种差异在一定程度上导源于外部社会环境的变化。因为贫困问题作为复杂的社会建构问题而存在，内嵌于特定的政治、经济和文化等结构性框架中，当区域内的结构性制度有所变化时，该区域内的贫困状况必然随之而变。自改革开放以来，中国经济社会形势及相关制度安排与日俱新，镶嵌于“外部制度复杂性”的贫困问题也随之呈现不同的形态，并通过贫困发生率、贫困人口分布、致贫原因、减贫进程、收入差距和返贫现象等得到具体体现。

1. 贫困发生率持续降低。中华人民共和国成立之初，中国面临的是百废待兴、一穷二白的国情，有将近 40%～50%的人口处于生存贫困状态②。改革开放初期，以当时 100 元的贫困标准衡量，中国有 2.5 亿贫困人口，贫困发生率为 30.7%。经过农村土地承包经营、农产品流通体制改革和乡镇企业的发展，中国农村居民的收入水平大幅度提升。到了 1985 年，农村没有解决温饱的贫困人口减至 1.25 亿，贫困发生率也随之降至 14.8%③。

---

① 肖禹：《中国“减贫观”重塑全球发展治理》，http://www.cpad.gov.cn/art/2016/10/14/art_56_54305.htm。

② 汪三贵：《在发展中战胜贫困：对中国 30 年大规模减贫经验的总结与评价》，《管理世界》2008 年第 11 期，第 78 页。

③ 国务院扶贫办：《中国农村扶贫开发概要》，http://www.cpad.gov.cn/data/2006/1120article_331600.htm。

自从1986年中国政府成立国务院贫困地区经济开发领导小组（1993年更名为国务院扶贫开发领导小组）后，中国开始步入有组织的扶贫开发时期，贫困人口持续减少。2015年底中国农村的贫困人口减至5575多万，贫困发生率也随之降为5.7%①。

按照世界银行的贫困标准来看，中国历年来贫困人口减少数量也非常惊人。根据中国国际扶贫中心公布的数据，以每天1美元的贫困标准衡量，中国的贫困人口数量由1981年的73000万减至2008年的9700万，28年里减少63300万贫困人口。以每天1.25美元的贫困标准衡量，中国的贫困人口数量由1981年的83500万降至2008年的17300万，28年里减少66200万贫困人口。以每天2美元的贫困标准计算，在1981年至2008年间，中国贫困人口减少57700万，贫困发生率由97.8%降低至29.8%。(见表1-1)

表1-1 中国农村贫困人口数量及贫困发生率（1981—2008）

年份	每天1美元		每天1.25美元		每天2美元	
	贫困人口数量（万）	贫困发生率（%）	贫困人口数量（万）	贫困发生率（%）	贫困人口数量（万）	贫困发生率（%）
1981	73000	73.5	83500	84.0	97200	97.8
1984	54800	52.9	72000	69.4	96300	92.9
1987	41200	38.0	58600	54.0	90700	83.7
1990	49900	43.9	68300	60.2	96100	84.6
1993	44400	37.7	63300	53.7	92600	78.6
1996	28800	23.7	44300	36.4	79200	65.1
1999	30200	24.1	44600	35.6	77000	61.4
2002	24400	19.1	36300	28.4	65500	51.2
2005	11900	9.2	21200	16.3	48200	36.9
2008	9700	7.3	17300	13.1	39500	29.8

① 刘永富：《扶贫要防止扶富不扶穷 扶农不扶贫》，《兰州晨报》2016年7月7日，第A07版。

2. 贫困人口“大分散小集中”趋势逐渐凸显。在人口分布上，贫困人口“大分散小集中”趋势更加明显。大分散体现于贫困人口分布在更多区域。1994 年中国农村 72%以上的贫困人口集中在 592 个重点贫困县，而经过新世纪前十年扶贫开发工作后，新阶段确定的 592 个重点贫困县仅覆盖了 61%的贫困人口①。这 592 个重点贫困县覆盖的贫困人口比 1994 年减少了 11 个百分点。这也就是说，集中在同一区域的贫困人口变少了。此外，14 个连片特困区覆盖的贫困人口占全国贫困人口 50%以上②，分布在 1861 个县（区/市）的 14.8 万个贫困村覆盖了全国 80%的农村贫困人口③。

小集中表现为贫困人口进一步向西部地区、少数民族地区和山区集中。首先，2000 年东部、中部和西部贫困人口占全国贫困人口的比重分别为 10.2%、29.0%和 60.8%，而到了 2015 年这三个比值分别为 4.6%、30.3%和 65.5%④。东部地区的比值减少，而中西部比重上升，说明贫困人口越来越集中于中西部地区。其次，在 2006 年至 2010 年这五年间，民族自治地方农村贫困人口占同期全国农村贫困人口的比重分别为 44.5%、52.2%、52.5%、55.3%和 55.1%⑤。这些数据表明了贫困人口逐渐向少数民族地区集中。最后，2000 年中国山区贫困人口占全国农村贫困人口的比重为 48.7%，而 2005 年这一比重则增加 0.4%，2010 年再增加 3.6%⑥。由此可见，贫困人口向山区集中的趋势也越来越明显。

---

① 龚晓宽：《中国农村扶贫模式创新研究》，四川大学博士论文，第 35 页。

② 庄天慧，陈光燕，蓝红星：《精准扶贫主体行为逻辑与作用机制研究》，《广西民族研究》2015 年第 6 期，第 138 页。

③ 黄承伟，覃志敏：《我国农村贫困治理体系演进与精准扶贫》，《开发研究》2015 年第 2 期，第 56 页。

④ 国家统计局住户调查办公室：《中国农村贫困监测报告（2011）》，中国统计出版社 2012 年版，第 13 页。

⑤ 国家统计局住户调查办公室：《中国农村贫困监测报告（2011）》，中国统计出版社 2012 年版，第 60 页。

⑥ 国家统计局住户调查办公室：《中国农村贫困监测报告（2011）》，中国统计出版社 2012 年版，第 13 页。

3. 致贫因素多样化。在改革开放之前，中国农村的贫困主要是由制度安排、经济发展水平和自然环境约束等相对普遍的因素造成。在这一系列因素的共同影响下，中国农村贫困问题呈现出普遍性贫困。改革开放之后，尤其是新世纪以降，中国的经济发展水平迅速提升，国家开始注意经济社会发展的均衡性，通过制度措施改善生态环境脆弱地区的生活状况。如西部大开发战略、农村税费改革政策、全国农村义务教育、新型农村合作医疗政策和中央对地方的财政转移政策等，都为生态环境脆弱、经济发展落后地区增加了发展要素。数据显示，在1994年至2005年间，中央对地方财政转移支付总额中，东部、中部和西部地区分别为10%、44%和46%①。

在上述国家政策的带动下，尤其是随着中国扶贫开发进程不断深入，中国的贫困人口大幅度降低的时候，普遍性贫困也随之消失。剩余贫困群体越来分散于自然环境脆弱地区，共同性的致贫因素逐渐弱化，个体性致贫因素突显出来。换言之，剩余贫困人口的致贫因素不再是具有普遍性的制度安排、经济发展水平和生态环境，而是上述因素与其他因素交错在一起，从而造成致贫因素的复杂多样②。致贫原因的复杂多样体现在，农村地区新的社会特征如农村地区老龄化和市场化的出现，加剧了贫困原因的复杂程度。如老龄化通过加重贫困农户家庭负担，从而导致其生存环境进一步脆弱；又如市场化使贫困农户在资本、技术和权力等场域中的弱势地位进一步强化③。由此，农村地区的贫困问题就不仅仅关乎收入水平、生态环境和制度安排，还与社会变迁、市场等因素交织在一起，变得更加复

---

① 王绍光：《大转型：1980年代以来中国的双向运动》，《中国社会科学》2008年第1期，第135页。

② 左停，齐顾波，唐丽霞：《新世纪我国农村贫困和反贫困的新特点》，《贵州社会科学》2009年第9期，第49页。

③ 李小云，于乐荣，唐丽霞：《新时期中国农村的贫困问题及其治理》，《贵州社会科学》2016年第2期，第36页。

杂，导致农村居民陷入贫困状态的原因越来越多样化、复杂化。

4. 减贫难度加大。中国农村贫困问题在新时期布局上表现为“大分散小集中”，在致贫因素上则以多样化为特征。“大分散小集中”使不同贫困群体所处的外部环境有所差异，有的贫困地区自然资源比较丰富但生态环境脆弱，有些地方可用耕地少但剩余劳动力较多。这些外部环境的差异需要更有针对性的减贫策略。而致贫因素多样性在某种程度上会使以往普遍化的减贫策略在某些地区失效，这要求每一个致贫因素都需要有对应的减贫策略，针对贫困群体的发展策略应更加多样化。总而言之，“大分散小集中”的布局和致贫因素多样化都对减贫政策和方式提出了更高的要求，中国农村的减贫难度进一步加大。

中国减贫难度加大，导致了减贫成效有所降低，减贫进程有所放缓(党的十八大以前)。中国减贫进程放缓直观地体现为年均贫困人口数量和贫困发生率减少上。21 世纪前 10 年、20 世纪 90 年代和 20 世纪 80 年代绝对贫困人口的减少规模分别是 221 万、529 万和 1350 万[①]。换言之，20 世纪 80 年代和 90 年代绝对贫困人口减少规模分别是 21 世纪前 10 年的 6.1 倍和 2.4 倍。而在 GDP 增长带动减贫上，“六五”期间 GDP 每增长 1 个百分点就能带来 2 个百分点以上的贫困发生率下降，而“十五”期间经济增长对贫困发生率的弹性系数已经降至 1 个百分点以下[②]。从这些数据都可以看出中国的减贫进程存在变缓的趋势。

5. 收入差距变大。关于经济增长—收入分配—减贫的三角关系，学术界已经有了充分的探讨。在这三角关系中，经济增长既有可能加速地区的减贫速度，也有可能造成地区间或群体间收入差距变大。决定三者关系的

---

① 国家统计局住户调查办公室：《中国农村贫困监测报告（2011）》，中国统计出版社 2012 年版，第 12 页。

② 世界银行：《从贫困地区到贫困人群：中国扶贫议程的演进——中国贫困和不平等问题评估》，东亚及太平洋地区扶贫与经济管理局 2009 年版，第 7 页。

关键在于地区间或群体间分享经济增长的机会和能力。中国的实践是，在不同地区或群体中，部分群体分享经济发展成果的机会更多、能力更强，部分群体分享经济发展成果的机会较少、能力较弱。所以中国改革发展带来贫困人口减少的同时，也造成不同群体之间收入差距不断扩大。

数据也表明中国地区间和群体间的收入差距逐年变大，贫富差距日益悬殊，从而导致农村贫困人口的相对贫困状况更加严重。从城乡居民收入比来看，2015 年城市和农村居民的人均收入比值为 2.73∶1，比 1998 年的 2.51∶1 有所扩大①，这说明社会财富在城乡间分配不均等程度有所提高。从农村居民人均收入的基尼系数来看，2010 年农村居民人均收入的基尼系数为 0.3783，而 2000 年为 0.3533②，农村地区人均的基尼系数的提高表明农村地区收入分配越加不公平。从分组数据来看，2010 年收入最低的 20% 人口只拥有全部纯收入的 5.8%，收入最高的 20% 人口却拥有全部纯收入的 43.9%③。

6. 返贫现象突出。中国是世界上最大的农业国家，同时也是农业技术水平较低的国家之一。在农村地区，大部分居民的生计模式以种植业和畜牧业为主，在农业技术有限情况下，自然条件对农村居民的种植业和畜牧业的产出有着很大影响。如在黄土高原、青藏高寒地区、蒙古和新疆干旱地区等区域，人们往往是“靠天吃饭”。这些恶劣的自然条件极大地影响了人们生活水平的提高。此外，中国贫困群体主要分布在自然条件极端恶劣的边远山区，这里的居民自我发展能力较弱。即使是在政府、市场和社会的力量之下实现脱贫致富，自然灾害也有可能再次使他们陷入贫困的

---

① 国家统计局住户调查办公室：《中国农村贫困监测报告（2016）》，中国统计出版社 2016 年版，第 18 页。

② 国家统计局住户调查办公室：《中国农村贫困监测报告（2011）》，中国统计出版社 2012 年版，第 20 页。

③ 国家统计局住户调查办公室：《中国农村贫困监测报告（2011）》，中国统计出版社 2012 年版，第 20 页。

境地。

在中国的减贫实践中，返贫现象屡次出现，返贫规模较大。与局部地区返贫现象相对应的是，中国绝对贫困人口在 2003 年增加了 80 万，这是自 20 世纪 90 年代以来中国扶贫开发历史上首次出现全国性反弹[①]。由此可见，中国有些贫困地区生态环境特别脆弱，内源性发展动力不足，脱贫的人口在外部环境不稳定情况下很容易返贫。这一现象在新世纪的扶贫开发工作中愈加明显，农村贫困人口脱贫持续性有待提高。

（二）中国农村的贫困治理

在中国贫困治理道路上，先后有三种不同的力量在发挥着作用：政府力量、市场力量和社会力量。这三种力量在不同减贫时期发挥着不同的作用。1978 年至 1991 年，是农村经济改革带动减贫的时期。起源于 1978 年的家庭联产承包责任制和后续实施的农产品流通体制激活了农村地区的生产积极性，提高了农业收入；而兴起于 20 世纪 80 年代的乡镇企业和个体私营经济则为农村居民提供了非农就业机会。农村地区的经济制度改革为农村居民参与市场经济并获益提供了机会。1978 年至 1991 年，中国农村地区不管是农业收入，还是非农业收入都有了很大的提高，成为农村地区脱贫致富的主要原因。这是市场力量带动减贫的重要时期。

到了 20 世纪 90 年代，中国农业产量增幅不明显，局部地区出现回落，农村居民难以通过农业发展达到脱贫致富的目标。与此同时，乡镇企业逐渐衰弱及其后的改制，也减少了农村居民的非农就业收入。以政府为主导的有组织扶贫开发在减贫过程中的作用越来越大。与政府投入的扶贫资金和扶贫行动成正比，农村贫困人口数量持续下降。这是政府力量促进减贫

① 国家统计局农村社会经济调查总队：《中国农村贫困监测报告（2004）》，中国统计出版社 2004 年版，第 4 页。

的关键时期。

在上述两个阶段，政府和市场力量在中国减贫上占据主要地位，社会力量被淹没在二者的影响之下。进入新千年以后，由于种种因素的影响，社会力量逐渐彰显其减贫作用，因而得到社会各界的广泛重视。首先是国家放松对社会力量的控制，开始构建“强政府大社会”的治理格局。这是社会力量能够发育的政治因素。其次是国家在 1996 年大规模实施的对口扶贫工作，从政策上鼓励社会力量参与到扶贫开发工作当中，为其他社会力量作了示范。最后是西方社会“全球结社”革命传入中国，激励了中国本土社会组织的发展，中国民众的参与意识和治理能力也因此得到发展。在这三个因素共同作用下，社会扶贫力量成为弥补“政府失灵”和“市场失灵”的重要扶贫机制。这可以看作是社会力量发挥减贫作用的重要时期。

上述三个时期的划分是相对的，在市场力量发挥作用的时候，政府和社会力量也同时存在，只是市场力量的减贫作用比其他力量更为突出。同样，在政府力量和社会力量发挥作用的时期也是如此。更重要的是，不管是市场力量还是社会力量，都是在政府引导下壮大起来的。只不过在相当长的时期内，政府、市场和社会的连接和协同更多地处于自发无意识的状态，政府、市场和社会之合力及相应体制机制尚未受到充分重视。

随着扶贫进程的深入，与贫困问题相关的“制度复杂性”也有所变化，尤其是贫困人口愈加集中于西部、山区和少数民族地区等生态环境脆弱地区，中国的贫困问题也呈现出与以往不同的特征。新旧特征交织在一起，使得反贫困斗争难度有所上升。这可从世纪之初扶贫开发力度加大但减贫成效降低中看得一清二楚。由此可见，贫困问题在新时期呈现出来的新特征影响着传统减贫措施的成效。这是新时期的贫困治理要在减贫制度和机制上有所创新的原因。

二、为何要构建政府市场社会协同推进的大扶贫格局

在新时期，与贫困问题紧密相关的“外部复杂性”发生了较大的变化，中国的贫困状况也呈现出不同于以往的新面貌，如分布在西部、山区和少数民族等生态环境脆弱地区的贫困人口所占比例逐年上升，又如减贫难度加大。这些新的特征使得中国的贫困状况更加复杂化，原先的减贫设计难以有效地应付这些问题。正是由于贫困问题的“外部复杂性”和“内部复杂性”都发生了很大的变化，原先被割裂的政府力量、市场力量和社会力量难以独立地承担新时期的减贫使命，构建政府、市场和社会协同推进的大扶贫格局就显得尤其重要。而除了贫困问题的内外部复杂性有所变化导致原先制度设计的减贫效率降低外，构建政府、市场和社会协同推进的大扶贫格局的重要性还显见于政府、市场和社会三者在减贫中各自所具备的优势和劣势上。

（一）政府、市场和社会的优势

1. 政府的优势。政府最大的优势便是统配能力和动员能力极强。政府的统配能力体现于政府在提供公共物品上具有天然的合法性，从而能够在短时间内将大量的资源投向贫困地区。其次，政府“家长式”的权威和合法性使得扶贫工作顺利地开展。政府的扶贫工作依托行政管理体制，具备权威的决策机制和上通下达的管理渠道，这不仅增强了反贫困的权威性和有效性，还让政府能从宏观上对扶贫工作进行布局，对整个扶贫开发工作进行协调。最后，政府扶贫具有很强的连贯性。这种连贯性由扶贫战略的连续性、扶贫资金的稳定性和扶贫项目的一致性构成。扶贫战略的连续性体现于扶贫政策在时间和空间上的统一；扶贫资金的稳定性表现在中国扶贫资金总量逐年上升，且投向各个扶贫领域的资金大致稳定；扶贫项目的

一致性显现于扶贫政策和项目在不同地区都能够整齐划一地实施。

2. 市场的优势。通过贫困人口非农就业案例，市场参与贫困治理的优势便可窥见一斑。山西省天镇县地处山西、河北、内蒙古三省（区）交界处，素有“鸡鸣一声闻三省”之称。但由于天镇县在历史上战乱频仍，加上现代二、三产业资源匮乏，导致其贫困面积大、贫困程度深，属于国家扶贫开发工作重点县。而在当地二、三产业极为落后的情况下，天镇县的劳动力资源未能充分发挥作用。据统计，由于天镇县的无霜期短暂，18.1万农业人口中有2.6万人口常年闲置在家。而在距离天镇县不远的北京和天津等特大城市对家政服务需求量很大，仅北京市就面临着150万人的家政服务人员缺口。在这种情况下，劳务输出逐渐成为天镇县一些贫困村庄脱贫致富的主要途径。

从天镇县劳务输出案例中，我们看到市场参与反贫困最大的优势在于能够最大化地挖掘和利用贫困群体的资源禀赋。相比非贫困群体而言，贫困群体虽然在市场要素上处于劣势地位，但他们仍有相对于自身而言的资源禀赋，而根据供求关系来调配各种资源流向的市场能够充分挖掘贫困群体的资源禀赋，并将其纳入市场的竞争之中，使贫困群体从中获益。市场参与贫困治理的另一优势是，能够培养贫困群体自力更生的意识，杜绝“等靠要”等懒惰心理形成。虽然政府会在政策上向参与市场竞争的贫困群体倾向，使其更具竞争性，但这并不能够让贫困群体在市场竞争中得以立足。而市场竞争最大的特征便是优胜劣汰，贫困群体为了能够在市场竞争中立足并获益，不得不提高自身产品和服务的质量。在此过程中，贫困群体自力更生、优胜劣汰的市场意识便逐渐形成。市场参与贫困治理的优势还在于，它能够解决扶贫主体利益问题。传统的政府扶贫和社会扶贫都以牺牲经济利益为代价，这加重了政府扶贫和社会扶贫在经济上的压力。而市场扶贫将扶贫对象纳入市场竞争之中，为增强其稳定可持续脱贫增收能力奠定了基础。

3. 社会的优势。河北巨鹿县建“两个组织”破解信贷难这一案例为我们展示了社会力量在中国减贫中具有的巨大的优势。为了解决农民贷款难问题，巨鹿县委、县政府多方走访调研，发现“两难”“两怕”——贫困农民贷款抵押难和担保难，银行怕农民不还款和一对一担保的干部怕农民不还款，是导致当地贫困群体无法申请贷款的主要原因。鉴于此，巨鹿县委、县政府创造性地引导建立了“两个组织”，也就是公职人员组成的县扶贫信贷担保志愿者组织和贫困村诚信自律者联谊会。这种“机关干部担保+农户互保”的双重保险模式，不仅让银行信贷吃上“定心丸”，还让机关干部敢于为农户担保。截至 2015 年，包括巨鹿县四大班子在内的 1000 多名公职人员都加入了扶贫信贷担保志愿者组织，信贷担保额度达到 1 亿多元，新建蔬菜大棚 3 万多亩，中药材 20 万亩，新建肉鸡养殖小区 20 余个。

通过巨鹿县“两个组织”的建设探索，我们看到了社会组织在社会制度创新以及弥补政府缺陷和市场缺陷上的重要作用。社会组织参与贫困治理最大的优势是其具有较强的专业能力。社会组织往往走专业化发展道路，其组成人员拥有一定专业知识技能，可根据自身专业技能在相应的领域开展扶贫活动。此外，社会组织能够充分利用自己的义工资源，发挥专家资源、亲和资源的作用，在某项服务领域和对特定人群的服务中体现出自身的专业性①。其次是社会组织多方互动的决策机制。在扶贫项目的选择和实施过程中，社会组织并不是仅仅根据自身的判断做出决策，而是在与其他专家、政府和扶贫对象的多方互动中做出科学的判断。这种自下而上的决策模式不仅能够带来决策的科学化和民主化，还能够带动贫困农户

① 匡远配，汪三贵：《中国民间组织参与扶贫开发：比较优势及发展方向》，《岭南学刊》2010 年第 3 期，第 93 页。

参与扶贫开发的整个过程，使扶贫政策更加贴合扶贫对象的实际情况[①]。再次是整合资源的优势。在整合扶贫资源上，社会组织为个人和企业参与扶贫事业提供通道，其募集的资源不仅来自国内，还有大量来自国外。同时社会组织通过项目专家和志愿者的方式，将具有专业知识的人力资源引入贫困农村地区，缓解了这些地区人力资源匮乏的困难[②]。最后是扶贫效率高。社会组织在竞争发展中通常建立起比较完善的运作机制，不仅能够高效率地使用自身资源，还通过间接的方式促进政府提高扶贫资源的使用效率[③]。

4. 政府、市场和社会优势的合力效应。政府、市场和社会各自具有的优势条件是其在中国农村减贫事业中发挥重要作用的前提条件。由于历史上政府力量、市场力量和社会力量的格局处于变化之中，所以在某一时期往往以某一种力量为扶贫力量的主导，其他扶贫力量由于较弱而处于配角地位。这就造成了中国历史上的扶贫往往是以某一种扶贫力量为主的单一格局，政府、市场和社会三者之间往往割裂开来，没有形成合力。在新时期，政府、市场和社会协同发力的情况逐渐增加，实践也证明将政府、市场和社会的优势结合在一起是更有效的扶贫方法。安徽省的金寨县就是具有代表性的案例。

安徽省金寨县既是革命老区，也是国家级贫困县。截至 2013 年底，金寨县仍有贫困村 71 个，贫困人口 4.23 万户，13.01 万人，贫困发生率达到 22.1%。在这 4.23 万户贫困人口中，有重大疾病或残疾的贫困人口占比 43.26%，丧失劳动能力的占比 7.84%，劳动力素质低的占比 17.22%。安

---

① 曲天军：《非政府组织对中国扶贫成果的贡献分析及其发展建议》，《农业经济问题》2002 年第 9 期，第 28 页。

② 万俊毅，赖作卿：《扶贫攻坚、非营利组织与中国农村社会发展》，《贵州社会科学》2007 年第 1 期，第 37 页。

③ 钮莹菡：《政府扶贫与 NGO 扶贫的比较》，《郑州航空公共管理学院学报》2007 年第 6 期，第 189 页。

徽省金寨县“失能”“弱能”的贫困家庭多，是扶贫攻坚中难啃的硬骨头。在政府、市场和社会优势的合力之下形成的光伏扶贫新模式，是安徽省金寨县取得重大减贫成绩的重要途径。2014 年安徽省金寨县开始实施“光伏发电扶贫到户”项目。在项目实施过程中，政府、市场和社会均依据自身优势承担了一定的工作。

政府利用政策制定和资源动员能力来组织、引导项目的发展过程和方向。在项目正式实施前，安徽省金寨县相关部门对“光伏发电扶贫到户”项目做了规划：开建首批 1008 座居民光伏电站，每户装机容量 3 千瓦，采取先试点 8 户再全面铺开的办法。在项目正式实施时，作为政府公共事务代理者的村两委，与乡镇政府的工作人员说服农户按照更为科学的办法选择光伏电站的具体安装位置。由于 3 千瓦光伏电站需要 20 平方米的空地，但部分山区贫困农户难以从自家耕地或屋顶上腾出 20 平方米的空地。此时政府部门为这些贫困农户集中安装光伏发电站，解决了贫困户安装难的问题。

市场力量和社会力量为贫困农户解决光伏发电站建设的资金问题以及后期的风险问题。每一个光伏发电站的总投资为 2.4 万元，其中贫困农户自筹 0.8 万元，剩余部门由企业承担。这是企业能够发挥作用的地方。对于无力筹集 0.8 万元费用的贫困农户，则通过互助资金、小额贷款和社会帮扶途径解决。这是社会力量发挥作用的地方。此外，“光伏发电扶贫到户”项目还引入市场机制来承担有可能发生的风险。如按照贫困户每年出资 10 元、村级集体光伏发电站每年出资 200 元和政府同比例配套的方式筹集保险资金，整体购买财产保险。通过购买保险这种商业化的方式，贫困农户的光伏发电项目的风险就部分转移给了商业机构，解决了贫困农户和村级集体光伏电站的后顾之忧。

在政府力量、市场力量和社会力量发挥各自优势、共同协作之下，安徽省金寨县的光伏扶贫工作取得巨大成就。2014 年参加光伏发电项目的贫困农户有2008户，其中有900多户陆陆续续实现脱贫目标。

（二）政府、市场和社会的劣势

政府、市场和社会自身所具备的优势不尽相同，这是其能够联合协作共同为中国扶贫开发工作做出贡献的原因之一。除了优势形成的合力外，政府、市场和社会三者也存在诸多的不足或缺陷。由于政府、市场和社会所处地位以及内部管理上的不同，它们的不足和缺陷也有所不同，难以依靠自身力量来克服这些缺陷和不足。但在政府、市场和社会形成合力的情况下，则可以取长补短。由此，政府、市场和社会本身的劣势也是构建政府、市场和社会大扶贫格局的理论根据之一。

1. 政府的局限性。虽然政府在扶贫开发工作中发挥着主导作用，但传统的政府“包办”扶贫模式已不能很好地应对新的贫困状况，政府在扶贫筹资机制、运行模式上的局限性逐渐暴露出来。首先，政府主导扶贫开发最大的弊端就是“总体性”的扶贫政策设置很可能与某些地区的实际情况相左。政府的统配能力使其很容易收集、掌握“普遍性常识”，但由于“情景性知识”的分散化，政府很难对每一个地区的具体情况有所了解。即使政府能够将全部的“情景性知识”收集上来，但各个地区的“情景性知识”可能存在相左情况，所以政府的“总体性”决策很难体现不同地区的“情景性知识”。这就导致顶层设计很可能与基层农村的实际情况相矛盾。其次，政策目标很可能出现变异。政府内部权力具有纵横交错的复杂性，是一个分化的、利益多元的主体。这种利益多元化导致不同级别的政府部门间存在着权力博弈和互动游戏，从而导致政策目标发生变异。再次，政府扶贫资源配置效率也存在较低的可能性。政府的官僚体制层级分明，政府部门间利益分化，导致扶贫资源层级传递和分部门管理成为必然。也正是由于扶贫资源的分散化，导致通过行政体制运作的扶贫资源实际效用较低。

政府在扶贫实践上存在的不足之处给中国的扶贫开发进程带来一些挑战。由于政策制定者对“情景性知识”难以全面把握，贫困农户自身判断力有限，从而导致贫困农户很难对自上而下的扶贫政策做出正确的回应。如贵州省2016年的“滞销鸡”事件。作为对国家产业扶贫政策的具体实施，贵州省通过招标采购并下发给当地贫困农户的十四余万只“扶贫鸡”应当是提升贫困农户收入水平的一个重要手段。但由于在项目设计之初对市场供求信息及其变动趋势未进行充分研究或无法预知，这十四余万只“扶贫鸡”在经过一段时间的喂养后，集中出栏上市，导致了市场上鸡的供应量大于需求量，“扶贫鸡”最终成为“滞销鸡”。“扶贫鸡”难以通过市场化手段实现预期的收益，后果之一便是农户赔本喂养本该流向市场的“扶贫鸡”，生产成本因此提高。意在提升贫困农户生计水平的产业扶贫政策，最终不仅没有实现扶贫成效，还在不同程度上加深了这些农户的贫困程度。所以，新时期的贫困问题并不是仅仅通过政府的行政手段就能够解决的。

2. 市场的局限性。市场参与反贫困问题最大的缺陷在于市场的逐利性与公共物品的本质相矛盾。反贫困作为典型的公共事业，具有明显的非竞争性和公益性特征。这些特征与市场机制优胜劣汰的逐利性相矛盾，这导致市场机制很难自动地参与到扶贫开发工作中，必须要以政府的合理引导作为支撑。其次，市场参与扶贫很可能导致扶贫目标的偏离。扶贫项目的决策往往以贫困群体的实际需求为主，而市场进行生产活动则以盈利为最大目标。所以如果在外部约束机制不健全的情况下，市场参与扶贫很可能会将扶贫项目的公益目标扭曲为盈利目标。最后，市场较大的经济波动会造成贫困农户损益的“刚性沉淀”。贫困农户由于自身各方面能力有限，难以依靠自身力量抵御内外部的经济风险。所以，一旦市场发生较大的动荡，而贫困农户又缺乏外部保护机制之时，市场上其他的竞争主体便会依靠自身较强的竞争能力将经济波动风险转移到贫困农户身上，从而造成贫困农户更多地承担市场危机带来的损失。

政府在扶贫实践上存在的不足之处也给中国的扶贫开发进程造成一些消极影响。市场经济促进中国减贫事业实现巨大飞跃是毋庸置疑的事实，但市场经济在通过“涓滴效应”将经济发展的成果惠及“老少边穷”地区，提升贫困人口生活水平的同时，也导致了中国社会更加不平等，使贫困人口的相对贫困更加严重。不管是城乡间收入差距，还是农村地区内部不同收入群体的差距都呈现扩大的趋势，“穷者越穷，富者越富”的社会现象仍时有发生。中国政府通过乡镇银行和信贷机构将大量的信贷资金投入中国农村，旨在为贫困农户提供更多的发展资金。但事实证明，负责国家扶贫贷款业务的银行或机构的“逐利性”导致这些信贷资金大部分都“外溢”到富裕者手中，真正能够流向贫困群体的信贷资金少之又少。这些例子都表明完全自发调节的市场经济力量虽能带动减贫进程，但也会扭曲国家扶贫政策的初始目标，使贫困问题复杂化。

3. 社会的局限性。社会参与扶贫也存在自身的局限性。首先是社会组织经费短缺，对政府的财政依赖性大。虽然参与社会扶贫的力量中不乏企业和党政机关，但这毕竟是少数。而作为社会扶贫的主要力量，社会组织存在的最大的问题就是资金短缺，经济上的可持续性较差。为了保障有足够的资金投入扶贫领域，社会组织不得不依附于政府部门，获取政府的财政支持。其次是社会组织在行动中受到政府的干预。社会组织从注册登记时起就受到政府双重管理制约，这导致其对政府具有很强的依附性，行政化倾向严重，进而失去自身的自主性。自主性的缺失意味着社会组织不能够完全按照自己的项目计划开展扶贫活动，扶贫进程和效率便因此受到影响。最后是制度环境缺失阻碍社会组织发挥扶贫作用。中国的社会组织在扶贫方面仍然缺乏正式的法制环境支持。目前关于社会组织参与扶贫的政策法规大多数涉及对社会组织的管理，其法律地位、相关职能和社会作用尚未得到法律的保障，这导致了社会组织很难从政策上享受到国家政策的相关优惠。

作为中国反贫困的辅助性力量，社会组织自始至终都积极参与中国的反贫困斗争。其对减贫所做出的贡献在近些年得到国内外学术界和执政者的认可。但由于中国的社会组织起步较晚，发展不成熟，受到行政力量的干扰或控制较强，很难脱离国家的行政力量而独立地发挥作用。虽然近些年国家在政策上鼓励、动员社会组织参与中国的扶贫开发进程，但在实践中，社会组织在法律上仍然得不到保障，相关的政策法规依旧处于空白状态。加之社会组织在扶贫理念、项目实施细则和人员安排等方面与政府存在差别。这些因素都导致社会组织虽然身处“双重管控”之下，但难以与政府合作的倾向日益明显，具体表现为社会组织能动地“复写”或“拼装”场域内各种要素，看似在“讨好”政府，实则是以“佯装依附”的方式获取独立于政府的自主性。政府与社会组织之间“越要控制就越要脱离”的状况表明政府与社会组织的关系本质上相互分离而非镶嵌于统一体之下。有研究表明，在这种似合非合的状况下，社会组织的扶贫效果大打折扣。从这个角度看，中国的反贫困问题并不仅仅是国家与社会组织是合还是分的问题，更关乎如何“分”和如何“合”的问题。

21 世纪以来，中国农村贫困问题不管是表现形式上，抑或是内在结构上都发生了较大的变化。农村返贫现象突出和减贫进程放缓反映了贫困人口的脆弱性和致贫因素的复杂性、多样性。原有治理体制无法解决的或因新形势而产生的贫困问题逐渐暴露出来，减贫难度和深度都已经不是原先的减贫设计所能够解决的。

（三）构建政府、市场和社会协同推进大扶贫格局的迫切性

不可否认，政府、市场和社会在中国的扶贫开发工作中各具优势，这些优势为中国的扶贫开发进程做出了不可忽视的奉献。在认同政府、市场和社会对减贫的作用时，我们不能忽视政府、市场和社会自身的局限性对

中国减贫进程的副作用。这些副作用，连同贫困问题的新特征与传统政府、市场和社会相互分离的扶贫机制的内在的张力，构成了新时期中国扶贫开发事业继续向前跨越的制度性障碍。而政府、市场和社会协同推进的大扶贫格局能在一定程度上破解这些制度性障碍，使中国扶贫开发事业稳步向前发展。因此，构建政府、市场和社会协同推进的大扶贫格局之迫切性得以显现。

1. 扶贫开发面临的巨大压力。如前文所述，中国农村贫困问题在新时期呈现出诸如贫困人口更加分散、致贫因素多样化、减贫难度加大、社会收入差距变大和返贫现象突出等特征。在这些新特征之下，传统的政府、市场和社会三方力量各自为政的减贫策略在带动贫困人口发展方面越来越力不从心。反之，互为割裂的扶贫力量还不时给贫困群体带来了一些不必要的经济损失。

在原有减贫机制的扶贫成效降低的情况下，中央政府确立了2020年在现有标准下全部贫困人口实现脱贫的目标。如果简单延续原有扶贫机制，要实现这一扶贫目标，面临的压力是非常大的。要更好地应对扶贫压力，如期实现扶贫目标，较好的办法便是调整政府、市场和社会三者在扶贫开发工作上的关系，构建协同发力、相向而行的大扶贫格局。

2. 政府单一扶贫格局的不足。当前扶贫开发工作面临巨大压力，急需社会各界提供强有力的、支撑性的力量来应对扶贫工作压力，尤其是作为扶贫开发工作主导性力量的政府部门，更应该发挥出与以往一样关键的作用。现实的情况却是，政府力量在扶贫领域呈现出一些力不从心的地方，其作用受到质疑。这种质疑不仅指向政府内部治理体系的不足，诸如“总体性”的扶贫政策难以满足各地差异化需求、政策目标在层级实施过程中发生变异和政府扶贫效益低下；还指向政府体系与外部体系的关系上。

从国家—市场—社会三角关系来看，国家一直都是这一三角关系的核心，在社会建设的方方面面都发挥了至关重要的重要。随着时代的发展，政府内部的能力也不断发展，其对市场和社会的控制能力较强。国家虽然一直重视对市场和社会的引导，却忽略了培育市场和社会参与社会治理的能力，尤其忽略了政府与市场和社会参与社会治理的协同能力。对于市场如何有效参与、社会如何效率最大化地参与到贫困治理之中，不仅市场和社会本身并未找到最优途径，作为主导力量的政府部门，尤其是地方政府部门也没有找到与市场、社会合作的最好途径。所以当减贫工作急需外部力量介入的时候，就不仅需要加强政府部门内部建设，还需要构建政府部门联系外部体系的能力，强化政府部门与市场、社会合作的能力。

3. 以大扶贫格局来化解压力。从政府和社会的角度看，二者在扶贫工作中的联合能带来意想不到的扶贫效果。政府最大的优势在于对资源的调配和政策制定方面具有天然权威和合法性，这使得政府能够根据实际情况进行战略设计和资源下拨；而社会组织在资金和制度安排等方面力量较弱，阻碍了其更好地发挥扶贫职能。反过来看，政府的不足之处便是社会的优势所在，即政府在具体扶贫实践中应对各种具体情境的灵活性不足，而社会组织的灵活性、机动性却很高。如果二者能够在减贫事业上取长补短，比如政府在政策制定和资金安排方面向社会组织倾斜，那社会组织在扶贫方面的优势便能够更好地发挥出来，扶贫资源配置水平将得到提高。

从政府和市场的关系看，二者在扶贫开发上的合作能够更好地解决新时期的贫困问题。中国农村返贫现象突出的一个重要原因是贫困农户适应市场经济或抵抗市场风险能力较差。政府可以通过政策导向将农户引入与农户资源禀赋相符合的市场中，从而使其在参与初期就具备较好的政策环境。如改革开放以后在政策上允许农户进城务工，很多贫困农户便有了参与市场竞争的机会。贫困农户不仅通过务工提高了收入水平，还通过市场参与提升了自身的生计水平，从而能更好地抗击来自市场的风险。在当今经济发展带动减贫效益逐渐式微的情况下，仍可充分挖掘政府和市场合作潜力。在地化的产业扶贫就是一个较好的机制，关键就在于如何使农户自身资源优势与市场相契合。

从市场和社会的角度看，二者在扶贫事业上的合作能够克服以往难以解决的问题。贫困群体缺乏发展资金是制约其摆脱贫困的一个经济因素。为此，商业银行和社会组织都曾为贫困农户量身打造小额信贷业务。但商业银行的“逐利性”导致信贷资金流向富裕群体，社会组织信贷资金匮乏导致信贷业务存在不可持续性，二者在解决贫困农户发展资金问题上都没获得最终的成功。而中和农信小额信贷项目将市场化运作和公益目标有效地结合起来，既能够保证信贷资金的可持续性，又能够保证信贷对象为中低收入农户，从而能够持续不断地为他们提供信贷资金。由此可以看出，以往市场或社会难以解决的问题，通过市场力量和社会力量的“合力”能够很好地解决。

政府、市场和社会孤立地开展扶贫开发工作难以高效解决原有或新时期的贫困问题已被实践证明。而通过政府、市场和社会的协调合作实践案例，我们看到了“合力”的巨大效果。所以，在新时期贫困问题愈加复杂，传统减贫设计日益力不从心之际，我们很有必要构建政府、市场和社会协同推进的大扶贫格局，使政府、市场和社会在扶贫开发工作上优势互补。

三、如何构建政府市场社会协同推进的大扶贫格局

新时期的社会经济形势和贫困状况对扶贫格局提出了新的要求。构建政府、市场和社会协同推进的大扶贫格局作为对扶贫新要求的回应，需要政府、市场和社会在减贫事业上共同发力。具体而言，就是在继续发挥政府主导作用的前提下，政府积极引导市场和社会参与扶贫开发事业，使市场和社会也能够充分利用自身的优势条件为扶贫开发工作做出应用贡献，进而将政府、市场和社会三股分散的扶贫力量整合在一起。

从政府的角度看，应该坚持发挥政治优势和制度优势。政府从政治层面对扶贫事业的高度重视是中国扶贫开发取得重大成就的保障，所以政府应该继续在政治思想和制度保障上加强发力，统筹全局，充分发挥政府的主导作用。政府不仅应该继续保持对扶贫工作的主导作用，在政策制定、落实和监督方面做好本职工作，还应该发挥政策导向作用，积极引导市场和社会参与到扶贫开发工作的方方面面，为市场和社会参与扶贫开发工作奠定制度基础。

从市场的角度看，应适当发挥市场的能动作用，激发贫困农户的发展潜能。市场的作用体现在，积极发挥市场主体在扶贫开发中的带动作用，加快推动市场要素向贫困地区配置，引导不同种类的市场主体到贫困地区投资兴业，激发贫困地区发展潜能。其中，企业参与扶贫、建立合作组织和招商引资是推进各类市场主体到贫困地区投资兴业，为贫困农户提供参与市场竞争的重要途径，而小额信贷等金融扶贫方式则是为贫困农户提供发展资金，使其跨越参与市场竞争的门槛。

从社会角度看，社会组织作为政府失灵和市场失灵的有效补充，应该继续发挥其灵活性大、创新意识强、专业化趋势明显等优势。社会组织既要从内部完善自己，提高自身资金动员能力，也要通过自身的行动去改变外部制度环境。

除了政府、市场和社会各自的优势要继续保持外，政府还应适当地引导市场和社会力量积极参与扶贫开发事业，在构建政府、市场和社会协同推进的大扶贫格局中起到主导作用，最终使三者整合起来，优势互补，形成合力攻坚大扶贫格局。

· 第二章 ·

政府、市场、社会之关系与贫困治理：理论、实证经验及争议

政府、市场和社会三者之间的关系一直以来都是社会学、政治学和经济学等学科的重要议题。三者之关系不仅仅关系国家的政治民主程度，还涉及国家的经济发展和社会秩序。因此，在扶贫领域，除了政府作为主导力量外，市场和社会这两个主体也越来越受到实践界和理论界的关注。关于政府、市场和社会在扶贫实践中发挥的作用，实践者和研究者都有目共睹，但这并不表示三者在减贫过程中没有缺陷。相反，政府政策下的“精英俘获”、市场力量下的“马太效应”和社会参与下的“资金短缺”使得学术界开始反思政府、市场和社会在扶贫开发实践中的角色和作用问题。对于政府、市场和社会参与贫困治理，不同研究者有不同观点。本章详细介绍政府、市场和社会参与贫困治理的相关理论，以及这些理论存在的争议之处，以便为理解三者在扶贫实践中所承担的角色与所发挥的作用奠定理论基础。

一、政府与贫困治理

作为社会治理的重要内容之一，减贫的学术研究由来已久。在贫困治理最初的研究中，以古典经济学为基础的“涓滴效应”理论受到国内外学者广泛的关注。但随着贫困群体愈加集中于市场经济无法“渗透”的地区，经济发展成果难以自发促进减贫之时，主张政府干预市场的凯恩斯主义理论便得到广泛的应用。在这一理论的影响下，中国以政府作为减贫的主导力量，对贫困地区制定和实施了大量的减贫政策，投入了大量的扶贫资源。中国的减贫进程由此取得了巨大成就，受到国内外专家学者赞许。

但从文本形态或政府话语体系下的公共政策到现实形态下的政策实践并不是一个直线的过程。其间存在着一定的层级距离，这种层级距离给政策目标在传递过程中出现信息扭曲和执行偏差提供了结构机会，导致政策过程在一系列的层级上容易出现差错①。同样，经由政府主导制定和实施的减贫战略在实践层面并非尽善尽美。通过对现有文献的梳理，我们发现学术界关于政府参与贫困治理的观点也存在争议。赞同者认为政府参与贫困治理有其自身优势，政府的扶贫政策或减贫行为能够有效降低中国的贫困发生率；反对者基于政府治理结构内在的弊端以及政策实践中出现的偏差现象，认为中国政府制定的政策不一定都能够促进农村地区的减贫。

（一）政府投身减贫的积极作用

社会秩序供给是政府存在的首要意义，这既是社会存在和发展的内在需求，也是人类对政府合理的目标期许②。政府之所以能够承担起社会秩序供给这一重大责任，在很大程度上是由于其拥有相对于其他组织或机构的优势。这些优势可以归纳为两点：一是政策制定的合法性；二是强大的资源调配能力。而作为社会秩序供给的重要内容，减贫实践也充分呈现了政府的优势。这与政府上述两个社会治理优势紧密相关。

1. 政府的合法性优势。合法性是指组织所具有的一种心理属性，这种心理属性能够让该组织管辖下的个体相信该组织的管理行为是适当与正义的，进而认同并遵从该组织的管理。合法性的重要性不言而喻。它不仅可以降低治理成本，提高治理效率，还是组织保持长期稳定必不可少的属性

① 贺东航，孔繁斌：《公共政策执行的中国经验》，《中国社会科学》2011 年第 5 期，第 61 页。

② 张康之：《论政府的社会秩序供给》，《东南学术》2001 年第 6 期，第 45 页。

之一。虽然其他类型的组织或者机构也拥有一定的合法性，但其合法性不如政府的合法性广泛。其他类型的组织或者机构的合法性仅仅来源于组织或机构成员的认同，而政府的合法性来源则涵括了政府管辖范围内的全体成员。此外，政府还具有制定政策和法规的权力，这种权力是其他组织或机构所不具备的。相对于其他组织或机构，政府的合法性优势为中国政府参与并主导社会治理奠定了政治基础。

众多研究者认为政府参与贫困治理的独特优势在于政府能够通过政策或制度安排来促进农村贫困人口的减少。因为政府作为公共资源的强制性供给、管理和使用主体与社会经济发展的直接干预者，可以通过对具体政策的制定和经济社会发展模式的选择来影响国家减贫的进程和效果①。改革开放以来，伴随着经济快速增长和政府一系列有针对性的扶贫政策，中国农村贫困人口大幅度减少。20 世纪 90 年代中期以来，中国政府出台了一系列综合性的惠农政策，这些惠农政策的减贫效应体现在以下三点：一是改善农民生产经营、就业条件和环境；二是分担农村发展成本，增加农民资本存量；三是降低城乡要素和产品市场的交易成本②。应该说，这时期之后中国农村的贫困发生率和贫困人口减少与中国所实施的反贫困战略有着较为直接的关系。因为农村扶贫政策的实施不仅改善了农村的基础设施，还缓解了日益扩大的收入分配差距，缩小了贫困地区和一般地区的发展差距。

改革开放以来，中国在反贫困领域的制度建设可谓蔚为大观。在与中国贫困治理紧密相关的政策设计中，家庭联产承包责任制和消除城乡隔离的各类制度应该算是影响较为重大的。家庭联产承包责任制和兴办企业的

---

① 杜旸：《全球治理中的中国进程：以中国减贫治理为例》，《国际政治研究》2011 年第 1 期，第 96 页。

② 张磊：《中国扶贫开发政策演变（1949—2005 年）》，中国财政经济出版社 2007 年版，第67~68页。

制度让农民从人民公社制度的低效率中解放出来，消除城乡隔离这一体制性障碍的教育制度、户籍制度和就业制度使得贫困农户能够更好地享受到经济发展的成果①。林闽钢和陶鹏也认为，以家庭联产承包责任制和统分结合的双层经营体制为特征的农村经济体制改革对农村的快速脱贫起了关键作用②。关于政府的扶贫政策能够促进农村减贫的原因，现有文献研究普遍认为政府投资农业生产是正确的减贫措施，因为农业生产仍然是农村贫困人口增加收入和发展生产的首要途径，而政府在农业研发、农村教育、基础设施建设等方面的投资对农业生产的增长具有非常重要的影响③。此外，中国政府还制订了大量有针对性的扶贫开发计划，如《国家八七扶贫攻坚计划（1994—2000 年）》《中国农村扶贫开发纲要（2001—2010 年）》和《中国农村扶贫开发纲要（2011—2020 年）》等。这些计划对中国农村的扶贫开发工作产生了较为重大的作用。

从另一个角度看，政府参与贫困治理也能够增强其主导社会治理的合法性。因为中国作为社会主义国家，政府的合法性建立在维护广大人民群众生存发展权利和促进共同富裕的基础之上。一旦社会不平等和财富差距扩大的趋势得不到有效遏制，政府的道义基础就会削弱，社会治理的合法性就会遭到质疑④。换言之，政府的合法性为其参与贫困治理提供了政治优势，但政府的合法性来源又促使政府必须要参与到贫困治理当中。

2. 政府的资源调配优势。资源动员和调配能力是国家能力的重要构成要素，是国家彰显自身主体性与实现组织职能的基础。在中国共产党执政之前，中国的国家能力消融于社会力量之中，国家对各类资源的动员和调

① 胡鞍钢：《中国减贫之路：从贫困大国到小康社会（1949—2010）》，见潘维：《中国模式：解读人民共和国的 60 年》，中央编译出版社 2009 年版，第 256 页。

② 林闽钢，陶鹏：《中国贫困治理三十年回顾与前瞻》，《甘肃行政学院学报》2008 年第 6 期，第 51 页。

③ 章元，丁绎镤：《一个“农业大国”的反贫困之战——中国农村扶贫政策分析》，《南方经济》2008 年第 3 期，第 8 页。

④ 沈红：《中国贫困研究的社会学评述》，《社会学研究》2002 年第 2 期，第 98 页。

配能力微乎其微。而在中国共产党执政之后的计划经济时期，国家通过三种途径建立起极强的统配整合能力。一是社会控制机制。中华人民共和国成立后将每一个社会成员都纳入公社或单位这一组织之中，并辅以政治层面的引导，逐渐形成了较强的社会控制能力。二是资源配置机制。国家通过土地改革、社会主义改造、农产品购销政策和人民公社化等运动收揽了社会中绝大部分稀缺资源的控制和支配权，资源配置能力大幅度提高。三是国家认同机制。中国共产党领导下的中国继承了传统社会的文化动员机制，继续通过政治思想教育来加强各民族的凝聚力，这使得中国成为凝聚力和认同力较强的国家。上述三个机制使得中国政府能够在资源禀赋与优先发展重工业战略相矛盾的前提下，"集中力量办大事"，从而将资本积累率提升到15%并在短期内建立起较为完整的工业经济体系。这也是中国在改革开放以后能够创造出"中国奇迹"的基础。

与经济发展相类似，中国的减贫事业也得益于中国"集中力量办大事"的资源调配能力。这种较强的资源调配能力显见于国家对扶贫资源投入的增幅上。2010 年扶贫重点贫困县得到的中央财政扶贫资金、以工代赈资金、中央扶贫贴息贷款和专项退耕还林还草工程补助分别为 119. 9 亿元、40. 4 亿元、116. 1 亿元和 52. 1 亿元，这分别比 2002 年增加了 234. 91%、1. 51%、13. 27%和 130. 53%[①]。在不到十年间，中国政府投入重点贫困县的扶贫资金就增加了 63. 68%。而中国政府较强的资源调配能力极大地促进了中国的扶贫开发事业。这从中国政府的扶贫资金对中国农村地区减贫的影响中可见一斑。

政府的扶贫资金投入减缓农村贫困的途径是多样的，这些途径可简单地划分为直接途径和间接途径。直接途径是通过提供基础设施、公共服务和转移性收入等方式直接提高贫困人口的收入水平或降低其生产成本；间

---

① 国家统计局住户调查办公室：《中国农村贫困监测报告（2011）》，中国统计出版社 2012 年版，第 50 页。

接途径是通过各种形式的政策和项目提高贫困人口的综合素质，进而提高贫困群体的农业生产效率，或增加贫困群体参与市场竞争的能力，最终增加贫困群体的收入水平[①]。在不同类型扶贫资金的扶贫效率上，财政扶贫资金、扶贫信贷资金和以工代赈资金投向农村地区所带来的扶贫成绩是巨大的[②]；而有研究者认为，以工代赈资金比扶贫贴息贷款和财政扶贫资金的减贫成效要好很多，前者在增加农村生产总值、提高农民人均收入水平上都比后两者明显[③]。此外，扶贫资金的使用方向不同，减贫的效率也有所差别。用于发展种养业的扶贫资金，不管是在促进贫困地区农户的收入水平，还是增加农业总产值和国民生产总值上，都要优于投向加工业、工业和其他方面的扶贫资金[④]；而用于农村教育和农村卫生的财政扶贫支出对农村的绝对贫困和相对贫困的减贫效果都是显著的，农业科技三项的财政扶贫支出的减贫效果也是显著的，而专项扶贫资金只对绝对贫困的扶贫效果显著[⑤]。政府的开发式财政扶贫资金对于减贫的贡献要大于经济发展对减贫的贡献，人均 GDP 每增长 1%，仅能提高 0.09%的脱贫率，而财政资金每增长 1%，却可以带来 0.29%的脱贫率[⑥]。

通过对现有文献的梳理，可以发现“政府的扶贫资金促进农村减贫”这一观点得到大多数研究者的支持。但这并不表明，学术界对政府的扶贫

① 罗知：《地方财政支出与益贫式经济增长——基于中国省际数据的经验研究》，《武汉大学学报》2011 年第 5 期，第 80 页。

② 蔡昉，陈凡，张车伟：《政府开发式扶贫资金政策与投资效率》，《中国青年政治学院学报》2011 年第 2 期，第 60 页。

③ 朱乾宇：《政府扶贫开发资金投入方式与扶贫绩效的多元回归分析》，《中央财经大学学报》2004 年第 7 期，第 11~15 页。

④ 刘冬梅：《中国政府开发式扶贫开发资金投放效果的实证研究》，《管理世界》2001 年第 6 期，第 123~131 页。

⑤ 李盛基，吕康银，朱金霞：《财政支出、经济增长与农村贫困——基于 1990—2008 年时间序列数据的实证分析》，《东北师范大学学报》2014 年第 3 期，第 100 页。

⑥ 乔召旗：《扶贫政策、经济增长对中国扶贫工作的影响》，《云南社会科学》2009 年第 2 期，第 106~108 页。

资金和减贫效果之关系不存在争议。实际上，也有不少研究者对政府的扶贫资金和减贫效果之关系存在不同看法。

（二）政府投身减贫的消极影响

政府作为社会制度的强制性供给主体，需要在综合各方因素的基础上制定“因地制宜”和“因时制宜”的政策措施，以满足各方利益群体的需求。这是政府执政的合法性来源。但由于中国地域辽阔，各地的实际情况迥异，政策一统性与地方多样性相矛盾的情况时有发生。这就导致了政府政策往往难以达到“帕累托最优”，无法兼顾各个利益群体的生存和发展需求。由于政府的制度措施大多时候都无法实现“帕累托最优”，甚至连“帕累托次优”都难以达到，所以关注中国减贫事业的一些研究者就对政府的制度措施提出了质疑。循着制度演进的各阶段，研究者对政府政策执行能力的质疑可以划分为两大类：一是制度设计本身的问题；二是制度实施过程的问题。前者是指政府的制度设计本身就不利于贫困群体谋求生存和发展所需的资源，如中国早期的重工业优先发展战略；后者是指政府的政策旨在提高贫困群体生存和发展水平，但在制度实施环节却产生偏离政策目标的情况。

自20世纪70年代以来，西方公共政策研究领域出现了“执行研究行动”潮流。早先的研究者普遍达成了一个共识：政策执行与政策目标的实现并非简单的线性过程，内外部的因素使二者变成复杂的非直线关系。在中国，政策目标从中央传递到地方往往伴随着政策细化和再规划过程，这一过程也导致政策执行与目标实现之关系复杂化。二者关系复杂化在一定程度上增加了社会治理的难度和成本，也给政策执行偏差创造了机会空间。

在中国的减贫领域，关于政策执行偏差讨论最为集中的便是“瞄准偏差”。学术界关于“瞄准偏差”的研究可以大致归纳为三种视角，即技术难题视角、政治过程视角和文化结果视角[①]。技术难题视角为我们揭示了扶贫政策所内含的瞄准机制的简约化、通用性与社会环境复杂多样之悖论，这种悖论导致个体瞄准机制、类型瞄准机制和区域瞄准机制在识别过程中出现偏差；通过政治过程视角，我们可以看到扶贫政策更加强调国家治理的政治诉求，当社会发展诉求与国家治理诉求相左之时，国家治理诉求会干扰甚至取代社会发展诉求，进而导致扶贫政策的瞄准有所偏差；文化结果视角从社会心理学视角将贫困与耻辱感相联系，从而导致贫困者获取福利的行为被视为有耻辱的行为。正是这种福利污名化构成贫困者申请社会救助的心理障碍，进而造成真正贫困的群体没有获得救助。

上述的技术难题视角本质上是由于基层治理过程中的信息不对称所造成的。近些年，政府为了克服信息不对称所造成的"瞄准偏差"现象，通过"数字下乡"这一治理技术实现数字信息的在地化、系统化和逻辑化，进而试图克服"瞄准偏差"难题。但由于数字生产包括了发包者、转包者、整包者和知情者四个较为漫长的链条，使得数字的使用者和生产者难以面对面互动，这为数字向上传递过程中产生信息失真创造了机会；而这四个行动者的行动逻辑很可能迥然不同，各不相同的行动目标和激励机制导致数字的生产难以精确化。这些都会导致数字"悬浮"于基层社会治理过程和乡村社会生活中，进而造成数字信息的在地化、系统化和逻辑化成为一种空想[②]。而地方政府在政策目标上与中央政府设置的政策目标冲突，加上官僚体制中官僚主义、寻租腐败等各种弊端，都可能导致扶贫资金不用于贫困户的现象出现[③]。在贫困户的识别过程中，基层政府和村两委倾向于利用相对于上级的信息优势，将符合本级利益诉求但不一定贫困的

---

① 李棉管：《技术难题、政治过程与文化结果——"瞄准偏差"的三种研究视角及其对中国"精准扶贫"的启示》，《社会学研究》2017 年第 1 期，第 221~223 页。

② 王雨磊：《数字下乡：农村精准扶贫中的技术治理》，《社会学研究》2016 年第 6 期，第 119~141 页。

③ 关国宝：《对中国扶贫战略的简评》，《中国农村经济》1996 年第 8 期，第 28 页。

"贫困户"识别并上报上级政府，进而导致贫困户识别工作的目标置换；在这一过程中，不同层级行为主体的利益分殊是导致贫困户识别偏离的根本原因，信息不对称是导致贫困户识别偏离的技术条件①。

除了从国家"条块分割"的治理结构中分析扶贫政策和资源"瞄准偏差"产生的原因外，还有研究者从目标任务和激励制度等国家管理制度上分析"瞄准偏差"得以产生的根源。众所周知，适当的激励机制对目标任务的达成有相当大的作用，而当奖惩与目标实现难度都过于大的时候，就很可能适得其反。"扶贫军令状"可以看作国家扶贫工作中的激励机制，其意在层层落实脱贫攻坚的责任，确保中央制定的脱贫攻坚计划得到"精准"实施。由于扶贫工作被列为"一把手"工程和"一票否决"工作，所以"扶贫军令状"的激励作用相当大。加之逐级立下"扶贫军令状"后，使得扶贫政策的具体实践工作下沉到基层政府，而基层政府在人力和物力的拥有量上往往是最少的，所以短时间内实现扶贫攻坚任务，压力相当之大。正是由于基层政府扶贫攻坚任务很重，同时又可能缺乏完成目标任务的现实条件，而上级部门的奖惩力度却很大，这种压力型体制下的"扶贫军令状"在由上而下的巨大工作压力和运动式治理中，往往会导致地方政府扶贫工作的一系列应对策略，从而扭曲扶贫工作的初衷和本质，造成政府贫困治理失灵②。

还有研究者从政策设计本身反思政府的贫困治理问题。不可否认，政府制定相关的扶贫政策旨在促进中国减贫事业的进程。但从社会政策本身的效益看，不合理的社会政策不仅是新阶段反贫困效果下降的原因，还是

① 陆汉文，李文君：《信息不对称条件下贫困户识别偏离的过程与逻辑——以豫西一个建档立卡贫困村为例》，《中国农村经济》2016年第7期，第15页。

② 刑成举：《压力型体制下"扶贫军令状"与贫困治理中的政府失灵》，《南京农业大学学报》2016年第5期，第65页。

导致其他贫困问题或现象出现的原因①。如有研究者认为部门合作的扶贫政策是导致扶贫资金外溢或者扶贫目标偏离的原因。从内涵上看，贫困涉及经济、教育和就业等维度，这就内在地要求贫困问题的解决需要多部门的协作。但多部门参与扶贫项目不仅造成项目资金过于分散，配套资金难以集中使用，很多扶贫项目不能完成，还导致项目资金的监督过程也变得更加复杂，有的项目资金被转移②。

由于上述种种原因，一些研究者认为政府的扶贫效率差强人意。汪三贵 1997 年的研究发现，仅 1993 年就有 75%的扶贫资金没有按计划投向贫困户的生产和交换环节，扶贫资金被政府挪用的比例较高③。而再分配环节，政府的财政支出对相对贫困的减缓作用相当有限，除社会保障支出具有一定的减缓作用外，基础教育支出与医疗卫生支出对相对贫困的减缓作用并不显著，更为严重的是，医疗卫生支出在某种程度上还扩大了相对贫困的水平④。还有研究者认为，不管是普惠式的农业发展政策，还是瞄准贫困人口的扶贫政策，对农村贫困的干预都没有形成持久的影响，冲击响应衰减很快，这是导致农村返贫率较高的原因⑤。

从上述的文献分析可以看出，政府在政策和资源上对农村地区扶贫开发工作的干预并不一定导致农村福利的帕累托改进。中国农村的财政支农政策能否为贫困群体带来最大的收益，不仅仅取决于政府的政策设计能否准确地反映农民对公共产品的需求，同时还取决于政府的财政扶贫政策的

---

① 景天魁：《社会政策的效益底线与类型转变——基于改革开放以来反贫困历史的反思》，《探索与争鸣》2014 年第 10 期，第 11 页。

② 康晓光：《中国贫困与反贫困》，广西人民出版社 1995 年版，第 18 页。

③ 汪三贵：《扶贫投资效率的提高需要制度创新》，《林业经济》1997 年第 4 期，第 21~22 页。

④ 李永友，沈坤荣：《财政支出结构、相对贫困与经济增长》，《管理世界》2007 年第 11 期，第 26 页。

⑤ 叶初升、张凤华：《政府减贫行为的动态效应——中国农村减贫问题的 SVAR 模型实证分析（1990—2008）》，《中国人口·资源与环境》2011 年第 9 期，第 123 页。

执行效率[①]。但在中国财政扶贫政策制度设计上，政策目标的决策过程和实施过程具有浓厚的“自上而下”的特征。在扶贫政策制定过程中，作为财政扶贫政策受益者的贫困农户，因自组织程度较差而陷入“集体行动困境”和过高的“内部交易费用”，难以形成有较强组织能力的团体，而被排除在目标决策程序之外[②]。在此基础上，决策者掌握的相关信息不足或有所偏差便很可能导致政策决策出现失灵或不合[③]。在扶贫政策实施过程中，由于政策制定者和政策执行者在行为动机、外部压力和利益导向方面有较大差异，加上一些贫困地区公共支出项目执行者“急功近利”，热衷于投资见效快、易出政绩的产业项目和看得见、摸得着的“硬性”公共产品，而忽视具有战略意义的“软性”公共产品，从而导致了国家扶贫政策实施效果不理想[④]。由此可以看出，政府的扶贫行为虽然能够带动大量贫困人口脱贫，但其扶贫效率有时并不特别理想，“政府失灵”在扶贫开发领域也时有发生。这很大程度上是由政府内部管理结构和政策设计所造成的。

（三）倡导多元共治

作为典型的公共物品，反贫困效应上的排他性和利益的非占有性决定了其不能够由市场提供，只能通过政治程序或公共选择由政府提供。这导致中国近10年来的贫困和反贫困研究中，隐含着政府作为单一发展主体的一整套权力关系[⑤]。但随着“政府失灵”现象的不断出现，政府作为单一

---

① 李焕章，钱忠好：《财政支农政策与中国农业增长：因果与结构分析》，《中国农村经济》2004年第8期，第38~42页。

② 秦建军，武拉平：《财政支农投入的农村减贫效应研究——基于中国改革开放30年的考察》，《财贸研究》2011年第3期，第20页。

③ 李容：《中国农业科研公共投资研究》，中国农业出版社2003年版，第84~87页。

④ 李秉龙，张立承：《中国贫困地区县乡财政不平衡对农村公共物品供给影响程度研究》，《农村观察研究》2003年第1期，第23~30页。

⑤ 沈红：《中国贫困研究的社会学评述》，《社会学研究》2000年第2期，第98页。

的发展主体这一论断就备受学术界和实践界的质疑，强调多元主体的公共治理理论备受推崇。公共治理理论倡导，在社会公共事务的管理过程中，应该构建一个容纳社会组织、市场、私人机构和公民个人等主体的多元决策中心，而非只有单一的政府作为决策主体。而将这种多元决策中心援引到反贫困领域，便形成贫困治理理论，即同时重视政府、市场、社会、社区和个体等发展主体在反贫困过程中的决策作用。

政府在反贫困领域拥有其他扶贫力量所不具备的优势条件，这些优势条件在很大程度上促进了中国减贫进程。但政府的层级结构以及治理能力上的缺陷导致政府在扶贫开发过程中存在“失灵”现象。鉴于此，有研究者认为应该构建多元治理的格局，以弥补政府在扶贫中的不足。冯朝睿基于连片特困地区的贫困治理的研究，提出构建由政府、社会、非营利组织、贫困者积极参与的多元合作反贫困机制，形成政府、社会多方联动的多中心反贫困治理体系[①]。陈忠言探析中国扶贫开发机制时引入了整体性治理理论，该理论也强调参与主体的多元化、机制的多元化以及参与主体地位的平等性[②]。庄天慧、陈光燕和蓝红星认为中国传统的贫困治理模式将贫困个体客体化，过于强调政府在扶贫开发工作中的主导性作用，忽视了市场、社会和个体在反贫困过程中的决策作用，这导致以政府为主导的扶贫政策或行为效率低下，因而构建市场、社会、社区和个体协调参与的扶贫决策机制迫在眉睫[③]。刘牧认为政府作为扶贫开发单一的扶贫主体难以形成弹性的贫困治理体系来回应多元化的贫困问题，而培育多元化的扶贫主体和动员多方力量参与贫困治理是提高国家治理能力的有效途径[④]。

---

① 冯朝睿：《连片特困地区多中心协同反贫困治理的初步构想》，《云南社会科学》2014年第4期，第160页。

② 陈忠言：《中国农村扶贫中的跨部门协同机制分析》，《宁夏社会科学》2014年第4期，第19页。

③ 庄天慧，陈光燕，蓝红星：《精准扶贫主体行为逻辑与作用机制研究》，《广西民族研究》2015年第6期，第142页。

④ 刘牧：《当代中国农村扶贫开发战略研究》，吉林大学2016年博士论文。

从这些文献中可以发现，构建多元主体共治的贫困治理格局得到大多数研究者的认可，这不仅是因为多元共治能够有效地应对“政府失灵”现象，更为重要的是其能够加速减贫的进程。

政府作为扶贫开发工作的主导力量，其贫困治理的成效高低不仅关乎贫困群体的生活水平是否得到改善，更关乎政府自身治理能力高低的问题，所以引起了众多研究者的关注。梳理国内研究者关于政府参与贫困治理的文献，不难发现，既有研究者认为政府基于政策制定的合法性和强大的资源调配能力优势，能够为贫困治理带来很大的影响；也有研究者认为，作为单一治理主体的政府在治理结构上的劣势，导致其扶贫成效不仅不大，甚至有些政策设计固化了贫困群体的贫困状况。概言之，国家统治阶层本身的治理结构中，既包含了有利于贫困治理的因素，也包含了不利于贫困治理效率提升的因素。鉴于此，政府与市场、社会相协作，以充分发挥政府治理结构中的有利因素并弥补不利因素的政府、市场和社会多元共治的贫困治理格局便显得迫在眉睫。

二、市场与贫困治理

在经济学的理论体系中，经济增长、收入不平等和减贫之关系可以溯源至古典经济学家的研究中。相关研究依据两大理论展开。一是涓滴效应理论。支持该理论的研究者倾向于认同经济增长与减贫的正向关系。二是负向涓滴效应理论。这一部分研究者认为经济增长与减贫之关系并不如一些研究者想象的那么简单，二者之关系在受到收入差距扩大的影响后，很可能朝着负向关系发展。而自经济体制开始改革以来，中国的市场经济得到充分的发展，经济发展水平也随之不断提高。随着市场力量的逐渐崛起和经济发展水平的不断提升，中国的减贫事业也取得了巨大的成功。有研究者认为中国经济改革取得巨大成功，最突出的成就便是大幅度减少了绝对贫困人口①。中国经济水平和减贫事业的同步发展，似乎在某种程度上与西方发展经济学或福利经济学的假说相耦合，即经济增长能够促进减贫。这引起了国内研究者对市场经济与贫困治理之关系的讨论。

（一）经济增长促进减贫

1. 涓滴效应理论。在20世纪80年代以前，西方学者关于经济增长—不平等—减贫之互动关系的研究基本建立在古典或者新古典增长理论之上。在西方古典或者新古典的增长理论中，又以西蒙·斯密斯·库兹涅茨的“倒U形”假说较为著名。库兹涅茨“倒U形”假说认为社会不平等会随着经济发展水平的提高而有所变化，即在经济未充分发展的阶段，收入分配将随同经济发展而趋于不平等；其后是收入分配格局暂时无大变化的时期；随后到达经济充分发展的阶段，该阶段的收入分配将逐渐趋于平等。

与库兹涅茨“倒U形”假说相类似，阿尔伯特·赫希曼提出了极化—涓滴效应理论，用于解释经济发达地区与经济不发达地区在不同经济发展阶段的互动关系。该理论认为，在经济发展的不同时期，极化效应和涓滴效应是同时并存的，但是在经济发展的不同阶段极化效应和涓滴效应的互动关系有所不同。在经济发展的早期阶段，发达地区的经济吸引力会导致经济不发达地区的资源要素流向经济发达地区，从而削弱不发达地区的发展能力，该阶段的极化效应强于涓滴效应。而在经济发展的中后期阶段，发达地区的资源要素逐渐回流到不发达地区，发达地区带动落后地区发展的效果逐渐凸显出来。在这一阶段，发达地区对落后地区的涓滴效应终将会强于发达地区对落后地区的极化效应。

不管是西蒙·斯密斯·库兹涅茨的“倒U形”假说，还是阿尔伯特·

① 胡鞍钢：《中国减贫之路：从贫困大国到小康社会（1949—2010）》，见潘维：《中国模式：解读人民共和国的60年》，中央编译出版社2009年版，第237页。

赫希曼提出的极化—涓滴效应，二者都认为随着经济的发展水平不断提高，落后地区或者贫困群体会自然而然地享受到经济发展所带来的成果，从而摆脱贫穷落后的状况。由于这两种理论假说认为通过资本积累实现的经济增长将自发地"渗透"到贫困地区，推动贫困群体的经济发展水平，这为社会发展和减贫提供了崭新的视野，所以受到了国内外研究者的关注。此后，众多研究者循着"涓滴效应"理论所预设的方向对经济发展与减贫之关系展开了更加细致的分析。

2. 经济"渗漏"的中国经验。在中国的减贫领域，众多研究者也认为"涓滴效应"理论为经济增长的减贫机制奠定了理论基础，赞同中国的经济增长带动贫困人口减少这一观点。如胡鞍钢、汪三贵、胡兵、赖景生、胡宝娣、冯星光、张晓静等将中国改革开放以后的减贫成效归功于经济发展，认为中国经济的快速增长，为缓解农村贫困提供了坚实的经济基础，为贫困人口的大幅减少做出了重大贡献。

如果说上述研究者的观点仅仅是理论推断，那下述研究者的实证研究则为该观点提供了更为有力的支撑。李石新 2006 年的实证研究表明，1985—1996 年中国农村贫困减少的 70%来自于经济的快速增长[①]。谢金鹏 2008 年估算 1995—2004 年贫困发生率对中国经济增长的弹性绝对值为 2.03，即中国经济每增长 1%，贫困发生率就下降 2.03%[②]。文秋良 2006 年利用 1993—2004 年各省的经济增长和贫困数据测算了中国经济增长对减少贫困的作用，研究结果表明，1993—2004 年全国经济增长的减贫弹性为 1.07，即人均 GDP 每增长 1%，贫困发生率就降低 1.07%[③]。林伯强的实证结果表明，1985—2001 年中国的经济增长有效地减少了贫困，但同时收

---

① 李石新：《经济增长、收入分配和中国农村贫困的减少》，华中科技大学 2006 年博士论文。

② 谢金鹏：《经济增长、收入分配与中国农村贫困问题》，西北大学 2008 年博士论文。

③ 文秋良：《经济增长与缓解贫困：趋势、差异与作用》，《农业技术研究》2006 年第 3 期，第 11 页。

入不均等状况也恶化了，这限制了经济增长带给贫困人口的潜在福利，也降低了增长减少贫困的效果，特别是在20世纪90年代后半期[①]。进入21世纪以来，中国的经济增长依然对减少贫困发挥着显著的作用，但贫困减少的速度低于经济增长的速度，贫困发生率对人均GDP的弹性绝对值为1.09，明显低于20世纪80年代的水平；而且各区域的经济增长速度、贫困减少速度以及贫困发生率对人均GDP的弹性存在明显的差异，即与第二、第三产业相比，农业部门的增长仍然具有较高的减贫效应[②]。虽然新世纪经济增长带动减贫的成效有所降低，但经济增长依然较显著地推动了中国的减贫事业，带来了贫困发生率的显著降低，这与以往的研究结论相吻合，也符合主流经济学尤其是新古典经济学的观点[③]。

3. 中国经济“渗漏”机制。中国场域的经济增长与减贫之正向关系得到了国内较多研究者的认可。他们或从西方经济学的理论观点出发论证二者的关系，或从中国本土的实践出发证实并估计中国经济增长对减贫的奉献。这对我们认识经济增长与贫困治理都有较大的帮助。但除了要意识到经济增长对贫困治理的贡献外，我们还要分析中国的经济增长是如何有效影响贫困治理的，即经济增长的“渗漏”机制是什么。通过梳理国内研究者关于中国经济增长对减贫的影响途径，可以大致将经济增长的“渗漏”机制划分为两类，一是家庭联产承包责任制，二是允许农民进城务工制度。

作为中国农村的一项基本经济制度，家庭联产承包责任制把农业生产活动的决策权再次转移到农户手中，经营产出按比例在国家、集体和农户

---

① 林伯强：《中国的经济增长、贫困减少与政策选择》，《经济研究》2003年第12期，第22页。

② 李小云，于乐容，齐顾波：《2000—2008年中国经济增长对贫困减少的作用：一个全国和分区域的实证分析》，《中国农村经济》2010年第4期，第4页。

③ 刘俊英：《中国政府民生服务及其减贫效应分析》，《经济问题探索》2013年第9期，第26页。

之间分配。农户掌握生产经营决策权避免了集体生产过程中的逆向激励弊端，使农户能够根据自身资源禀赋优势决定生产决策；而“交够国家，留足集体，剩下都是自己的”不仅极大地激发了农户的生产积极性，还将农户重新纳入市场交换之中。此后，政府逐渐放开的农产品销售价格有效地促进了农村地区自给、半自给的自然经济向社会化、专业化的商品经济转化[①]。这给该时期参与市场交换的农户带来了极大的收益。1978—1985 年间，农民从提价中得到的收益为 2494.2 亿元，扣除因农用资料涨价而多支出的 1236.8 亿元后，农民实际得到的收益为 1257.4 亿元，占该时期农民实际收入增收总额的 15.5%。家庭联产承包责任制在特定时代发挥的作用是毋庸置疑的，它对中国农业发展和农村反贫困事业所做出的贡献也是令人瞩目的[②]。

与家庭联产承包责任制一样，允许农村劳动力进城务工的制度也为贫困群体参与市场竞争提供了有效途径。自从政府对农业劳动力转移采取“绿灯政策”后，中国外出务工的农民大幅度增加。根据国务院发展研究中心的调查数据，全国 74%的行政村认为本村有能力的青壮年都已外出务工，近 80%的农村青壮年劳动力转移到非农产业，2007 年农民工资性收入为 1596 元，占总收入的 38.6%[③]。宋元梁和肖卫东 2005 年的调查也显示，中国快速的城镇化推动了大量贫困人口外出务工，这成为增加农民收入、降低贫困发生率的有效途径，如西部贫困地区外出就业收入占到农民人均纯收入的 30%[④]。2010 年国家扶贫工作重点县约有 20.8%的劳动力外出务

---

① 刘洁：《从中国农业政策实践看粮食流通体制的改革》，《技术经济》2001 年第 7 期，第 50 页。

② 张磊：《中国扶贫开发政策演变（1949—2005 年）》，中国财政经济出版社 2007 年版，第67~68页。

③ 胡鞍钢：《中国减贫之路：从贫困大国到小康社会（1949—2010）》，见潘维：《中国模式：解读人民共和国的 60 年》，中央编译出版社 2009 年版，第 260 页。

④ 宋元梁，肖卫东：《中国城镇化发展与农民收入增长关系的动态计量经济分析》，《数量经济技术研究》2005 年第 9 期，第 20~39 页。

工，这些劳动力的务工收入月均 1270 元，相当于贫困地区农村平均收入的 3~5 倍[①]。都阳、朴之水 2003 年利用中国西部贫困地区的农户调查资料对迁移收入转移及其对贫困状态的影响进行了实证性研究，也发现中国贫困地区的劳动力迁移行为与“利他性”假说相吻合，这表明贫困地区的劳动力迁移可以视作一种积极的反贫困行为[②]。

目前学术界对改革开放以来两个促进贫困户参与市场经济的政策都持较为乐观的态度，认为家庭联产承包责任制和农村劳动力转移政策促进了农村的减贫。如中国扶贫基金会何道峰所言，农产品市场和劳动力市场的部分放开产生的公平贸易条件拉力和就业收入拉力，使农民的收入出现了急剧增加，由此带来贫困人口急剧减少。鉴于市场参与减贫机制之作用，徐志明认为提高扶贫投资效率的关键是在反贫困中引入市场机制，包括在贫困地区培育市场主体、培育市场经济发生与成长的条件、转变政府在反贫困过程中的职能[③]。

（二）经济增长阻碍减贫

经济增长的益贫性在经济发展的初期阶段就得到众多研究者的充分肯定，包括中国在内的发展中国家在经济起步阶段的发展实践也验证了经济增长与减贫之正向关系。但是随着经济发展阶段的不断深入，经济增长与减贫之间的关系偏离了人们的预期，开始展现出变化不定甚至不利于贫困治理的状况。其实在早期的古典经济学派或新古典学派大力宣扬经济益贫性的同时，就有研究者对这一主流观点提出了相反的观点，认为工业化带

① 周敏慧，陶然：《市场还是政府：评估中国农村减贫政策》，《国际经济评论》2016 年第 6 期，第 74 页。

② 都阳，朴之水：《劳动力迁移收入转移与贫困变化》，《中国农村观察》2003 年第 3 期，第 2 页。

③ 徐志明：《扶贫投资低效率与市场化反贫困机制的建立》，《乡镇经济》2008 年第 9 期，第 83~87 页。

来的经济增长不但没有像古典经济学者所预期的那样“向下滴注”，还出现了有利于中上阶层的“向上消敛”效应。

冈纳·缪尔达尔可以说是最早对“涓滴效应”理论提出质疑的经济学家。他认为经济增长可能是减贫的必要条件，但绝对不是充分条件。因为在社会结构刚性和市场机制的共同作用下，资源要素的流动会产生有利于发达地区而无益于落后地区的回波效应。这种回波效应在贫困地区封建的强权结构和不平等制度中很容易导致社会不平等的扩大。换言之，“涓滴效应”理论需要一定的社会条件作为前提，如合理的社会结构和平等的社会制度等。

此外，还有研究者通过实证研究来质疑经济增长对减贫的作用。艾伦·阿德尔曼对43个发展中国家进行实证分析，所得研究结果并没有证实库兹涅茨“倒U形”假说，而是证实了他提出的“倒J曲线”假说，即在经济发展初期贫困群体的收入份额急速下降，紧接着是缓慢下降，最后穷人的收入份额增加还是降低则取决于国家的政策选择。国家的政策选择要么使得曲线趋于平缓（倒J形），要么使得曲线呈递增状况（正U形）。此后，陆续有研究者发表了关于经济增长与减贫关系的不同意见。这些意见的共同本质在于把社会不平等引入经济增长与减贫这一简单的关系中，认为经济增长与减贫并非简单的线性关系，当三者交融在一起时，经济增长与减贫之关系就变得复杂且不确定。

西方学者反对经济增长必然带来减贫的观点在中国也取得共鸣。因为随着改革开放不断深入，中国的经济发展的确取得了世界瞩目的成绩，贫困人口也随之大规模减少，但减贫步伐日趋放缓，社会不平等日渐扩大。在这种局面下，不少研究者提出了与古典经济学家相左的看法。如反对“涓滴效益”理论用于中国研究，认为中国的经济增长与减贫之间并不存在必然的因果联系，经济增长能否促进贫困人口减少还取决于其他因素。陈立中和张建华通过对经济增长弹性的实证分析后，认为1998—2000年间的经济发展实际上加剧了中国农村的贫困程度，而2001年和2003年的经济增长却减轻了中国农村的贫困程度①。这说明经济增长与减贫并不存在必然关系。对于一个国家的不同发展阶段，不均等的初始状况对增长政策的决定有重大意义。在初始不均等状况不严重的发展阶段，经济增长对贫困减少有更大的效果；而在初始不均等状况严重的发展阶段，需要关注贫困问题的解决以使经济增长能更多地减少贫困②。由于城乡收入差距扩大及收入分配状况恶化，进入新世纪以后中国经济增长对减贫的作用已不是特别明显③。更为重要的是，随着贫困规模的缩小和贫困发生率的降低，贫困人口的分布会越来越分散，贫困人口也越来越难以从经济增长中获益，经济增长对缓解贫困的作用会越来越小④。由此可见，在中国经济持续增长并带动减贫的同时，中国的收入差距也在不断增大，而且收入差距的增大在一定程度上抵消了经济增长的减贫作用。此外，随着中国贫困规模的不断缩小，贫困人口越来越分散于生态环境脆弱和经济不发达地区，这些地区的贫困人口很难享受到经济发展的渗透效应，“市场失灵”现象更为明显。基于这些原因，上述研究者认为经济发展并不一定能够带来减贫，在新时期尤其如此。

关于经济增长的减贫机制，既有研究者认为经济增长可以带动中国贫困人口的减少，也有研究者认为经济的持续增长不一定能够促进中国的减贫。之所以会出现经济增长无助于减贫的情况，在很大程度上是由于社会不平等问题的存在，而且改革开放以来的经济增长在一定程度上还加剧了

① 陈立中，张建华：《经济增长、收入分配与减贫进程间的动态关系——来自中国农村的经验分析》，《中国人口科学》2007年第1期，第58页。

② 林伯强：《中国的经济增长、贫困减少与政策选择》，《经济研究》2003年第12期，第22页。

③ 万广华，张茵：《收入增长与不平等对我国贫困的影响》，《经济研究》2006年第6期，第122页。

④ 罗哲，易玲：《西部欠发达地区经济增长减贫效应的实证分析》，《西南民族大学学报》2011年第10期，第88页。

收入差距的不均等状况。一方面，经济增长的确能够提升贫困群体的可支配收入，在减轻绝对贫困上起到不少作用；但另一方面，伴随经济增长而来的收入差距扩大使得贫困群体的相对贫困更加严重。所以，完全由市场自发调节的经济增长既有利于减贫，也有损于减贫。在这种局面下，政府应该有所作为，合理引导市场参与贫困治理，消除收入差距对减贫带来的不利影响。

三、社会参与贫困治理

政府和市场作为中国扶贫开发工作的两大力量，先后在不同时期为中国农村减贫事业做出了巨大的贡献。但随着扶贫开发进程的深入，“政府失灵”和“市场失灵”现象愈加突出，政府和市场参与扶贫所遭受的质疑也越来越多。同时，“全球结社革命”的爆发与“治理理论”的兴起推动了社会治理方式的转变，政府与市场非此即彼的治理格局逐渐向政府、市场和社会三方共治的治理格局转变。这种转变引起了学术界关于社会力量在扶贫领域定位问题的讨论。而国内学术界对参与扶贫的社会力量之探讨可以追溯至研究者关于国家与社会之关系的讨论中。

（一）社会扶贫的理论基础

中国的改革开放政策在培育起市场经济的同时，也为社会力量的崛起释放了很大的社会空间。这从中国的社会组织“爆炸式增长”中可见一斑。据统计，1999—2007 年间，中国社会组织每年以 30%左右的增幅发展。到 2007 年末，在各级登记管理机关登记注册的社会组织总数达 38.69 万家，比 1999 年增长了 171%。社会力量“爆炸式增长”与社会力量参与社会治理可以说是同步进行的。这引起了研究者对社会力量参与社会治理的讨论。关于社会力量参与社会治理的讨论最初见于对国外市民社会力量和法团主义理论以及基于中国经验构造的解释框架的探讨。

1. 国外理论模式。作为较早引入中国研究领域的理论模式，市民社会理论有三层含义：一是基本意义的公民社会，即不受国家力量支配的社会组织；二是较为严格意义的公民社会，即完全自我建设和自我协调的社会组织；三是最为严格意义的公民社会，即能够有效地影响国家政策制定和执行的社会组织①。这一理论模式强调社会力量独立于国家的控制之外，能够有效地参与到国家的决策过程中，对国家的权力有所制衡和约束。与市民社会理论相对，法团主义的核心内容有两层：一是作为利益代表结构，二是作为政策制定体系。前者将各种利益集团整合进全国性、垄断性、专业化和层级化的顶峰组织中，后者通过协商将各种利益集团纳入政策制定过程②。该理论模式强调建立国家控制社会组织的机制，因而社会处于国家的强有力控制之下。

循着市民社会和法团主义两种理论视角，关于社会力量参与社会治理的观点也大致划分为两种。在市民社会力量模式下，社会力量有相当程度的自主性和独立性，其参与社会治理过程中受到政治环境的约束较少，因而能够发挥其自身的专业优势。而在法团主义理论模式下，社会力量在很大程度上受到国家力量的制约，其社会行为代表的是国家的意志力，所以与其说是社会力量参与了社会问题的治理，不如说是社会力量替国家实施了政府的决策。在这一过程中，社会力量自身所具备的优势很难发挥出来。由此可见，社会力量参与社会治理并在其中发挥自身优势的前提条件是具备相对于国家政治体系的独立性和自主性。但是，关于中国的社会力量尤其是社会组织是否具备独立性和自主性，国外的市民社会理论和法团主义理论并不能给出合理的答案。在这种情况下，国内研究者基于中国本

① 查尔斯·泰勒：《公民社会的模型》，《公共文化》1990 年第 1 期，第 98 页。

② 菲利普·斯密特：《仍是法团主义的时代吗》，《政治学视角》1974 年第 1 期，第 85~131 页。

土的实践提出了众多更贴合中国实际情况的解释框架。

2. 本土解释框架。为了改变以往政府与社会组织关系研究中“局部观察”状况，康晓光和韩恒提出“分类控制”体系这一“理想类型”，试图对“大象”的整体做全局观察。在这一体系中，政府为了自身利益，依据社会组织的挑战能力和公共物品提供能力对不同的社会组织采取不同的控制策略①。此后，江华、张健民和周莹提出了“利益契合”这一概念对“分类控制”体系进行扩展。“利益契合”是指政府的政策目标与社会组织所代表的会员利益之间的契合程度，利益契合程度越高，国家为社会组织参与政策所开放的空间越大，反之则越小②。不管是“分类控制”体系，抑或是“利益契合”框架，其本质上都承认国家对社会力量的控制。但与法团主义理论不同的是，“分类控制”体系和“利益契合”框架暗含了社会力量能够在国家默许的领域内发挥重大作用的意义。

与“分类控制”体系和“利益契合”框架一样，“控制与支持”双轴理论也看到了国家默许社会力量参与其中的“特殊领域”。“控制与支持”双轴理论认为除了国家控制能力之外，国家对社会组织的支持也形塑着国家与社会的关系。此外，支持可以独立于控制单独地发挥作用，可以在不剥夺社会自主性前提下进行③。显然，“控制与支持”双轴理论是对法团主义“高控制高支持”和市民社会“支持和控制此消彼长”观点的挑战，指出在“高控制高支持”和“低控制和低支持”外还可生成其他模式。而这种“其他模式”很可能就生成于中国的扶贫开发领域。因为“控制与支持”双轴理论所预设的国家对社会力量低控制高支持模式与中国扶贫政策

---

① 康晓光，韩恒：《分类控制：当前中国大陆国家与社会关系研究》，《社会学研究》2005年第6期，第76页。

② 江华，张建民，周莹：《利益契合：转型期中国国家与社会关系的一个分析框架》，《社会学研究》2011年第3期，第143页。

③ 陶传进：《控制与支持：国家与社会的两种独立关系研究——中国农村社会里的情形》，《管理世界》2008年第2期，第57页。

中鼓励社会力量参与其中相耦合。

尝试对中国国家与社会关系做出本土性阐释的还有“非对称性依赖”解释模式。“非对称性依赖”解释模式依托于资源依赖理论，其基本假设为任何组织（包括政府）都无法生产满足其生存所必需的所有资源，因而需要与外部环境进行资源互换从而维持自身的正常运转。这种资源互换形塑着组织间的依赖性关系。但由于政府掌握的资源较多，政府转出的资源多于社会组织转出的资源，因而在政府与社会组织间构成“非对称依赖”[①]。与“非对称性依赖”相似，“行政吸纳服务”也是基于资源相互依赖的解释模式。不同的是，“行政吸纳服务”模式更加强调政府对社会组织的“支持”，因而社会组织具有明显的行政依附色彩[②]。“非对称性依赖”和“行政吸纳服务”从资源交换的角度为我们揭示了在社会治理过程中国家对社会力量的依赖。而在当前扶贫攻坚任务艰巨的情况下，国家对社会力量的依赖可能要比以往大得多。

从本土的解释框架中，我们可以看出中国的国家与社会的关系并不是市民社会或者法团主义所设想的“非此即彼”模式这么简单。相反，国家与社会的关系呈现出复杂的景象。一方面，这些本土的解释框架在一定程度上承认国家力量对社会力量的制约作用仍然存在；另一方面，当国家与社会存在目标重合和资源互换时，社会力量就能够在国家的强控制下获取行动上的自主性和独立性。中国的扶贫开发领域正是国家和社会在目标上有所重合，资源有所依赖的场域。所以，在扶贫开发领域社会力量发挥自身优势所必需的自主性和独立性得以存在。

---

① 徐宇珊：《非对称性依赖：中国基金会与政府关系研究》，《公共管理学报》2008 年第 1 期，第 39 页。

② 唐文玉：《行政吸纳服务——中国大陆国家与社会关系的一种新诠释》，《公共管理学报》2010 年第 1 期，第 17 页。

（二）社会扶贫的优势

中国的社会力量是在国家的控制之下逐渐成长起来的。其成长的时间虽然短暂，但由于其在本质上区别于政府力量和市场力量，所以社会力量有着自身的优势。这些优势首先体现在社会力量对其他扶贫力量的补充作用上。社会扶贫（尤其是社会组织扶贫）对政府扶贫的补充作用尤其体现在以下三个方面：一是委托代理关系更明确，问责制度更健全，监督体系更完善，能更好地规避政府扶贫在权利与义务上的不对称性；二是创新激励更充足，能有效克服政府在扶贫中出现的对新机会和新问题不敏感、制度创新激励不足的问题；三是项目瞄准更科学更合理，扶贫资源使用的可持续性强，扶贫资金的渗漏率低，资源配置更有效①。

其次，社会扶贫的优势在于扶贫模块创新。社会组织的扶贫项目相对于政府项目来说有如下特点：项目较小、更为本地化、更专注于当地贫困农户、与当地基层组织或农户的合作更为广泛。这些特点使得社会组织能够根据贫困农户自身条件来确定扶贫项目的计划和方式②。换言之，社会扶贫力量可以依据不同地区的资源禀赋优势，对扶贫模式中的具体环节进行创新，进而提高扶贫效率。这种创新体现于社会组织扶贫时在贫困农民参与和赋权、扶贫资金传递、公共工程后续管护、贫困监测及信息反馈等方面所起的开创性、先导性作用③。因此，社会力量尤其是社会组织在扶贫领域的创新能力要比政府强。

再次，在扶贫资金筹集方面，社会力量可以通过自身的网络关系筹集扶贫资金。在“八七扶贫攻坚计划”时期，中国各类扶贫资源总计为 1891

---

① 共济：《新阶段社会扶贫体制机制创新》，中国农业出版社 2012 年版，第 13 页。
② 赵黎青：《非政府组织的扶贫事业》，《中国农村经济》1998 年第 9 期，第 30 页。
③ 共济：《新阶段社会扶贫体制机制创新》，中国农业出版社 2012 年版，第 15~16 页。

亿元，其中社会组织投入 529.48 亿元，占所有扶贫资源的 28%[①]。在“十五”期间，中央定点扶贫 66.2 亿元，地方定点扶贫 194.4 亿元，对口扶贫 49.46 亿元，社会组织扶贫 184.5 亿元，外资扶贫 116 亿元，总计为 610.56 亿元，占扶贫总投入的 28.7%[②]。

最后，在人力支持方面，社会力量可以通过人才引进和培训等形式提高贫困地区的人力资本。在 2002 年至 2012 年间，定点帮扶单位和东西部扶贫协作共为贫困地区培训各类人员 218.39 万人次；东部地区向西部地区开展干部、专业人才交流 21539 人次，组织劳务输出 767 万人次。在 2003 年至 2012 年，中央定点帮扶单位共帮助贫困地区引进人才 4776 人，帮助引进技术 2042 项，帮助上项目 11963 项；东部地区到西部地区挂职的教师、医生、农业技术人才合计 7075 人，向西部地区输出技术 1763 项，派出志愿者 3622 人次；中央定点帮扶单位和东西部扶贫协作部门共向贫困地区派出挂职干部 7148 人次[③]。

（三）社会扶贫的作用

作为社会力量重要组成部分，社会组织一直以来都活跃在扶贫领域，拥有相对于政府和市场的优势。这些独特的优势使得社会组织为中国的贫困治理做出了巨大的贡献。根据投入评价法，在假设政府和社会组织的扶贫效率相等前提下，参与中国扶贫的社会组织在“八七扶贫攻坚计划”期间为中国减贫所做出的贡献达到 20%～35%，平均贡献为 28%[④]。匡远配和

---

① 何道峰：《中国 NGO 扶贫的历史使命》，《中国扶贫基金会会刊》2001 年第 9 期，第 14 页。

② 李周：《加大力度促进社会扶贫》，《农村发展与金融》2016 年第 7 期，第 22 页。

③ 林万龙，李成威，陆汉文，曹洪民：《全面深化改革背景下中国特色社会扶贫政策的创新》，《经济纵横》2016 年第 6 期，第 82 页。

④ 何道峰：《中国 NGO 扶贫的历史使命》，《中国扶贫基金会会刊》2001 年第 9 期，第 16 页。

汪三贵认为社会组织扶贫不仅在一定程度上弥补了政府资金的不足，还具有扶贫组织完善、项目实施的灵活性强和扶贫领域多元化等特征，这使得扶贫资金使用效率和扶贫命中率都远远高于政府[①]。所以社会组织在“八七扶贫攻坚计划”期间为中国减贫平均做出的贡献实际上不是28%可以涵盖的。

在经济合作社参与贫困治理上，众多研究者也证明了经济合作社对贫困治理的正面作用。张海霞和庄天慧通过分析四川农村发展组织对扶贫项目的投入和项目受益人次之关系，发现项目投入和贫困群体受益程度呈现指数关系，即随着四川农村发展组织对贫困地区投入的增加，贫困群体受益的程度也在不断提高，而且提高的速度快于项目投入增加的速度[②]。吴定玉指出，合作社可以从根本上解决贫困问题，提高扶贫资金的使用效率和贫困地区的农民收入，是新世纪反贫困的组织支撑[③]。韩国民和高颖2009年对参与式扶贫与农民合作社的互动关系进行研究后，提出“整村推进+农民专业合作社”的反贫困模式对政府在贫困地区投入的资源进行整合，借合作社的发展提升农民的组织化程度及其自身素质和能力，促进合作社在竞争中完善其内部治理，推动西部反贫困战略目标的实现，促使农民脱贫致富[④]。而苏晓云2010年通过对广西凤山县的实证研究也发现，贫困山区的农民合作社对于农民抗御灾害、应对市场、增强自身“造血功能”具有重大价值[⑤]。除了在扶贫领域，社会组织对社会的贡献还体现在

---

① 匡远配，汪三贵：《中国民间组织参与扶贫开发：比较优势及发展方向》，《岭南学刊》2010年第3期，第92~93页。

② 张海霞，庄天慧：《非政府组织参与式扶贫的绩效评价研究——以四川农村发展组织为例》，《开发研究》2010年第3期，第59页。

③ 吴定玉：《农业合作社：新世纪反贫困的组织支撑》，《农业经济》2000年第8期，第21~22页。

④ 韩国民，高颖：《西部地区参与式扶贫与农民专业合作社发展的互动研究》，《农村经济》2009年第10，第118页。

⑤ 苏晓云：《贫困地区农民合作经济组织实证研究》，《毛泽东邓小平理论研究》2012年第5期，第89~90页。

其他领域，如在其他公共物品和准公共物品的提供上都可见社会组织的影子。所以构建和谐稳定的社会需要政府、营利企业和社会组织三方共同努力。

这些都证实了社会组织对减贫的巨大贡献。一般而言，当社会中存在大规模的贫困人口时，主要依靠经济增长来带动脱贫，承担这种整体性、全局性扶贫工作的主体应当是市场与政府；而当社会的贫困人口规模较小且分散时，单靠政府力量进行扶贫，投入产出效率就不是很高，市场机制在反贫困方面也开始失灵。所以，扶贫开发工作进行到一定程度，贫困人口大幅度减少后，社会组织在扶贫领域就应该承担更为重要的责任。

（四）社会扶贫的局限性

扶贫领域是中国社会组织参与最多且取得成绩最大的领域。但社会组织参与扶贫过也存在诸多问题，如依附性强，资源动员不足，内部治理结构不完善，服务的狭隘性和业余性，法制与社会环境缺失等，这些问题的存在影响了社会组织可持续发展①。在全球强调大扶贫意义上的“发展”和非单一经济扶贫背景下，中国在扶贫领域虽然出现了不少政府和社会组织合作的案例，但合作的层级低，未形成稳定的合作机制，一些成功的合作案例也没有能够成功推广②。

在定点扶贫过程中，公共部门与地方社会组织、贫困农户之间存在利益冲突，这些利益冲突极大地影响了部门定点扶贫作用的发挥。在东西扶贫协作中也存在一些问题，魏华祥、马瑞萍和尚勇总结了福建省与宁夏回族自治区对口帮扶存在的问题：一是对口帮扶政策与其他扶贫政策缺乏必

---

① 匡远配：《中国民间组织参与扶贫开发：现状以及发展方向》，《贵州社会科学》2010 年第 6 期，第 82 页。

② 韩俊魁：《透过政府与非营利组织共治而减贫：大扶贫视野下云南多案例比较研究》，《经济社会体制比较》2016 年第 2 期，第 144 页。

要的合力，相关政策的协同机制没能建立；二是对口帮扶的投入资金不足，导致扶贫项目中断；三是对对口扶贫的可持续缺乏必要的长远规划①。此外，还有研究者从全国层面总结东西扶贫存在的问题。东西扶贫协作在全国层面的实践存在的问题有两个：一是东西扶贫主要表现为发达地区对贫困地区的援助，发达地区在此过程中收益较少，使得经济发达地区对与贫困地区开展扶贫合作的意愿不是很强烈；二是东西扶贫协作的主要领域限于经济援助与技术合作，这对贫困地区经济社会整体发展的溢出效应不大②。

社会力量参与贫困治理所存在的缺点在某种程度上影响了其扶贫功能的发挥，这是社会扶贫力量应当有所改进的地方。但有些缺点主要是由于外部环境造成的，如国家控制过多导致社会组织的依附性较强，又如社会组织参与社会治理的相关法制环境缺失，这些问题的解决主要靠国家的作用。

---

① 魏华祥，马瑞萍，尚勇：《加强东西扶贫协作与缩小区域经济发展差距——对福建省与宁夏回族自治区开展对口扶贫协作的调查》，《理论前沿》2003 年第 12 期，第 46 页。

② 李勇：《改革开放以来东西扶贫协作政策的丽水演进及其特点》，《党史研究与教学》2012 年第 2 期，第 40 页。

·第三章·

1978—2012年：中国减贫的历史进程与总体格局

政府主导下的中国减贫事业取得举世瞩目的成就，这引起国内外研究者对中国减贫经验或模式的关注和研究。其中，对中国减贫实践进行分期是一项重要工作。从文本理解角度看，基于中国扶贫实践史进行分期再合适不过。缘由在于，以关键的扶贫事件或时间节点作为分期的界限最为简单易懂。但这种以关键扶贫事件或时间节点作为分期界限的策略却有将事实简单化之嫌，混淆了国家力量与国家以外的两大主体力量——市场力量和社会力量在中国扶贫史上的作用，掩盖了国家力量与市场力量或者社会力量在中国扶贫实践中的互动关系。为了更好地揭示这种被混淆、掩盖的互动关系，本章在对“扶贫开发”“反贫困”和“减贫”等词语进行语义分析的基础上，构建一个“二阶段”的分期方法，将国家力量与市场力量或者社会力量在中国不同的扶贫阶段所发挥的作用清晰地划分开来，从而呈现出国家力量与市场力量或者社会力量在中国扶贫历史上的相互关系。

一、改革开放以来的减贫成就与历史分期

关于中国的减贫成就与历史分期，已有众多研究者从不同的角度进行详细的研究或论证。学术界关于中国的减贫成就与历史分期似乎已达成某种共识。的确，中国的减贫事业取得了较为辉煌的历史成就，这一点不管是在实践上还是经验上都是难以证伪的客观事实。但关于中国扶贫实践的

历史分期，目前的分期策略可能会与当前所倡导的“政府市场社会大扶贫格局”理念相矛盾。因为目前的分期方法未能清楚地将政府力量与市场力量或社会力量清晰地划分开来，有“将中国扶贫实践所取得成绩笼统地归于单一的政府力量或其他力量”之嫌。这显然不符合中国的历史实践。因此，很有必要在厘清中国的扶贫成绩基础上探讨新的分期方法。

（一）中国改革开放以来的减贫成就

中国农村地区的贫困问题是“多维资本”匮乏所造成的。但要深究中国农村地区“多维资本”匮乏的根源，仍需溯源至中华人民共和国成立之初的经济发展战略。中华人民共和国成立初期，政府选择以集中资源发展工业尤其是重工业为典型特征的赶超型发展战略。与之相配套的是城乡“二元结构”。这种“二元结构”体现在两个方面：一是重工业属于资本密集型产业，其所需要的大量资源与中国的资源禀赋结构相矛盾，政府不得不通过控制农产品定价权和统购统销政策，将大量农业产出抽取到城市支持工业发展；二是重工业提供的就业机会少，为保障城市社会的稳定，政府一方面对城市劳动人口实行统一安排就业的制度，另一方面以户籍、粮油供应等制度限制农村人口向城市迁移和获取城市就业机会。

这种“二元结构”导致农业产出被大量抽取用于工业建设，农民收入长期得不到提高。虽然同期城市居民收入也低，但其能够获得低价配给基本生活资料、住房、医疗、教育等福利水平远高于农村居民的社会保障。世界银行1981年到2003年的数据表明，农村贫困人口占中国所有贫困人口的比重一直保持在95%以上。因此，中国政府的扶贫开发工作一直特指农村扶贫开发。

改革开放以后，中国充分发挥资源禀赋优势，实现经济持续和快速地发展，取得举世瞩目的“中国奇迹”。2007年，国内生产总值达到26.6万亿元，较1978年增加14.57倍，世界排名从第十五位上升到第四位。此外，在三次产业中，第一产业稳定增长，年均增幅达 4.58%，而第二产业和第三产业也快速发展，年均增幅分别为 11.52%、11.04%。随着国民经济的发展，中国城乡居民收入也实现较快增长。2007 年，农村居民人均纯收入达到 4140.4 元，是 1978 年的 7.34 倍；城镇居民人均可支配收入达到 13785.8 元，是 1978 年的 7.53 倍。在这种背景下，中国农村贫困人口大幅减少，扶贫开发事业取得巨大进展。

按照中国的绝对贫困标准，中国农村在 1978 年有 2.5 亿贫困人口，占当时农村总人口的 30.7%。由于绝对贫困标准是根据生存所需基本营养推算出来的，并未充分考虑社会性需要。因此，30.7%的贫困发生率是一个非常惊人的数字，实际上这意味着农村当时处于普遍贫困状态。但到了 2007 年，中国农村绝对贫困人口减少到 1479 万，较 1978 年减少 2.35 亿，贫困发生率也随之降至 1.6%。

根据世界银行数据，按照每天 1 美元的贫困标准，1981 年中国农村贫困人口数量为 7.3 亿，贫困发生率为 73.5%；而 2008 年为 9700 万，贫困发生率为 7.3%。按照每天 1.25 美元的贫困标准，1981 年中国农村贫困人口数量为 8.35 亿，贫困发生率为 84.0%；2008 年为 1.73 亿，贫困发生率降至 13.1%。按照每天 2 美元的贫困标准，1981 年中国农村贫困人口数量为 9.72 亿，贫困发生率为 97.8%；2008 年为 3.95 亿，贫困发生率减至 29.8%。无论按照什么样的贫困标准，改革开放以来中国农村减贫成就都十分明显。

中国改革开放以来取得的减贫成就，不仅在中国历史上是前所未有的，在世界史上也是独一无二的。中国是世界上人口最多的国家，很长一段时期也是世界上贫困人口规模最大的国家。世界银行的数据显示，20 世纪 70 年代末至 80 年代初，中国农村贫困人口绝对数量位于世界首位，农村贫困发生率也居世界首位。与中国具有较强可比性的印度，其在 1978 年的贫困人口（按每天 1 美元贫困标准，下同）数量为 3.19 亿，贫困发生率为48.9%；1983年的贫困人口数量为2.82亿，贫困发生率为37.7%。印度在上述时间的贫困人口数量明显少于中国。但中国2005年农村贫困人口数量减少至1.19亿，而印度农村贫困人口仍多达1.96亿；中国农村贫困发生率从1981年的73.5%降至2005年的9.2%，而印度同期的农村贫困发生率只从44.18%降至23.99%。此外，中国的减贫成就直接决定全球减贫事业的进程。根据中国外交部与联合国驻华系统联合发布的《中国实施千年发展目标进展情况报告》，“从1990年到2005年，全球生活在1美元/天贫困线下的人口减少到14亿，共减少了4.18亿，降低了23%”，但“如果不包括中国，则全球的贫困人口实际增加了5800万”。

（二）中国减贫历史已有的分期方案

中国改革开放以来所取得的减贫成就引起国内外学术界广泛的研究。在这些研究中，不少研究者在对中国减贫历史进行阶段性划分的基础上，对中国减贫实践展开细致的分析。仔细梳理这些研究对中国减贫历史的分期方法，可以将之划分为两类：一是官方分期方案；二是建立在学术话语体系上的民间分期方案。这两种类型的分期能够客观地把握政府、市场和社会三方力量在中国扶贫实践过程所发挥的作用吗？在回答这个问题之前，有必要对中国减贫实践中使用较多的“扶贫开发”“反贫困”和“减贫”这三个词汇进行语义上的分析，以期通过词汇的本质来思考中国的减贫实践分期方案。

就语言的词性来看，“扶贫开发”“反贫困”和“减贫”均是动词转化为名词使用，潜在地包含着行为主体所要达到的目标结果——缓解贫困。这是三者在词义上的共同之处。它们的相异之处在于所指涉的行为主体不尽相同。“扶贫开发”由“扶贫”与“开发”两个短语构成。“扶”有支持、援助之意，“扶贫”则意为扶持、帮助贫困地区和贫困农户；“开发”是指以各种资源为对象进行劳动，以达到利用之目的。从词语的语义上看，“扶贫”和“开发”都具有较强的外部性特征，即扶持和开发这一动作均由他者完成，而非贫困者或资源本身完成援助和开发这一动作。所以“扶贫开发”的行为主体是与贫困群体相对立的非贫困群体，包括政府、市场和社会等外部支持力量的扶持者。而在中国的话语体系下，这些外部支持力量具备相对于贫困群体的权威力量。

与“扶贫开发”不同的是，“反贫困”并非特指行为主体的外部性特征。从字义上看，“反”字寓意十分丰富，当其与名词相搭配时，有推倒、反对之意。在此基础上，“反贫困”就寓意反对贫困，与贫困做斗争。但由于“反贫困”在词义上并没有专门划定与贫困做斗争的力量，所以“反贫困”暗含的行为主体为所有力图缓解贫困的主体，既包括外部支持力量，也包括贫困者自身行为。“扶贫开发”和“反贫困”虽在行为主体上的指代稍有差异，但都强调这些行为主体具有以降低贫困发生率为目标导向的行动，如“扶贫开发”中的资源利用行为和“反贫困”中与贫困做斗争等举动都旨在降低贫困发生率。这是“扶贫开发”与“反贫困”的异同之处。

“减贫”一词不管是在行为主体抑或行为动机上，与“扶贫开发”和“反贫困”都大有不同。从字义上看，“减”字有两层含义：一是从原有数量中去掉一部分，二是从性质上降低事物的程度。自然地，我们可以将“减贫”理解为降低贫困发生率或者减轻农村贫困群体的贫困程度。由此可见，“减贫”更多地指代一种客观现象或结果，即不必然规定这一现象行为主体的范围，也没有特指某种以贫困减缓为目标导向的行为。这显然有别于“扶贫开发”和“反贫困”的词义。

通过上文的分析，可以清晰地看出，“扶贫开发”“反贫困”和“减贫”三个在官方文件和学术研究中被频繁提及的词汇所具备的语义差异。这些语义上的差异可简单地从行为主体、行为动机和行为结果三个方面进行概括。在行为主体的限定上，“扶贫开发”一词所指涉的行为主体在范围上仅仅限于外部性力量，并不包括贫困者本身。而“反贫困”与“减贫”在词义中并未明确限定行为的相关主体，所以这两个词语中行为主体既可以是贫困者本身，也可以是外在于贫困群体的政府、市场和社会等力量。在行为动机指向上，“扶贫开发”和“反贫困”语义下的扶贫政策或扶贫资源具有明确的目标，即这些扶贫行为或反贫困行动以降低贫困发生率为首要目标导向。“减贫”在语义上则与之不同，它不在乎贫困人口的减少是由专门的扶贫政策所导致，还是一般性政策所达成。

在这些语义差异的基础上，可以对中国历史上的贫困治理行为做简单的类型学分类。根据“扶贫开发”一词所内在规定的扶贫行为，我们将“以政府作为扶贫主体，通过专门的扶贫战略与政策达至减贫效果”的贫困治理称作“扶贫开发”模式。在该模式下，政府具有目的鲜明的减贫政策，且同期的扶贫成效主要源于政府专门的减贫行为，如近些年发展迅速的专项扶贫项目。从“反贫困”的词义上看，那些“对行为主体不作严格限制，但通过专门的贫困治理行为来达到降低贫困发生率这一目标”的贫困治理行为则属于“反贫困模式”，如专门为农村贫困群体提供小额信贷以解决其发展资金不足的贫困治理行为。这种贫困治理行为的行为主体既可以是代表政府力量的中央银行，也可以是代表市场力量的商业信贷公司，更可以是代表社会力量的社会企业。而在“减贫”的语义下，我们可以把“对行为主体无限制，不以降低贫困发生率为首要目标”的那些政策行为当作“减贫”模式。这种模式以“无心插柳柳成荫”为最大的特征，即政策设计之初并没有强烈的减贫诉求，其执行后果却带来巨大的减贫成效，如改革开放初期的农村体制改革。

在厘清这些基本概念和贫困治理行为后，就可以对中国减贫历史的官方分期方案进行讨论与分析。关于改革开放后中国农村减贫实践的分期，最有影响的应该是以国务院扶贫开发领导小组办公室为代表的官方方案。国务院扶贫开发领导小组办公室在《中国农村扶贫开发概要》中将中国

1978年至2000年的减贫实践划分为体制改革推动扶贫阶段（1978—1985年）、大规模开发式扶贫阶段（1986—1993年）和扶贫攻坚阶段（1994—2000年）。中国国际扶贫中心的《中国农村扶贫开发历程》可以说是直接继承了《中国农村扶贫开发概要》的观点，将1979—2010年的扶贫开发划分为四个阶段，即1979—1985年农村改革推动扶贫阶段、1986—1993年大规模开发式扶贫阶段、1994—2000年“八七扶贫攻坚计划”阶段和2001—2010年中国农村扶贫开发纲要实施阶段。

国务院扶贫开发领导小组办公室和中国国际扶贫中心都以中国贫困减缓的历史事件作为分期的关键节点，前者以1986年和1994年作为分期节点，后者则在前者的基础上加入2001年对1994年至2010年的减贫历史进行划分。这三个分期节点所对应的减贫大事件分别为1986年成立的国务院贫困地区经济开发领导小组及其办公室、1994年颁布实施的《国家八七扶贫攻坚计划（1994—2000年）》和2001年制定实施的《中国农村扶贫开发纲要（2001—2010年）》。

这三个历史大事件均是以贫困减缓为目标导向的政府专门扶贫行为，具有浓厚的政府主导中国减贫事业之色彩。的确，在中国1986年至2010年的减贫进程中，不管是从政府行为动机，还是从政府在中国减贫事业中的主导地位来看，上述的分期方案均具有很大合理性。因为1986年成立的国务院贫困地区经济开发领导小组及其办公室、1994年颁布实施的《国家八七扶贫攻坚计划（1994—2000年）》和2001年制定实施的《中国农村扶贫开发纲要（2001—2010年）》都是以政府为主导的旨在降低贫困发生率的政府行为，而在1986年至2010年期间，中国贫困发生率大幅度降低均与上述三个专门为农村贫困群体制定的组织或政策息息相关。由此可见该时期的贫困治理行为属于典型的“扶贫开发”模式。从这个角度看，以上述三个历史事件划分中国1986年至2010年间的减贫进程具有一定的科学性。但1978年至1985年间的贫困减缓在很大程度上是由制度性变革

（非减贫政策变革）所驱动，而不是由政府专门的减贫行为所驱动，所以将 1978 年至 1985 年的减贫进程纳入以政府专门的减贫战略或政策带动贫困发生率降低这一分类体系中，会让人误认为 1978 年至 1985 年间贫困发生率大幅度降低也应归因于政府专门的减贫行为。这显然有悖于中国的历史实践。

上述两个官方的分期方案，将以政府主导、贫困减缓为目标导向的三个历史大事件作为 1978 年至 2010 年间中国减贫历史的分期节点，虽然能够彰显中国政府在减贫中的主导作用和坚毅决心，却让人误以为中国 1978 年至 1985 年间的减贫成效也得益于中国政府有组织、有针对性的减贫行为。这可以说是官方分期方案的不足之处。

与官方分期方案更加凸显政府专门的减贫行为不同的是，民间的分期方案则更加强调贫困群体在政策机遇面前的自主能动性。中国发展研究基金会与郭佩霞、邓晓丽所采用的分期方法在一定程度上可视作民间分期方案的典型代表。

中国发展研究基金会在《在发展中消除贫困：中国发展报告 2007》中将中国改革开放后的减贫进程划分为三大阶段：一是以经济增长为主导的贫困缓解模式（大致为 1978 年至 1985 年）；二是以开发式扶贫政策为主导的扶贫模式（大致为 1986 年至 2000 年）；三是以多种利农惠农政策并举为特征的扶贫模式（大致为 2001 年至 2007 年）。该分期方案关键的时间节点为 1986 年和 2001 年：1986 年标志着开发式扶贫政策开始发挥重要作用，2001 年则标志着农业和教育、医疗等方面惠农政策逐步走上历史舞台。

与中国发展研究基金会不同的是，郭佩霞、邓晓丽将中国减贫历程的分期范围延伸至社会主义改造时期，对中国 1949 年至 2010 年的减贫历程进行四阶段划分。在具体操作上，郭佩霞、邓晓丽将中国这 62 年的贫困减缓过程划分为平均主义福利模式基础上以物质投入为重点的道义性和救济性扶贫（1949—1977 年）、制度性变革驱动下以经济增长为取向的小规模区域性扶贫（1978—1985 年）、非均衡增长背景下有针对性的、大规模的区域扶贫阶段（1986—2000 年）和全面建设小康社会进程中以人力资本投资为主导、以参与式为导向的新世纪扶贫开发阶段（2001—2010 年）。

很明显，中国发展研究基金会将中国改革开放后的首个减贫阶段划分为“以经济增长为主导的贫困缓解模式”，意在强调 1978 年至 1985 年间的贫困减少是经济高速增长的客观作用，而非政府专门的扶贫战略或政策带来的主观后果；而将 2001 年至 2007 年的减贫历程划分为“以多种利农惠农政策并举为特征的扶贫模式”也基于同样的逻辑，即该阶段的减贫成效不仅仅得益于中国政府专门的减贫政策和措施，更得益于一般性的“利农惠农”政策。与中国发展研究基金会的意图相似，郭佩霞、邓晓丽所采取的划分方法也潜在地表达了这样的一种观点。因为中国在改革开放之前，政府既没有专门制定以贫困减缓为目标导向的战略或政策，也没有开辟专门的组织部门负责中国的贫困减缓事业。郭佩霞、邓晓丽将中国贫困治理历史的分期范围延伸至社会主义改造时期，则意在说明 1949 年至 1977 年中国的减贫进程并非得益于政府有组织有针对性的减贫行为，而是得益于其他的一般性社会政策以及贫困群体在这些一般性政策面前所表现出来的历史机遇把握能力和主观能动性。此外，郭佩霞、邓晓丽将中国 1978 年至 1985 年的贫困治理划分为“制度性变革驱动下以经济增长为取向的小规模区域性扶贫”，似乎更加明确表示该阶段所谓的“一般性社会政策”即为经济发展政策或体制改革，贫困群体在政策面前的历史机遇把握能力和主观能动性则体现于经济增长的益贫性之中。显然，中国发展研究基金会与郭佩霞、邓晓丽对中国历史上贫困治理之看法更倾向于语义学上的“减贫”模式。

与官方分期方法相比，中国发展研究基金会与郭佩霞、邓晓丽所使用的分期方法更能够凸显一般性社会政策（减贫政策与非减贫政策）的减贫效应以及贫困群体在这些一般性政策前所表现出来的历史机遇把握能力与主观能动性。这极大地弥补了官方分期方案过于强调政府单方面减贫行为带来的减贫效应而忽略贫困群体在市场力量和社会力量前的主体性的不足。但这并不意味着以中国发展研究基金会与郭佩霞、邓晓丽为代表的民间分期方案就毫无缺点。民间分期方案强调的是在一般性经济社会政策释放的减贫机会结构面前贫困群体的主体性作用，这十分契合中华人民共和国成立至 1985 年的减贫历史。但过于强调贫困群体在一般性经济社会政策面前所表现出的主观能动性，会掩盖 1985 年后政府有组织有计划的减贫行动所产生的减贫效应。这也是与中国历史上的减贫实践相左的。

关于中国减贫历史分期方法，众多研究者在研究中均有论及。这些已有的分期方法在一定程度上为我们认识中国减贫进程前后变化提供了简单易懂的途径，但不利于我们把握中国减贫历程变动不居的原因，也与当前“自上而下”推广开来的“政府、市场、社会大扶贫”理念相左。官方的分期方案过于强调政府专门的减贫行为而忽视贫困群体在一般性社会政策面前的主观能动性，而民间的分期方案则由于过于凸显贫困群体在一般性社会政策面前的主观能动性而掩盖政府有组织、有针对性的扶贫行为所带来的减贫效应。概言之，无论是官方的分期方案，还是民间的分期方法，均陷入“国家与社会”二元对立、非此即彼的僵硬格局中，看不到国家力量与贫困群体自身力量在中国减贫进程中交替更换，甚至是协同推进的和谐局面。由此，重新探讨能够揭示上述互动关系的分期方案就显得尤为重要。

（三）中国减贫进程的重新分期

在中国贫困治理实践上，至少有两种力量在其中发挥至关重要的作用：一是政府部门针对贫困问题而专门制定的、以降低贫困发生率为目标导向的扶贫战略或政策，例如成立国务院贫困地区经济开发领导小组及其办公室和已颁布实施的《国家八七扶贫攻坚计划（1994—2000年）》《中国农村扶贫开发纲要（2001—2010年）》《中国农村扶贫开发纲要（2011—2020年）》等战略；二是贫困群体在政府部门制定的一般性社会经济政策（非扶贫政策）面前所表现出来的政策机遇把握能力，这种政策机遇下的经由市场或者社会的力量而转化为贫困群体脱贫致富的主观能动性，诸如改革开放初期的家庭联产承包责任制依托市场机制，极大地激发了贫困农户的生产积极性。如果说第一种减贫力量依存于政府部门，更偏向于语义学上的“扶贫开发”形式，那第二种减贫力量则主要源自市场力量或者社会力量，与语义学上的“减贫”形式更相似。

由于上述两种扶贫力量客观地存在于中国减贫进程的不同历史阶段，故关于中国减贫进程新的分期方案就要能够同时包括这两种关键的力量。由此，关于“中国减贫进程的分期方案”问题就转化为“准确地把握住改变与塑造中国减贫历史的基础力量”问题，即把握住影响贫困状况和减贫成就的基础力量及其变化规律。这就涉及贫困的测度问题。

但致贫原因的多维度导致贫困状况和减贫成就的测量是一个极其复杂的问题。世界银行认为贫困导因于对一系列生存必需品的缺乏，诸如缺少足够的食物和水，抑或无法享受到平等的医疗或受教育机会。阿马蒂亚·森则从能力和权利的角度讨论贫困问题，认为“贫困必须被视为基本可行能力的被剥夺，这是识别贫穷的通行标准”。因此，关于贫困状况与减贫成就的度量就涵盖经济收入、教育水平和机会结构等维度。

根据贫困的多维性和复杂性，一些机构和研究者设计出多维度贫困指数对贫困进行测量。例如，联合国开发计划署设计人类贫困指数（HDI）用以测量部分国家的贫困状况。该指数包括寿命、读写能力和生活水平三个维度。此外，Watts多维贫困指数强调个人的福利水平由M个维度组成，每个维度都会有相应的贫困标准。若个体在所有维度上都低于贫困标准则为交叉贫困人口，若至少在某一维度上低于贫困值则为联合贫困人口。多维贫困识别方法抓住贫困问题的复杂性，但其在实际运用过程中面临着巨大挑战。因为贫困测量的多种维度及其权重的选择在学术界尚未达成共识，不同研究成果所选取的维度及其权重不尽相同，进而导致不同的学术研究难以对话交流。此外，各维度相应的数据很难收集并很难保障其效度。因此，尽管经济收入只是衡量贫困状态的诸多维度之一，但仍然因其简洁性而得到广泛应用。本文也将减贫历史理解为贫困人口因收入逐步增加而脱离贫困状态的历史，即按收入标准（贫困标准）所测量的贫困人口减少的历史。

虽然选取单一的收入标准来把握影响贫困状况和减贫成就的基础力量及其变化规律并不如多维贫困指数全面，但单一的收入标准也足够说明问题。这是因为居民收入变化主要受经济增长和收入分配两方面因素的影响。而有研究揭示，经济持续高速增长是推动改革开放以后中国农村大规模减贫的重要推动力量，能够解释70%的短期贫困人口变化和95%的长期贫困人口变化。据此，下文具体阐明经济增长对农村减贫进程的决定性影响作用，并根据经济增长与农民收入变动的关系将1978—2007年的减贫历程划分为两个阶段：

第一阶段以农村改革带动扶贫开发（减贫）为鲜明特征（1978—1991年）。1978年，中国农村居民人均纯收入为133.6元，农村贫困人口共2.5亿，占农村人口总数的30.4%。而到1991年，农村居民人均纯收入增加至708.6元，农村贫困人口减少到9400万，比1978年减少62.4%，贫困发生率降低到10.4%。这十余年历史最鲜明的特征是，农村改革带动农村经济的快速发展和农民收入的大幅度增加。首先是1978—1984年，农村改革的重点是建立家庭联产承包责任制。这项改革理顺了农村生产关系，让农民获得生产经营的自主权，打破分配上的平均主义和“大锅饭”，激发了农民生产的积极性，大幅提高了农业生产效率和农业经营收入。其次是1985 1991年，农村改革的重点是改革农产品流通体制、调整农村产业结构和支持发展乡镇企业。这些改革，特别是支持乡镇企业发展相关政策的实行，促进农村商品化和工业化，极大地拓展了农民的收入渠道。

第二阶段以工业发展带动扶贫开发（减贫）为鲜明特征（1992—2007年）。1992年，中国共产党第十四次全国代表大会正式提出建立社会主义市场经济体制的改革目标。因此，中国经济发展的焦点由农村转向城市，第二产业和第三产业也得到充分的发展。城市第二产业和第三产业的发展，特别是劳动密集型产业的发展，吸引大量农村劳动力进城务工。农村居民的工资性收入也随之大幅增加，2007年农村居民工资性收入为1596.2元，较1992年增加7.66倍；同期农村居民的经营性收入只增加4.28倍。按照绝对贫困标准，2007年末，中国农村贫困人口减少到1479万，在1992年8000万的基础上减少6021万，农村贫困发生率从8.8%降到1.6%。

二、农村发展带动减贫的历史阶段

中华人民共和国成立后，中国选择优先发展重工业的赶超型经济战略，由此形成的城乡“二元结构”成为阻碍农村贫困群体脱离贫困陷阱的结构性因素，中国农村地区陷入普遍性贫困。但让人欣慰的是，改革开放后，中国抓住导致中国农村致贫的普遍性因素，开始实施一系列打破城乡“二元结构”的措施，最终踏上中国经济持续发展的阶梯。透过破解“城乡二元结构”的一系列措施，我们可以看到改革由农村发轫的必然性：农村比城市更贫困，且不涉及体制的核心，也可以窥见农村经济改革发展包含的丰富内容：既包括农业经济的发展，也包括以乡镇企业为典型代表的农村二、三产业的兴起。就像一个封闭国家通过三次产业的分工发展迈向现代化道路一样，中国农村地区也借由这些发展机遇迈向新的发展阶段。因此，农村改革与减贫的关系，既包括农业发展对减贫的影响，又涵盖非农产业对减贫的影响。

（一）农业发展与减贫

中国的贫困问题历来都以农村贫困为主，中国99%以上的贫困人口集中于农村地区。世界银行的研究表明，如果在中国国家统计局的低收入标准基础上，对城乡间生活费用的差距进行调整，农村的贫困人口占全国贫困人口的99.2%；如果按照购买力平价折算的1天1美元的贫困标准来估算，中国农村贫困人口仍占全国贫困人口的99.4%[①]。而中国农村地区是典型的以农业生产为主要生计模式的传统社区，如1952年第一产业从业人员占全部从业人员的83.5%[②]。中国99%以上的贫困人口集中于农村地区，而农村地区又主要以务农为主要收入来源，所以贫困人口的增减必然与农业发展水平相联系。中国改革开放后，就曾通过发展农业实现减贫目标。

1. 经验数据。中华人民共和国成立前夕，半殖民地半封建社会的社会经济制度以及长期连绵不断的战乱严重地桎梏着中国经济发展水平的提高。因此，成立初期的中华人民共和国是一个经济极度落后的农业大国。从经济结构上看，成立初期中华人民共和国的农业产值占国民经济比重的首位。1949年中国农业产值占社会总产值的58.5%，工业和手工业产值占社会总产值的25.2%，商业产值仅占12.2%[③]；1952年中国第一产业产值占国内生产总值的50.5%，而第二产业和第三产业产值分别占比20.9%和28.6%[④]。1950年中国人均国民收入只有31美元，仅占美国人均国民收入的1.8%、英国的4.5%、法国的5.0%、联邦德国的7.1%和苏联的9.1%

---

① 张磊：《中国扶贫开发历程（1949—2005年）》，中国财政经济出版社2007年版，第1页。

② 数据源自国家统计局：《中国统计年鉴（1999）》，E02。

③ 吴承明，董志凯：《中华人民共和国经济史》，中国财政经济出版社2011年版，第1卷第81页。

④ 数据源自国家统计局：《中国统计年鉴（1999）》，C02。

(表3-1)。

表3-1 1950年人均国民收入的国际比较

	人均国民收入(美元)	中国人均国民收入占他国的比重(%)
中国	31	-
美国	1746	1.8
英国	687	4.5
法国	621	5.0
德国	437	7.1
苏联	339	9.1

显而易见，建立初期中华人民共和国的经济发展水平十分低。加之中国农业人口占全国人口的比重十分高，其后果是中国农村地区陷入普遍贫困的窘境。从热量摄取角度看，在1955年至1957年这三年间，中国农村居民每日摄入的热量分别为1984.31千卡、2136.2千卡和1991.73千卡。即使1956年中国农村居民每日摄入的热量达到了2100余千卡，但其余2年并没有稳定地达到2100大卡的最低热量标准[①]。这说明该时期中国大部分农村居民处于吃不饱状态。从粮食供给角度看，以每人每年210千克的粮食占有量作为满足最低热量2100大卡的标准，中国在1973年至1977年这5年里，平均每年有12.6个省，也即全国43%地区的粮食供应不足或严重不足；相对应的人口规模为3.9亿，占同期农村总人口的50.15%[②]。由此可见，中华人民共和国成立初期中国农村贫困问题十分严重。

新中国农业经济萎靡不振、农村贫穷落后的经济状况，在经过家庭联产承包责任制和农产品流通体制的改革后，得到较大的改善。这首先体现

① 周彬彬：《人民公社时期的贫困问题》，《经济开发论坛》1991年第3期，第41页。

② 周彬彬，高鸿宾：《对贫困的研究和反贫困实践的总结》，《经济开发论坛》1993年第1期。

在全国农业产值与部分农产品产量的增长率上（表3-2）。1952年至1978期间，中国农林牧渔业总产值年均增长率仅为2.82；而作为中国三大主要农产品粮食、棉花、油料的产量，其年均增长速度也仅仅在2%上下波动，均未能突破3%的年均增长率。在1978年至1984年这短短的7年间，中国农林牧渔业总产值年均增长率上升至7.73%。同一时期的粮食、棉花、油料年均增长速度也达到历史最高水平，分别为4.95%、19.33%、14.74%。而在1984年至1992年间，农林牧渔业总产值虽然没有1978年至1984年的高，但也是1952年至1978年间的2倍左右。由此可以看出，中国的农业发展水平在经历一系列的农村经济体制改革后，有了较大幅度的提升。

表3-2 中国农业产值与部分农产品产量不同时期的增长率（%）①

	1952—1978年	1978—1984年	1984—1992年
农林牧渔业总产值	2.82	7.73	4.63
农业产值	2.52	7.28	3.20
林业产值	8.78	9.10	2.70
牧业产值	3.58	9.63	8.52
渔业产值	10.1	7.65	13.55
粮食产量	1.34	4.95	1.04
棉花产量	2.89	19.33	-4.01
油料产量	2.28	14.74	4.08

除了农业总产值外，农村地区的农业发展水平大幅度提高还体现于农产品的人均占有量上。作为满足温饱需求必不可少的要素，中国主要农产品的人均占有量也经历一个较为迅速的上升过程。从表3-3可以看到，在1949年至1978年这30年间，中国粮食人均占有量才增加110.79千克，每

① 中华人民共和国农业部：《新中国农业60年统计资料》，中国农业出版社2009年版，第11页。

年平均增幅仅为1.77%。同样地，棉花、油料、糖料和园林水果在这30年间分别增加1.45千克、0.73千克、19.68千克和4.65千克，相应的，每年平均增幅为5.89%、0.51%、12.54%和6.98%。在经过大刀阔斧的农村体制改革后，中国农村地区的粮食、棉花、油料、糖料和园林水果人均占有量，不管是与1949年相比，抑或是与改革开放初期相比，均有质的飞跃，1991年分别达到378.26千克、4.93千克、14.24千克、73.16千克和18.91千克。这与1978年的粮食、棉花、油料、糖料和园林水果人均占有量相比，每年平均增幅分别为1.3%、8.37%、11.49%、13.84%和12.52%。除了粮食人均占有量的年均增幅外，其他4种主要农产品的人均占有量在1979年至1991年间的增长幅度都比1949年至1978年这30年要快。由此，我们可以认为，中国主要农产品的人均占有量在改革开放后有大幅度提升。

表3-3　全国主要农产品人均占有量（千克）①

	粮食	棉花	油料	糖料	园林水果
1949年	208.95	0.82	4.73	5.23	2.22
1978年	319.74	2.27	5.46	24.91	6.87
1979年	342.74	2.28	6.64	25.40	7.24
1985年	360.70	3.95	15.02	57.53	11.07
1991年	378.26	4.93	14.24	73.16	18.91

与中国农业发展水平同步变化的是中国农村居民的收入水平。1957年农村居民人均纯收入为73元，其中经营性收入和工资性收入②为64.9元，共占人均纯收入的88.9%。1978年农村居民人均纯收入上升到133.6元，

① 中华人民共和国农业部：《新中国农业60年统计资料》，中国农业出版社2009年版，第14页。

② 1983年前，中国农村居民的工资性收入主要从集体收入中获得，包括在集体中务农所得收入，所以该时期农民的务农收入包括了工资性收入和经营性收入。

同期的经营性收入和工资性收入占人均纯收入的92.89%。虽然1957年至1978年间，不管是中国农村居民的人均纯收入，还是经营性收入和工资性收入，都经历了一个可喜的涨幅，但与1979年至1991年相比，其涨幅相对来说比较小（见表3-4）。1979年农村居民人均纯收入为160.2元，工资性收入和经营性收入为144.7元，占人均纯收入的90.32%；而到了1991年，这两个数值分别为708.6元和73.89%[①]。该时期经营性收入占人均纯收入的比重虽有下降，但人均纯收入在此期间的年均增幅却为26.33%，远高于1957年至1978年的3.61%。这表明，在经历一系列的农村改革后，农民的收入水平也随着农业发展水平的变化而变化。

表3-4 分阶段农村居民人均纯收入和各类收入年均增长率（%）[②]

	人均纯收入年均增长率	工资性收入年均增长率	经营性收入年均增长率	转移性收入年均增长率
1957—1978年	3.61	4.50	2.89	0.75
1979—1991年	26.33	3.91	83.84	8.64

改革开放后，中国农业发展水平因制度性变革而得到较大的提升，这给农村居民的生活带来翻天覆地的变化。这种巨大的变化不仅体现在粮食人均占有量与收入水平上，更表现在农村贫困状况的变化上。图3-1清晰地显示出1978—1991年农村贫困发生率随农村居民人均纯收入增加而降低的趋势。在1979—1991年间，农村居民人均纯收入增长较快的年份为1979年和1982年；相应地，这两年也是贫困发生率降幅最大的年份。而在农村居民人均纯收入增长率为负数的1989年，贫困发生率不降反增。可以说，1978—1984年既是农民收入增长的黄金时期，也是农村贫困人口减

① 1983年后，中国农村实行家庭联产承包责任制，故从集体收入中获取工资性收入的途径消失，这部分收入被并入家庭经营性收入中。

② 中华人民共和国农业部：《新中国农业60年统计资料》，中国农业出版社2009年版，第13页。

少幅度最大的时期。这些数据表明农村居民纯收入增长率与农村地区贫困发生率具有很大的相关性。由此，我们可以认为在1978—1991年间，尤其是1978—1984年间，农业发展、农业收入增加和贫困发生率下降是并行的，农业的包容性发展较为显著。

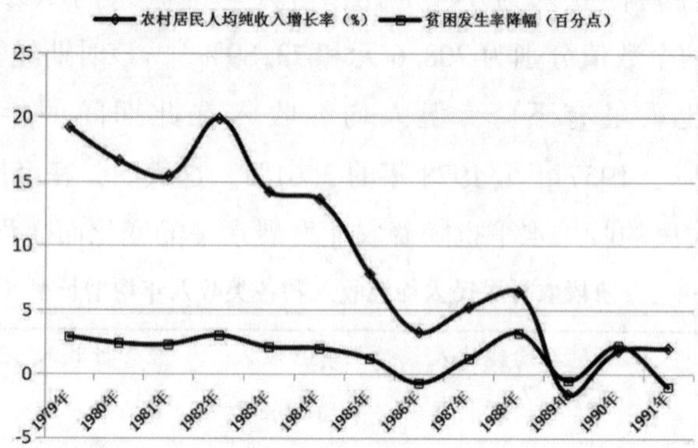

图3-1 农村居民人均纯收入增长率与农村贫困发生率降幅相关性（1979—1991）

2. 制度变革与农业发展。中华人民共和国成立之后30年，中国人民生活水平长期得不到显著改善与当时的经济体制有很大关系。在优先发展重工业的赶超型战略下，中国政府建立以计划经济为主要手段的资源配置方式，运用行政化手段从农村农业抽取资源支持城市工业尤其是重工业的发展，致使农村长期处于普遍贫困状态。这构成了中国政府开始对农村进行经济制度变革的一大诱因。这些体制变动从两个方面带动农村居民收入增加，一是农业产品产量的提高，二是农业产品价格的提高。前者主要得益于从生产队体制向家庭联产承包责任制的转变，后者主要得益于农产品流通领域的改革。

（1）家庭联产承包责任制。1978年至1984年是改革开放中农业发展速度最迅猛的时期。究其原因，种子、化肥和气候等是必不可少的影响因素。但将其放置于关键位置就有夸大其词之嫌。因为在种子、化肥和气候等生态因素上，历史上有比 1978 年至 1984 年更佳的时期，却没能孕育出如此高的农业产量。如果从制度着手，并将新旧制度作一番细致的对比，我们就能够从中看到该时期农业产量增加如此之快的结构性因素。这一时期最著名的制度变革便是以家庭联产承包责任制取代人民公社模式下的生产方式。

在家庭联产承包责任制下，集体将土地承包给农户，农户以家庭为单位进行自主经营。农户向国家和集体上交一定的提留和税收，并在完成向国家交售农副产品任务的前提下具有对剩余农产品的所有权和支配权。在这种责任制下，中国新时期的农业生产出现三大特征：一是以家庭经营为主；二是广泛地使用手工工具；三是农民对“剩下”农产品具有所有权和支配权。这三大特点与人民公社体制下的“三级所有、队为基础”的所有权形式、集体生产统一核算的生产模式以及强调平均主义的分配制度截然不同。人民公社体制这种缺乏激励与效率的生产经营模式是阻碍中国农业发展的制度因素，而家庭联产承包责任制扭转了这一局面。首先，与集体劳作不同，家庭经营能够自主、灵活地对生产活动进行安排，并能快速地对市场环境做出反应；其次，对于当时较为落后的生产水平而言，适应于家庭经营的手工工具能带来更高的生产率；最后，这种“交够国家的，留足集体的，剩下的都是自己的”分配方式极大地激活了农民的生产积极性。

家庭联产承包责任制的这些特征及其产生的效益使其能够在短时期内迅速地扩展开来。1979 年全国只有约 1%的生产队采用家庭联产承包责任制，但 1982 年家庭联产承包责任制就覆盖了全国 80%的生产队，到 1984 年已有 99%的生产队采用家庭联产承包责任制。至此，家庭联产承包责任制对农业生产的激励作用和贡献作用充分释放出来。在农业产量上，有专家根据生产函数估计，在 1978 年至 1984 年间，农业总产值以不变价格计算，增加42. 23%。在这42. 23%的增长率中，有大约一半来自家庭联产承包责任制改革所带来的生产率的提高[①]。另有专家的计量研究表示，1978年至1985年中国农业净产值和粮食总产量分别增长7. 73%和4. 95%。在这些生产率的增长中，有97%可以归功于耕作制度从生产队向家庭责任制的转变[②]。在收入水平上，中国农村居民也经历了一个较大的涨幅，即农村居民家庭人均纯收入由1979年的160. 7元增加到1985年的397. 6元，7年间翻了将近2. 5倍。即使是扣除价格上涨因素的影响，实际增长幅度也达至87. 23%，年均增长率为11. 02%[③]。

农业产量增加和收入水平提高可以说是制度创新和体制变革带来的最为显著的变化，这些变化也得到众多研究者的认可。但有些变化并不是直接作用于农村地区或者农民群体，所以有可能受到忽视。如农民手中余粮和可支配收入的增多，使其有足够的资本参与非农领域的竞争。又如农民对“剩下”的农产品具有分配权，使得工业资本与现代化的加工技术能够进入农村，对初级材料进行二次加工。这些变化并不是家庭联产承包责任制直接作用于农业产量或者农民的收入水平，却与家庭联产承包责任制息息相关，并有利于农村地区整体经济发展水平的提升。

通过上述分析可以看出，以家庭联产承包责任制取代社队生产的制度变革对农村微观经济组织产生巨大的影响。它极大地解放并激发之前受到压制的生产力，使长期处于贫困状况的农民群体基本上解决温饱问题，为中国的减贫事业做出巨大的贡献。当然，家庭联产承包责任制并不是中国农村发生如此巨大变化的唯一原因，还需要将家庭联产承包责任制与其他

---

① 张磊：《中国扶贫开发政策演变（1949—2005年）》，中国财政经济出版社2007年版，第63页。

② 张磊：《中国扶贫开发政策演变（1949—2005年）》，中国财政经济出版社2007年版，第63页。

③ 张磊：《中国扶贫开发政策演变（1949—2005年）》，中国财政经济出版社2007年版，第64页。

制度变革相结合，才能够合理地解释“中国农村贫困发生率降幅如此之大”这一现象。

（2）农产品流通体制。在实施赶超发展战略的背景下，必须维持最低的工资水平和生活成本，以使资金能够最大化地用于工业发展。由于发展重工业所需的原材料和生活资料大部分来自于农村地区，所以既要保障城市工业的工资水平很低，又要让城市工人能维持其生存及劳动力再生产，就必然要保证农村向城市供应的农产品处于更低的价格水平。而统购统销制度就是保证城市居民生活成本和工业化发展成本最低的制度安排。虽然统购统销政策在推进工业化方面发挥了异常重要的作用，却是以牺牲农村居民生活水平的提高为代价的。1958 年和 1978 年农村公社纯收入分别为 300. 9 亿元和 744. 8 亿元，国家通过统购统销政策将之转移到工业发展的比重为 45. 73%和 48. 87%。1953 年至 1978 年[①]，农业生产成果被转移的结果便是农村居民货币收入年均仅增加 1. 55 元。

为了最大化地调动农民生产的积极性，大力发展农业生产，中国于 1979 年开始对农产品流通领域进行改革，逐渐地取消农产品统派购制度、放开农村农产品交易市场。取消农产品统派购制度是从提高农产品收购价格开始的。十一届四中全会原则性通过的《中共中央关于加快农业发展若干问题的决定》确定，“粮食统购价格从 1979 年夏粮上市起提高 20%，超购部分在这个基础上再加价 50%。棉花、油料、糖料、畜产品、水产品、林产品等的收购价格，也要分别情况，逐步作相应的提高”。同时，该《决定》还作如下规定：从 1979 年起全国粮食征购指标要减少 50 亿斤，水稻地区口粮在 400 斤以下的，杂粮地区口粮在 300 斤以下的，一律免购。在上述政策的指引下，中国政府于 1979 年提高包括粮食、油料、棉花等在内的 18 种农副产品的收购价格，平均提高 24. 8%。例如，棉花统购价格

① 周彬彬，高鸿宾：《对贫困的研究和反贫困实践的总结》，《经济开发论坛》1993 年第 1 期。

在1978年提高10%，在1979年和1980年又分别比上年提高15.2%和10%，在1978—1983年间共提高74%。

在对农产品进行提价后，国家也对农产品流通领域进行较大的变革。1983年一号文件《当前农村经济政策的若干问题》明确，“调整农副产品购销政策，对重要农副产品实行统购派购是完全必要的，但品种不宜过多”。此后，国家统购派购的农产品种类大幅减少，至1984年底，国家统购派购的农产品由180多种减少至38种，其中包括24种中药材。同时，国家统购派购的农副产品占农民出售农产品总额的比重也大幅缩小，从1978的84.7%下降至1984年的39.4%。1985年出台的《关于进一步活跃农村经济的十项政策》正式取消农产品统购派购制度。《关于进一步活跃农村经济的十项政策》对农产品统派购制度进行更大力度的改革，规定从1985年起，“除个别品种外，国家不再向农民下达农产品统购派购任务，按照不同情况，分别实行合同定购和市场收购”。

农村农产品交易市场的出现与农产品统购统销制度的取消同步进行。1979年通过的《中共中央关于加快农业发展若干问题的决定》明确提出，“农村集市贸易是社会主义经济的附属和补充”。1983年出台的《当前农村经济政策的若干问题》文件中又指出，“农工商联合公司、社队企业产品经销部、贸易货栈等，在搞活农村经济和促进城乡物资交流中发挥了积极作用”；“农民个人或合伙进行长途贩运，有利于扩大农副产品销售，有利于解决产地积压、销地缺货的矛盾，也应当允许”。此举标志着正式放开农产品交易市场，赋予农民自由交易的权利。此后全国集市从1978年的3.3万个增至1984年的5万多个，全国粮食在集市上的交易量也从250万吨增加到835万吨。

表3-5 农产品收购价格的提高对农民纯收入的影响①

年份	农户产品		农村消费品和农用生产资料			农民纯收入		
	收入增加额	其中提价增额	销售总额	其中农业生产资料	因涨价增支额	收入增加额	提价部分占名义增额的比重	提价部分占实际增额的比重
1979	155.70	129.10	954.80	324.00	15.00	216.41	59.66	52.72
1980	284.30	198.30	1189.7	346.00	59.90	473.08	41.92	29.26
1981	397.10	265.50	1324.0	347.50	105.60	742.86	35.74	21.48
1982	525.10	317.60	1480.0	388.50	140.60	1141.90	27.81	15.50
1983	707.10	408.50	1670.0	423.30	176.30	1482.10	27.56	15.67
1984	882.10	502.50	1993.30	477.20	263.80	1858.10	27.04	12.85
1985	1122.10	672.80	2517.0	503.60	475.60	2204.10	30.52	8.90
累计	4073.50	2494.20	11098	2810.10	1236.80	8118.60	30.72	15.49

（二）非农产业发展与减贫

作为农村非农产业的重要组成部分，中国的乡镇企业和个体私营经济的崛起，不仅为中国的经济结构和社会发展注入新鲜血液，还对中国农民非农收入增长产生了重要的影响。一般而言，乡镇企业和个体私营经济在农村地区的渗透会引致该地区生产要素的非农化，进而推动农村产业结构转型升级，促使农村劳动力向非农就业领域转移。这种变化的结果便是，农村地区进入非农领域就业的人数逐渐增加，农民收入结构呈现出多元化特征，这从乡镇企业、个体私营经济的发展与中国农村减贫的关系中看得一清二楚。

1. 经验数据。在20世纪70年代初期，乡镇企业主要服务于农业机械

① 周彬彬，高鸿宾：《对贫困的研究和反贫困实践的总结》，《经济开发论坛》1993年第1期。

化。为了实现农机具“小修不出队，中修不出社，大修不出县”这一目标，中国乡镇企业的规模与数量一直在增加。全国的社队企业数量在1978年至1983年呈逐渐递减趋势，数量由1978年的152.43万个降至1983年的134.64万个，每年平均下降率为2.33%。然而，在乡镇企业数量跌至谷底后，中国的乡镇企业数量又出现增加。在1984年至1991年这短暂的7年里，中国乡镇企业数量以30.61%的年平均增长率增加。其中，1984年和1985年的增长速度最快，年内分别增加472.70万个和615.12万个。与乡镇企业增长趋势相似，中国农村居民就业于乡镇企业的人数也在同步增加，由1978年的2827万人增至1985年6797万人，并于1991年达到9609万人①。

表3-6 1978—1991年中国乡镇企业数量及年增长率②

	乡镇企业个数（万个）	乡镇企业年增长数（万个）	乡镇企业年增长率（%）
1978年	152.43		
1979年	148.04	-4.39	-2.88
1980年	142.47	-5.57	-3.76
1981年	133.76	-8.71	-6.11
1982年	136.18	2.42	1.81
1983年	134.64	-1.54	-1.13
1984年	607.34	472.70	351.08
1985年	1222.46	615.12	101.28
1986年	1515.31	292.85	23.96
1987年	1750.25	234.94	15.50
1988年	1888.16	137.91	7.88

① 数据源自国家统计局：《中国统计年鉴（1999）》，E04。

② 中华人民共和国农业部：《新中国农业60年统计资料》，中国农业出版社2009年版，第47页。

续表

	乡镇企业个数（万个）	乡镇企业年增长数（万个）	乡镇企业年增长率（%）
1990年	1873.44	-14.72	-0.78
1991年	1908.74	35.30	1.88

乡镇企业发展速度，除了乡镇企业数量和农村居民乡镇企业就业数有所反映外，通过乡镇企业的增加值、营业额、利润和劳动报酬四个反映企业发展质量的指标也可以洞见一二。通过这四个指标，可以看出，中国乡镇企业在1978年至1991年发展速度确实异常迅猛（表3-7）。乡镇企业增加值的年均增长率，1984年至1992年的增长率是1978年至1984年的三倍多。乡镇企业劳动者报酬总额，1984年至1992年增速达到18.56%，而在1992年至2007年是以年均2.74%的速度递减。乡镇企业的利润总额和营业额，在1984年至1992年的增长速度也是最高的，分别达至22.13%和30.26%。综上所述，中国乡镇企业的增加值、营业额、利润和劳动报酬在1984年至1992年达至历史最高。

表3-7 中国乡镇企业分阶段增长情况（%）①

	1978—1984年	1984—1992年	1992—2007年	1978—2007年
增加值年均增长率	11.48	35.57	-3.4	9.26
利润总额年均增长率	3.19	22.13	1.32	7.08
总营业额年均增长率	14.58	30.26	2.08	11.82

① 中华人民共和国农业部：《新中国农业60年统计资料》，中国农业出版社2009年版，第51~60页。

续表

	1978—1984 年	1984—1992 年	1992—2007 年	1978—2007 年
劳动报酬总额年均增长率	14.03	18.56	-2.74	6.16

在乡镇企业得到快速发展的同时，中国个体工商业在农村经济体制变革过程中也得到大力发展。在中华人民共和国成立初期的社会主义改造中，中国资本主义工商业和个体手工业几乎全被“公私合营”所取代。1978 年，中国几乎不存在私营企业，只有数量有限的个体工商户，约为 15 万户。同年，中国农村经营体制改革从制度和法律层面赋予农村居民经营自主权，部分农村居民开始以个体的形式发展农村所需的工商服务业。十一届三中全会和十一届四中全会均明确指出社员的自留地、家庭副业、农村集市贸易都是社会主义经济的附属和补充，不得随意干涉批判。这在一定程度上支持了农村个体经济的发展。1982 年修改颁布的宪法规定，“在法律规定范围内的城乡劳动者个体经济是社会主义公有制经济的补充”，以法律的形式肯定了个体经济的地位和作用。

在制度和法律的框架下，个体经济开始逐渐地发展壮大，甚至有些个体工商户逐渐向私营企业转型。但当时社会对于雇佣劳动仍然存在较大争议，所以个体工商业转制为私营企业仍受到一定的阻力。直到一系列的政策文件出台执行后，私营企业发展所遇到的制度瓶颈才有所缓解。1983 年出台的《当前农村政策的若干问题》文件认为对雇工人数超过标准的工商大户应实行“三不政策”：不提倡、不公开宣传、不急于取缔。1984 年 2 月国务院发布《关于农村个体工商业的若干规定》，开始“鼓励农村剩余劳动力经营社会急需的行业”。1984 年 10 月中国共产党十二届三中全会通过《中共中央关于经济体制改革的决定》，提出社会主义经济是以公有制为基础的商品经济，“坚持多种经济形式和经营方式的共同发展，是我们长期的方针”。

在上述政策文件的指导下，国家开始加强与个体私营经济发展相关的法律制度的建设。1987年8月国务院发布了《城乡个体户工商管理暂行条例》；1988年人民代表大会通过的宪法修正案指出，国家允许私营经济在法律规定的范围内存在和发展，私营经济是社会主义公有制经济的补充，国家保护私营经济的合法权利和利益，对私营经济实行引导、监督和管理。此后，《私营企业暂行条例》和《关于征收私营企业投资者个人收入调节税的规定》又相继颁布。可以说，这些政策文件的颁发解除了发展个体私营经济的政治顾虑，个体私营经济开始再次迈入正常发展的轨道。

在1984—1991年间，中国乡镇个体私营经济均有所发展，其中个体工商户发展速度更快。1984年全国乡镇的个体工商业的数量为384.17万个，而到了1992年增至1848.72万个，年均增加21.70%。1992年个体工商户的营业总额与利润总额分别为4089.25亿元和408.58亿元，两者在8年内的增速分别达到36.27%、30.74%。另外，在1992年共有4677.78万人从事个体工商活动，约占同期乡村总劳动人口的10%。更值得一提的是，劳动报酬的增长在1984年至1992年这8年间增长了30.97%，对非农就业的农村居民的收入水平产生较大影响。

表3-8 个体工商户分阶段增长情况（%）①

	1984—1992年	1992—2007年	1978—2007年
数量年均增长率	21.70	-0.21	6.92
利润总额年均增长率	30.74	17.93	22.23
总营业额年均增长率	36.27	19.84	25.32
从业者数量年均增长率	25.00	1.40	9.05
劳动报酬总额年均增长率	30.97	13.30	19.16

① 中华人民共和国农业部：《新中国农业60年统计资料》，中国农业出版社2009年版，第51～60页。

在农村经济体制改革的浪潮之下，乡镇企业和个体工商业的发展壮大对中国农村居民的收入水平产生较大的影响。在1985—1991年内，中国农村居民人均纯收入从397.6元增长至708.6元，涨幅达到78.22%。在收入构成中，中国农村居民的经营性收入在这几年内的增长依然迅速，由1985年的296.0元增至1991年的523.6元，年平均增速达到12.82%；但得益于乡镇企业的迅猛发展，农村居民的工资性收入增速更快，年平均增幅达到18.40%，由1985年的72.2元增至1991年的151.9元。这几年间，农民经营性收入的增加对于其纯收入的增长虽然发挥着基础性作用，但工资性收入占总收入的比重也不断增加，从1985年的18%增加至1992年的24%。由此可见，农村居民的工资性收入对其收入增加的影响越来越大。

那么，导致农村居民的工资性收入大幅度上升的关键因素是什么？这其中有多少是由乡镇企业与个体工商业的发展壮大所带来的？在农村居民的工资性收入中，乡镇企业的工资报酬占农村居民工资性收入的一半左右，在1985—1991年间的比值在47%~56%之间。而个体私营经济所带来的收入占农村居民经营性收入的比重也在稳定增长。在此期间，农村贫困人口进一步减少。农村贫困人口从1984年底的1.28亿减少至1992年的8000万，年均减少600万。虽然减贫过程并不稳定，其间有三年贫困人口数量不减反增，但是贫困人口数量减少的总体趋势相对稳定。值得一提的是，贫困人口的稳步减少的总体趋势与乡镇企业与个体私营经济的快速发展具有较大的相关性。在1979—1986年间，中国贫困人口的年均降幅呈现较为平稳的由高到低变化的趋势；乡镇企业在此期间的变化过程与贫困人口的变化过程相似，只是变化幅度较少。而在1986—1989年间，中国贫困人口的降幅与乡镇企业增加值的增长率是以相同的涨幅或者降幅同步发生变化的。图3-2清楚地呈现出二者之间的关系。而从图3-3中，我们也能够看出农村个体私营经济与贫困发生率的变化具有相关性，尤其是在1986—1989年间，二者的相关性特别高。可见，中国农村贫困人口大量减少得益于乡镇企业与个体私营经济的发展。

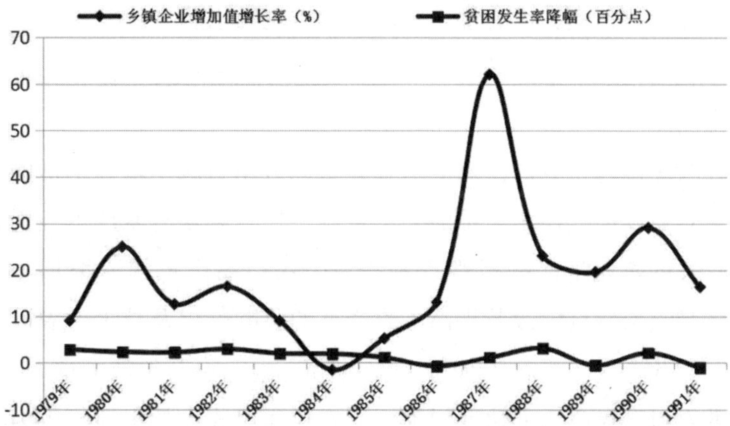

图 3-2　乡镇企业增加值增长率与贫困发生率降幅相关性（1979—1991）

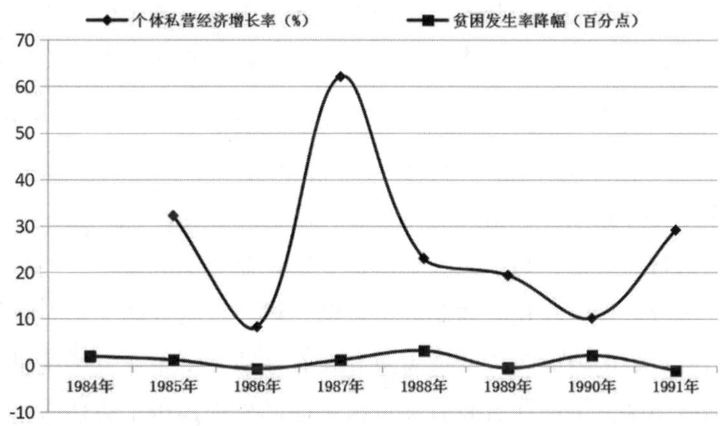

图 3-3　农村个体私营经济与贫困发生率相关性（1984—1991）

2. 制度变革与非农产业发展。下文主要从经济结构、社会经济背景、政府行为这三个视角对乡镇企业的发展进行解释。

在经济结构方面，自中华人民共和国成立以后，中国一直实行赶超发展战略，重工业是中国经济发展的重心。到 1985 年前后，中国已形成以重工业为主的工业结构，国有企业的生产活动大多围绕重工业产品而展开，这造成轻工业产品严重短缺。同时，由于城市国有企业改革滞后，计划经济体制仍在发挥作用，国有部门不能按照市场需求自主决定生产市场中最为短缺的产品，这为主要从事轻工业产品生产的乡镇企业发展留下了较大的市场空间。

在社会经济背景方面，发展资金充足、劳动力成本低和丰富的土地资源为乡镇企业发展提供了充足的要素资源。伴随着家庭联产承包责任制的实施，农民的农业生产积极性得到提高，农产品产量快速增加。与此同时，农产品流通领域的改革提高了农产品的收购价以及减少对农产品的统购数量，因此增加了农民对农业剩余的占有量。农业领域的这两大改革，直接导致农村居民收入的快速增加。而农村居民收入的提高不仅为乡镇企业发展积累大量资金，还增加了农民对轻工业产品的市场需求。此外，长期实行的城乡分割的户籍制度，使得农村滞留着大量剩余劳动力。农村剩余劳动力丰富但非农就业机会极其缺乏这一矛盾，为乡镇企业发展提供了丰富的廉价劳动力。更为重要的是，中国农村土地的所有权为集体所有，因此乡镇企业几乎可以无偿地占用发展所需的土地。因此，资金富余、劳动力和土地充分且廉价供给为乡镇企业的异军突起奠定了基础。

在政府行为方面，财政包干制使得乡镇企业的发展与政府的行为逻辑具有较大的耦合性。在税收体制改革以前，村、乡两级的乡镇企业能为地方政府贡献可观的财政收入，这为地方政府推动乡镇企业发展提供了强大动力。财政包干制下的地方政府为乡镇企业的发展提供了合法身份、资金以及技术等方面的诸多便利，为乡镇企业的蓬勃发展营造了良好的环境。

三、工业化成为减贫新能动的历史阶段

在计划经济时期，以人民公社、统购统销制度和户籍制度等制度设置为依托的城乡“二元结构”将农民束缚在土地上，严重地阻碍了农村居民

收入水平的提高。这是中华人民共和国成立后农村地区陷入普遍贫困的制度结构性原因。改革开放以来，中国城乡二元结构开始松动，城乡关系随之发生较为深刻的变化。这种变化体现于两个方面：一是工业现代化进程促进城市就业市场和资本市场逐渐向农村居民开放，农村劳动力和资本汇入城市经济发展和城镇化的洪流之中；二是工业化快速发展促使国家总体经济实力和财政收入大幅增加，为国家实施支持落后地区和“三农”的系列政策创造了条件。可以说，这两大变化不仅为农村居民收入的增加开辟了新的渠道，还为中国农村贫困治理注入新的动力。

（一）工业化与减贫

20 世纪 90 年代，中国的工业化主要集中在城市。1978 年至 1991 年的体制改革发生于农村居民聚集之地，所以该时期的体制改革能够影响农村居民的生活水平是较为容易理解的。但 1992 年至 2007 年的工业化发展主要发生于远离农村居民居住地的城市，要理解其对农村居民生活水平的影响就要先透过统计数据大致地把握工业化与中国农村减贫之间的关系。

1. 农民收入与减贫。中国农村体制改革带来的经济活力在 20 世纪末期几乎消失殆尽，农业增产由依赖承包制所释放出来的劳动积极性向依靠技术变革带来的效率转变，乡镇企业的发展在体制性瓶颈面前难以吸纳更多的劳动力。但在 1993 年至 2007 年间，中国农村居民年收入依然有较快的增长，人均货币纯收入从 1993 年的 921. 6 元增加至 2007 年的 4140. 4 元，年均增幅达到 11. 33%。在农民分类收入中，财产性收入与工资性收入增长速度最快，年均增幅分别达到 23. 08%和 16. 22%。此外，工资性收入占农村居民纯收入的比重也越来越大，从 1993 年的 21%增加到 2007 年的 38. 55%，经营性收入所占比重则从 1993 年的 74%下降至 2007 年的 52. 98%。由此可知，农村居民从农业中所获得的收入已不到其人均纯收入的一半。如果将农业收入为农民从事经营性第一产业所得收入，那农业收入占纯收入比重从1993年的62%下降至2007年的42.2%。

与此同时，中国农村贫困人口也有所减少。按照绝对贫困标准，2007年末，中国农村贫困人口共有1479万，相较于1993年的7500万减少6021万，农村贫困发生率也相应地从8.2%降到1.6%。中国贫困人口主要集中于西部地区①，通过西部贫困人口减少也可以看出我们贫困人口的降幅。2007年西部地区有989万人，占全国农村贫困人口的66.9%，而1993年西部地区的贫困人口数量只占全国贫困人口的51%。这说明，与1978年至1991年一样，1992年至2007年中国贫困人口的减少与农民收入的增幅也是同步进行的（图3-4）。

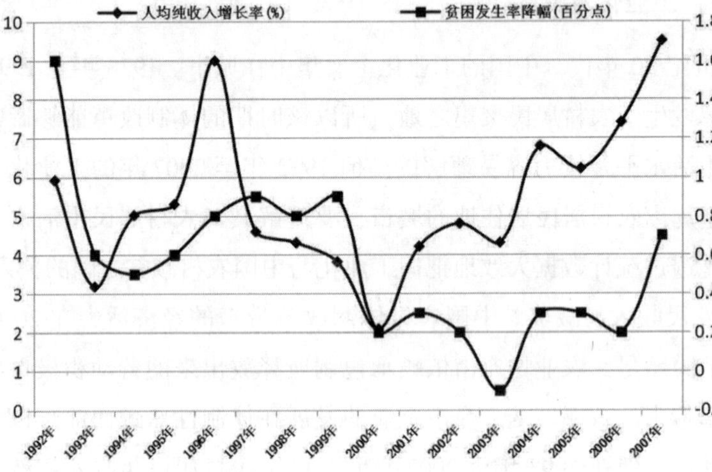

图3-4 农村居民人均纯收入增长率与农村贫困发生率降幅相关性（1992—2007）

2. 国内生产总值与减贫。从国际减贫经验来看，具有较高国内生产总值的国家贫困发生率通常比较低。其内在的机理在于，较高的国内生产总

① 此处所指的西部，在不同年份有所区别。1993年的西部是指内蒙古、广西、重庆、四川、贵州、云南、西藏、陕西、甘肃、青海、宁夏和新疆；2007年的西部是指四川、重庆、贵州、云南、西藏、陕西、甘肃、宁夏、青海、新疆。

值为国家实施卓有成效的减贫措施奠定了物质基础。1992 年实行社会主义市场经济体制改革后，中国经济发展十分迅速且稳定，国内生产总值年均增幅达 10.19%。除了 1988 年前后受到亚洲金融危机影响外，中国国内生产总值增速一直保持在 10%以上，且再没有出现类似于 1978—1991 年阶段出现过的经济增速剧烈波动的情况。由此可见，中国国内生产总值持续提高与中国贫困治理有一定相关性，这从图 3-5 中国内生产总值与农村贫困发生率的变化曲线中也可见一斑。

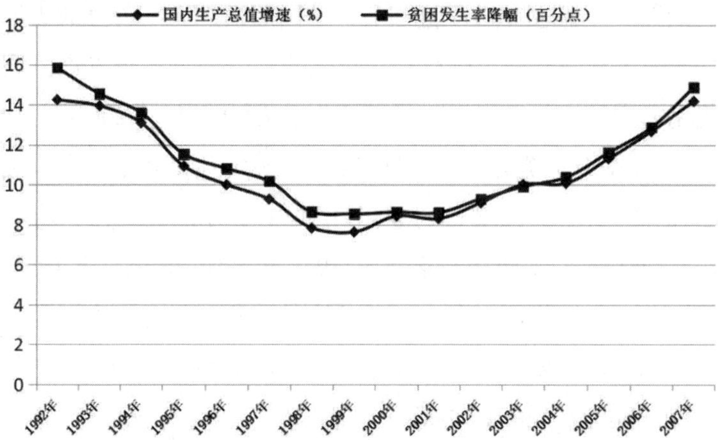

图 3-5 国内生产总值与贫困发生率相关性（1992—2007）

此外，不同地区间国内生产总值和贫困发生率之关系也能够佐证我们的观点。虽然中国整体经济发展迅速，但是地区差异较大。以各地区内实际国内生产总值计算，在 1993—2007 年间，中部和西部地区年均经济增速几乎相同，即增长速度分别为 15.60%、15.59%，而东部地区年均经济增速要比中西部地区高 1 个百分点，为 16.62%。在贫困人口总数和贫困发生率上，中国东部均少于中部和西部，中部地区又要少于西部地区。由此可见，国内生产总值与减贫存在一定程度的相关性。

3. 二、三产业与减贫。在 1979 年至 2007 年国内生产总值增速中，第二产业和第三产业增加值增速较快，分别由1979年的8.2%和7.9%增加到2007年的15.6%和15.99%。而第一产业在1979—2007年间不增反减，由1979年的6.1%减至3.74%。相应地，第一产业、第二产业和第三产业所占国内生产总值的比重也发生较大的变化。其中，第二产业和第三产业占国内生产总值的比重分别由1979年的47.1%和21.63%增长到2007年的47.34%和41.89%，而第一产业的比值则由1979年的31.27%降至2007年的10.77%。

4. 对外贸易与减贫。改革开放后，中国逐渐加大对外开放力度，外向型经济初步发展起来。在20世纪80年代确定外向型经济发展战略后，对外贸易更是得到长足的发展。对外贸易总额从1978年的206.4亿美元增长到2007年的2.1万亿美元，年均增速约达17.43%。其中，出口贸易额也从1978年的97.5亿美元增长到2007年的1.2万亿美元，年均增速约为18.12%。对外贸易总额世界排名也从1978年的第26位，上升至2007年的第3位。在这一变化过程中，中国对外贸易的发展对于中国经济增长所具有的意义越来越重要。以贸易依存度看，对外贸依存度已经从1993年的33.87%增加到2007年的62.78%。

5. 城镇化与减贫。与二、三产业一样，中国城镇化进程在1993—2007年间的发展也非常迅速。按城镇常住人口计算，1993年全国有3.2亿城镇人口，城镇化为27.99%；2007年全国城镇人口增加到6.1亿，相应的城镇化率达到45.89%。在这15年里，城镇人口以每年1933.3万的速度增加，城镇化率也以每年平均1.2个百分点递增。除了增速较快外，中国城镇人口增加速度也十分稳定。在1993年至1995年里，每年新增城镇人口在996万至1005万之间；此后8年每年新增城镇人口为2150万左右，正负不超过20万，而后4年每年新增城镇人口在1907万至2345万之间。

与城镇人口增加相关的是，农村劳动力持续向城市转移就业。2007年末全国总就业人口、城镇就业人口、农村就业人口分别从1993年初的

6.62亿、1.79亿、4.83亿增加或减少至7.50亿、3.06亿、4.44亿。因此，若假定城镇与农村每年新增劳动人口数量相等，那么，在这15年内农村向城镇转移就业的人口数等于城镇就业人口增加总数与全国就业人口增加总数一半的差值，即为8327万，年均约555万。由于农村人口基础、生育率都要高于城市人口，所以每年农村新增劳动人口多于城市新增劳动力。此外，城镇中有部分劳动力为登记失业状态，而农村劳动力却被认为处于全部就业状态，所以农村每年向城市转移就业人口要多于555万。在农村劳动人口向城市转移的过程中，第一产业就业人口也在向第二产业和第三产业转移就业。相较于1993年，2007年第一产业就业人数占总就业人数的比重已下降15.6%，而第二产业和第三产业就业人数占总就业人数的比重则分别增加4.4%和11.2%。

向非农领域转移就业不仅可以减少农村务农人口数量，缓解人地紧张的矛盾，在外务工所得还可以直接增加其家庭收入。全国外出农民工月均收入为1340元，但中西部地区与东部地区有较为明显的差距，东部地区农民工月均收入为1352元，而中西部地区农民工工资相近，为1275元、1273元。由此，城镇化通过促进农村剩余劳动力向非农领域转移就业，以非农就业促进脱贫（图3-6）。

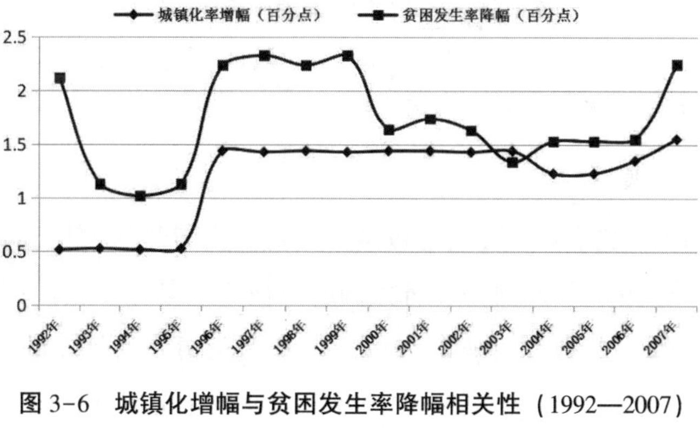

图3-6 城镇化增幅与贫困发生率降幅相关性（1992—2007）

6. 财政收入与减贫。随着经济发展，国家财政收入也相应地提高。1978 年全国财政收入为 1132 亿元，至 2007 年全国财政收入已经增至 5. 13 万亿，名义上增长 45. 32 倍，扣除价格因素实际增长 8. 68 倍。另外，中央财政收入占国家财政收入的比重经历过剧烈变化：1978 年中央财政收入占国家财政收入的比重 15. 5%，其后比重逐渐增加至 1984 年的 40.5%，之后比重又开始降低，直至降到 1993 年的 22%，1994 年财税体制改革后，当年比重直接升至 55. 7%，其后一直比较稳定，维持在 50%左右。国家财政收入上述变动趋势与中国贫困发生率有着惊人的一致，图 3-7 较好地表明了二者之间的相关性。

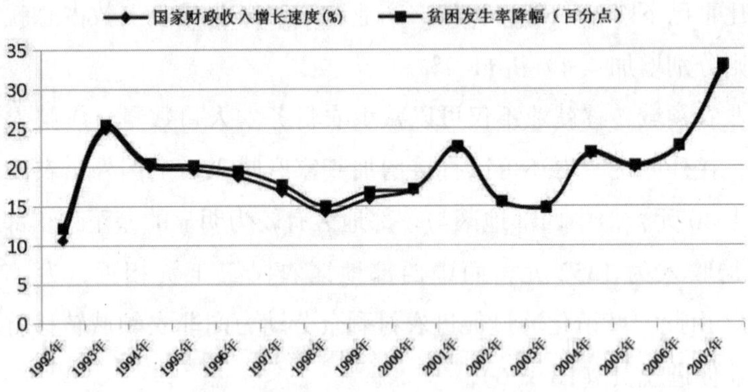

图 3-7 国家财政收入与贫困发生率相关性（1992—2007）

（二）制度变革与工业化发展

1. 市场化改革。

（1）市场经济制度的建立。1984 年以后，中国改革的重心逐渐从农村转向城市，但 1992 年以前的经济体制改革属于“效率”推动型的改良行动，对于改革的本质方向缺乏共识，也未制定清晰、具体的改革目标。1992 年中共十四大明确提出：“中国经济体制改革的目标是建立社会主义市场经济体制，以利于进一步解放和发展生产力。”1993 年中共十四届三中全会通过了《中共中央关于建立社会主义市场经济体制若干问题的决定》，指出“建立社会主义市场经济体制，就是要使市场在国家宏观调控下对资源配置起基础性作用”。在该决定中，首次制定社会主义市场经济体制的基本框架，也给出了社会主义市场经济体制改革的基本蓝图。

社会主义市场经济体制改革突破以往认识，摆脱传统观念对经济发展的束缚。在资源配置方面，认为计划和市场都是经济手段，而非社会主义与资本主义的本质区别。认可并努力发挥市场配置资源的基础性作用的积极后果便是极大地提高了资源配置效率。在所有制方面，肯定非公有制经济对国民经济发展的重要影响作用，认为要“坚持以公有制为主体、多种经济成分共同发展的方针。在积极促进国有经济和集体经济发展的同时，鼓励个体、私营、外资经济发展，并依法加强管理”。社会主义市场经济体制改革除了认识上的突破以外，更涉及许多具体制度的改革。首先是建立现代企业制度。为改变国有企业经营效率低下的问题，推行建立适应市场经济要求、产权清晰、权责明确、政企分开、管理科学的现代企业制度，转变国有企业经营机制。其次是培育和发展市场体系，改革价格体制，提高生产要素配置效率。再次是改革商品流通体系，发展商品市场。最后是改革劳动制度，开发利用城乡劳动力资源等。

（2）现代企业制度的建立。建立现代企业制度是国有企业的改革方向。1978—1992 年对于国有企业的改革主要围绕分离企业的所有权和经营权展开，以期通过扩大经营自主权或采用承包责任制式的放权，提高对企业经营者的激励，增强企业活力。此种改革在增加企业活力上是有一定效果的，但是也造成因所有权未能约束经营权而导致的国有资产流失的现象。企业经营者与所有者的利益不一致，而又因所有者身份虚置以及信息不对称等原因，导致经营者滥用经营自主权为其自身牟利，损害企业所有者权益。直到 1993 年，中共十四届三中全会通过《中共中央关于建立社会主义市场经济体制若干问题的决定》，确定将建立现代企业制度作为国有企业的改革方向。

在确定国有企业的改革方向为建立现代企业制度后，1993 年通过的《公司法》又为现代企业制度的建立提供了法律依据。现代企业制度的建立从以下几个方面开展。首先，明晰产权关系。现代企业制度需要以法律的形式明确企业的出资人与企业的基本产权关系，企业的设立需要有明确的出资人，而企业对于出资者的投资拥有法人财产权。其次，明确企业以及企业所有者、经营者各自的权责范围。现代企业一般实行公司制度，有限责任公司或股份制公司，出资者以其全部出资额对企业债务负有限责任，企业以其全部的法人财产享有民事权利、承担民事责任。再次，分离政府和企业的职能。企业只按照市场需要组织生产经营活动，以提高劳动生产率和经济效益为目的，将提供公共服务的社会职能交给政府，而政府不直接干涉企业的生产经营活动。最后，企业的运行要有科学的组织和管理机构。现代企业制度的建立，无论是国有企业还是私营企业，对于降低其投资风险、提高经营效率都具有重要意义。

（3）参与全球市场。积极参与经济全球化，发展对外贸易是中国经济高速发展的一个重要原因，也是改革开放的一个重要内容。在改革开放以前的计划经济体制下，中国对外贸易处于国家管制的封闭型的保护性贸易政策之下，各类商品进出口都实行严格的配额制度，外贸规模非常小。改革开放从字面上可以理解为对内改革与对外开放两部分，而贸易自由化就是实现对外开放的重要组成部分。改革开放初期，中国对外贸易基本逻辑依旧为以出口换外汇，再进口工业化所需机器设备。当需要提高国家建设速度，快速增加进口机器设备数量时，原有的外贸体制就不能满足新的需求。1978 年为继续调整工业结构，中国决定从国外引进 22 个大型项目，所需资金达到 78 亿美元，中国政府面临巨大的外汇支付压力。在此背景下，传统外贸体制改革势在必行。1978 年底，中国对外贸易部部长李强在香港向世界宣布："中国最近决定把拒绝政府与政府之间的贷款和外商在中国的投资这两个禁区取消了"，"基本上国际贸易上惯例的做法都可以干"。

国外贷款与外商投资无疑能够在短时间内为中国提供加速现代化建设所急需的资金和外汇，以购买国外的先进技术和机器设备，但这又势必会增加国家的外债压力。外债债务率是评价一国债务的重要指标，指年末外债债务余额占当年商品出口和劳务收入的比例，一般认为债务率超过100%时，就有可能发生偿债困难。根据国家统计局数据，中国外债债务率1985年至1993年就一直呈上升趋势，1985年为56%，而1993年达到96.5%。针对这一情况，发展外向型经济，提高出口创汇能力成为必然的选择。

1987年3月全国人大六届五次会议的政府报告认为，"对外开放的扩大，国际经济技术交流的发展，归根到底取决于中国出口创汇能力的增强"。而出口创汇的关键是"要充分发挥中国人力资源丰富和工资成本较低的优势，大力发展进料加工出口和来料加工出口"，"要使经济特区、沿海开放城市和开放地区逐步形成外向型经济结构，充分发挥它们发展外贸生产的优势"。1988年提出的"沿海经济发展战略"更是发展外向型经济思想的集中体现，"贯彻实施沿海经济发展战略，关键是必须把出口创汇抓上去，要两头在外、大进大出、以出保进、以进养出、进出结合"。以出口创汇为主要目的，以进料、来料加工为主要形式，以纺织、鞋帽、家电等劳动密集型产品为主要商品的出口贸易模式初步形成。

总的来说，1978—1993年间中国外贸体制改革大致包括了如下三大部分：

一是对外贸管理体制的改革。首先，下放外贸经营权，逐步允许各部门、省市成立外贸企业经营外贸业务，打破原来少数国有专业外贸公司独家经营的局面；其次，改革外贸商品管理机制，对出口商品实行分级制管理；改革外贸计划体制，1985年开始简化外贸计划内容，外经贸部不再编制、下达外贸收购计划和调拨计划，缩小指令性计划的范围，扩大指导性计划范围。

二是外贸经营体制。首先，推行外贸出口承包责任制，1987 年开展外贸专业公司承包制试点，1988—1990 年全国全面推行外贸承包经营责任制，1991—1993 年实行出口自负盈亏承包经营责任制；其次，是推行进出口代理制，外贸企业有偿提供各种专业的外贸服务，由委托代理出口的生产企业负责盈亏；最后，是实行外贸公司与工业公司联合办公、联合安排生产、联合对外洽谈、联合派小组出国考察等多种形式的工贸结合，加强双方的联系。

三是对于外贸公司实行政企分开，外经贸部专司行政管理，外贸企业自主经营、自负盈亏，成为独立的经济实体。

1993 年以后外贸领域的改革都围绕“入世”而展开。1987 年 7 月，中国正式提出恢复“关贸总协定”缔约方的身份，但直到 1994 年世界贸易组织取代“关贸总协定”都未能达成。此后中国为了能够达到加入世界贸易组织的要求，在贸易自由化、贸易法制化等方面展开了相关的改革措施。

1994 年中国在原有缩小对外贸易指令性计划的基础上，彻底取消指令性计划，实行指导性计划，加大对外贸易的自由度。1998 年中国进一步放开外贸经营权，外经贸部发布《关于赋予私营生产企业和科研院所自营进出口权的暂行规定》，标志着私营企业首次获得了外贸经营权。中国逐步降低进口关税税率，1993 年整体关税水平为 36.4%，涉及 3371 种进口商品，1995 年整体关税水平再下调至 23%，两年后又降至 17%。

1994 年全国人大八届七次会议修订通过《中华人民共和国对外贸易法》，这是中国发展对外贸易的根本大法。《中华人民共和国对外贸易法》于同年 7 月 1 日实施，标志着中国对外贸易发展开始了法制化进程。1997 年国务院颁布实施《中华人民共和国反倾销和反补贴条例》，初步建立反倾销的法律制度，为中国相关企业保护自身利益提供法律依据。2001 年国务院又颁布《中华人民共和国保障措施条例》，旨在促进对外贸易健康发展。这些法律及相关的配套法规和条例的出台，使中国外贸事业的发展能够有序地按照国际贸易规则进行。

由于 1983 年以后，国有企业才有对外贸易经营权，所以对外贸企业的改革也属于国有企业改革的一部分，都围绕建立现代企业制度展开。

2001 年 11 月 10 日，在多哈举行的世贸组织第四届部长级会议审议并批准中国加入世贸组织，一个月后中国正式成为世贸组织成员。“入世”以后，中国外贸方面的改革也主要是按照“入世”时的承诺进行的。例如，2004 年 7 月 1 日，中国提前半年履行了放开外贸经营权的承诺，取消实行了 50 年的外贸经营权审批制度。2005 年 1 月 1 日，中国已经按所承诺的时间表全部取消了进口配额和进口许可证等非关税措施。在关税方面，中国一直在向更低关税水平的方向努力，至 2007 年，中国总体关税水平从 2001 年的 15.3%降至 9.8%。

（4）汇率制度改革。人民币汇率是影响中国对外贸易发展的重要因素。改革开放初期，中国对人民币汇率机制进行了改革，由固定汇率制度向双重汇率制度转变。1979 年，为了在扩大出口的同时又不影响中国非贸易收入，国务院决定在继续保留官方公布价格的前提下，另外再制定贸易内部结算汇率，形成了双重汇率制度，并于 1981 年实行。但国际社会认为人民币双重汇率对出口贸易进行了补贴，是不公平贸易的表现。1985 年，中国政府宣布停止使用人民币贸易内部结算价，逐步发展外汇调剂市场。由于在外汇调剂市场会自发形成一个“外汇调剂市场汇率”，而且与官方设定的汇率始终存在差距，所以此时人民币汇率实质上仍是一种“双重汇率”。在此期间，虽然官方屡次下调官方汇率，但其与“调剂汇率”的差距依然存在。至 1993 年底，按官方汇率，1 美元可兑换 5.7 元人民币，而按调剂汇率 1 美元则可兑换 8.7 元人民币。

1993 年 10 月，国务院印发《国务院关于进一步改革外汇管理体制的通知》，要求对现行外汇管理体制进行改革，通知中称："现阶段外汇管理体制改革的总体要求实现汇率并轨，实行以市场供求为基础的、单一的、有管理的浮动汇率制；实行银行结汇和售汇制，取消外汇留成和上缴；建立银行间外汇交易市场，改进汇率形成机制；禁止外币在境内计价、结算和流通；改革和完善收、付汇核销管理；实现经常项目下人民币可兑换；取消外汇收支指令性计划，国家主要运用经济、法律手段实现对外汇和国际收支的宏观调控。"同年底，中国人民银行宣布从翌年 1 月 1 日起，实行以市场机制为基础的，单一而有管理的浮动汇率机制。人民币汇率不再由官方直接制定，而是由银行依照中国人民银行公布的汇率，在规定幅度内自行确定。而人民银行则按照前一日形成的平均汇率，以确定人民币对美元、港币、日元三种货币的基准汇率。1994 年人民币对美元汇率由上年的 1 美元兑 5.7 元人民币下调至 1 美元兑 8.72 元人民币，贬值幅度达到了 34.6%。至 1996 年 12 月 1 日，通知中的其他改革目的都相继达成了，中国宣布实现了人民币经常项目可兑换。

人民币对美元的大幅度贬值对于中国的出口贸易发展具有一定帮助。人民币贬值后，相较于国外，中国以人民币计价的生产要素价格会下降，中国出口的商品更具成本优势，有利于外向型经济发展。

2. 区域发展倾斜政策。邓小平提出："沿海地区要加快对外开放，使这个拥有两亿人口的广大地带较快地发展起来，从而带动内地更好地发展，这是一个事关大局的问题。内地要顾全这个大局。反过来，发展到一定时候，又要求沿海拿出更多力量来帮助内地发展，这也是个大局。那时沿海也要服从这个大局。""两个大局"战略思想的实质在于在实现东部地区率先发展后，再逐步实现区域协调发展，西部大开发战略、振兴东北老工业基地战略、中部崛起计划均是此战略思想影响下的产物。

（1）西部大开发战略。十一届三中全会后，中国东部沿海地区率先对外开放，利用政府的倾斜政策和自身区位优势，成为带动中国经济发展的引擎。在自身经济经过 20 多年的快速发展后，东部地区与中西部地区的差距越发明显。1999 年，东部 11 省市国内生产总值达 50831.5 亿元，而西部 12 省市国内生产总值只有 14659.26 亿元，差不多为前者的 1/3。从 1979 年至 1999 年，东部地区的经济总量增加了 7.8 倍，而西部地区只增加了 5.7 倍，前者的年均增速比后者高 1.4 个百分点。1999 年，东部地区人均国内生产总值为 12761.45 元，为西部地区的 2.6 倍。此外，根据中国农村贫困监测报告，1999 年中国共有 3412.2 万农村贫困人口，而西部地区就达 1644.1 万，几乎占全国农村贫困人口的一半；西部农村贫困发生率为 7.3%，而东部地区则只有 1.3%。可见，东西部经济发展差距大，西部地区对于经济发展的需求十分迫切。

1999 年 6 月 17 日，中共中央总书记江泽民在西安主持召开的西部五省国有企业改革和发展座谈会上提到："现在我们正处在世纪之交，应该向全党和全国人民明确提出，必须不失时机地加快中西部地区的发展，特别是抓紧研究西部地区大开发。实施西部地区大开发，是全国发展的一个大战略、大思路，要把开发西部地区作为党和国家的一项重大战略任务，摆到更加突出的位置。"2000 年 1 月 13 日，国务院印发了《关于转发国家发展计划委员会〈关于实施西部大开发战略初步设想的汇报〉的通知》，详细阐述了西部大开发的重大意义、指导思想、重点任务、政策措施，成为指导西部大开发的纲领性文件。三天后国务院西部地区开发领导小组在北京成立，以专门组织领导西部大开发事宜。1 月 19 日至 22 日召开的西部地区开发会议上，确定了西部发展的基本思路和任务。10 月 26 日，国务院印发《关于实施西部大开发若干政策措施的通知》，确定了西部大开发的战略目标，并提出从增加资金投入、改善投资环境、扩大对内对外开放、吸引人才和发展科教等四个方面出台优惠政策，以促进西部地区快速发展。

从2000年到2007年，国家不断增加对西部地区的投资力度，中央对西部地区的各类财政转移支付累计近15000亿元，国债、预算内建设资金和部门建设资金累计安排西部地区7300多亿元，有力地推动了西部地区经济发展。

相关研究表明："西部大开发通过大量的实物资本和基础设施投资，促进了西部地区的经济增长，在缩小西部地区与中东部地区经济发展差距方面起到积极作用。西部大开发的实施，使得西部地区的经济增长速度增加了约1.5个百分点，由此使得西部地区2000年以来的经济增长率超过了中东部地区，促使中国区域经济从趋异转向收敛。"

（2）全面振兴东北地区等老工业基地战略。东北三省是重要的重工业基地和商品粮基地，为中国工业化和保障粮食安全做出了重要贡献。"一五"期间全国计划建设的156个重点项目，其中建在东北的项目就有58个，占全国重点项目总数的1/3。随着改革开放的不断深入，老工业基地的体制性、结构性矛盾日益显现，面临着一系列的发展困难和问题。东北地区拥有大量大型国有工业企业，所有制结构单一，国有经济比重高；国有企业改革以及产业结构调整缓慢，市场化程度低，经济发展活力不足；自然资源逐渐枯竭，资源型城市主导产业衰退。

2002年，中共十六大决定"支持东北地区等老工业基地加快调整和改造，支持以资源开采为主的城市和地区发展接续产业"。2003年10月，中共中央、国务院下发《关于实施东北地区等老工业基地振兴战略的若干意见》，标志着实施振兴东北地区等老工业基地战略正式启动。同年12月2日，国务院决定成立振兴东北地区等老工业基地领导小组，并下设办公室，具体承担领导小组的日常工作。2004年4月2日国务院下发国务院振兴东北的"三定"方案，国务院振兴东北办正式成立。

在国务院下发的《关于实施东北地区等老工业基地振兴战略的若干意见》中，要求主要从以下几个方面开展工作，以保障振兴东北老工业基地战略的实施。一是加快体制创新和机制创新。调整国有经济比重，改革国有资产管理体制，提高国有资本运营效率。继续深化国有企业改革，鼓励非公有制经济发展。二是全面推进工业结构优化升级。振兴老工业基地的主要任务是走新型工业化道路，全面提升和优化第二产业。三是大力发展现代农业。发挥东北地区农业优势，加大对粮食主产区的扶持力度，加强农田水利建设，改善农业生产条件，巩固东北地区国家重要商品粮基地地位。四是积极发展第三产业。以剥离企业的社会职能为契机，大力推进服务业的社会化、市场化和产业化，以推进第三产业的发展，增加劳动力就业机会。五是推进资源型城市经济转型。推动资源型企业产业升级，延长产业链；提高中央对东北三省的补助，增强资源型城市实现经济转型的能力。六是进一步扩大对外对内开放。

（3）中部地区崛起战略。2006年4月国务院出台了《关于促进中部地区崛起的若干意见》，提出要把中部建成全国重要的粮食生产基地、能源原材料基地、现代装备制造及高技术产业基地以及综合交通运输枢纽。2007年1月1日，国务院办公厅印发《关于中部六省比照实施振兴东北地区等老工业基地和西部大开发有关政策范围的通知》。2007年4月10日，国务院批准设立的国家促进中部地区崛起工作办公室在国家发改委正式挂牌，标志着中部地区崛起进入了更具操作性的实施阶段。

3. 支农惠农政策和专项扶贫政策。中华人民共和国成立初期，在资本极度缺乏且无外资可利用的情况下，国家主要通过农业税收、工农产品"剪刀差"、农民储蓄等三种方式抽取农业剩余，积累工业化所需的资金。据估计，在1952年至1990年的39年间，中国农业以这三种方式为工业化提供了11594.14亿元资金。即使考虑到国家通过财政支出，又将一部分从农业中取得的资金注入农业，中国农业仍然为工业化无偿提供了约1万亿元资金。这就是农业为工业发展而顾全的一个大局观，而在工业发展之后，以工补农可视为工业为顾全第二个大局观而付出的行动。因此，以工补农、以城带乡实质上是“两个大局观”思想的延续与扩展。

(1) 取消农业税与提供农业补贴。自从春秋时期鲁国实行“初税亩”开始，农业税在中国已经存在了2600余年。中华人民共和国成立以后，广大农民缴纳的农业税为新中国的建设做出了突出贡献。新世纪之初，改革开放政策已经实行了20多年，中国经济得到了极大发展，也面临着城乡居民收入差距拉大，农民负担重的问题。2000年3月2日，中共中央、国务院下发了《关于进行农村税费改革试点工作的通知》，决定在安徽省开展农业税费改革试点工作。本着从根本上减轻农民负担的目的，此次农业税改革的内容主要为“三个取消、一个逐步取消、两个调整、一项改革”，即取消按农民上年人均纯收入一定比例征收的乡统筹费；取消农村教育集资等向农民征收的行政性收费和政府性基金；取消屠宰税；逐步减少农民的劳动积累工和义务工；调整农业税、农业特产税政策；改革村提留征收和使用办法。2002年3月27日国务院办公厅印发的《关于做好2002年扩大农村税费改革试点工作的通知》，将此次税费改革试点扩大到20个省、直辖市，并要求“各地区应结合实际，逐步缩小农业特产税征收范围，降低税率，为最终取消这一税种创造条件”。

2004年，农业税费改革进入深化阶段。2004年的一号文件提出要逐步降低农业税税率。4月6日，财政部、农业部、国家税务总局联合发布《关于2004年降低农业税税率和在部分粮食主产区进行免征农业税改革试点有关问题的通知》，决定在黑龙江、吉林两省进行免征农业税改革试点，河北、内蒙古、辽宁、江苏、安徽、江西、山东、河南、湖北、湖南、四川等11个粮食主产省（区）的农业税税率降低三个百分点，其余省份农业税税率降低一个百分点。2005年3月15日，温家宝总理在第十届全国人民代表大会第三次会议上所做的《政府工作报告》中指出：明年将在全国全部免除农业税。2005年上半年，中国22个省免征农业税，到年底，再增加6个省区市免征农业税。2005年12月29日，十届全国人大常委会第十九次会议通过了废止农业税条例的决定：自2006年1月1日起废止《农业税条例》，取消除烟叶以外的农业特产税，全部免征牧业税。自此，在中国已实行了长达2600余年的农业税永远地退出历史舞台。

取消除烟草外的农业特产税以及免征农业税对于提高农村居民人均纯收入具有积极作用。以2004年为例，全年农民免征税赋共302亿元，人均39.9元，占农民人均新增纯收入的12.7%。

2004年的一号文件《关于促进农民增加收入若干政策的意见》中，除了提到要取消除烟草以外的特产税以及减免农业税外，还明确表示要实行种粮农民直接补贴、良种补贴和大型农机具购置补贴三项补贴政策。因此，农民转移性收入从2004年起增加迅速，2004—2007年的转移性收入的增速分别为：19.3%、27.6%、22.7%和23.0%。

（2）教育、医疗和社会保障政策。在改革开放以前，农村合作医疗制度一般是以生产大队为单位，由生产大队、生产队和社员共同集资办医疗的集体医疗保健制度。改革开放后集体经济逐渐解体，农村合作医疗体系亦随之瓦解。有研究表明20世纪90年代中期，中国2.5%的家庭因病致贫。2002年10月，中共中央、国务院《关于进一步加强农村卫生工作的决定》明确指出：要“逐步建立以大病统筹为主的新型农村合作医疗制度”。“农村合作医疗制度应与当地经济社会发展水平、农民经济承受能力和医疗费用需要相适应，坚持自愿原则，反对强迫命令，实行农民个人缴费、集体扶持和政府资助相结合的筹资机制”。“从2003年起，中央财政对中西部地区除市区以外的参加新型合作医疗的农民每年按人均10元安排合作医疗补助资金，地方财政对参加新型合作医疗的农民补助每年不低于人均10元，具体补助标准由省级人民政府确定”。

与以往实行的合作医疗制度相比，新型农村合作医疗具有以下几个突出的特点：各级政府和农民共同融资；地方政府负责项目的设计、执行和管理；自愿参与。2003年11月，民政部、卫生部、财政部联合下发了

《关于实施农村医疗救助的意见》，明确了农村医疗救助制度的目标原则、救助对象、救助办法、申请审批程序、基金筹集和管理等内容。新型农村合作医疗制度从2003年7月开始开展试点工作，到2006年底，新型农村合作医疗试点范围扩大到1451个县（市、区），占全国总数的50.7%，有4.1亿农民参加。

（3）专项扶贫政策。专项扶贫资金是指国家为改善贫困地区生产和生活条件，提高贫困人口生活质量和综合素质，支持贫困地区发展经济和社会事业而设立的财政专项资金。自1986年以来，中央累计支出专项扶贫资金2626.6亿元，专项扶贫资金分为中央财政资金、扶贫贴息贷款资金和以工代赈资金三大类，分别累计为474.3亿元、1370.6亿元和670.7亿元。

四、如何认识政府、市场和社会在减贫进程中的作用

目前学术界关于中国扶贫历史之分期，大致沿着两种思路展开，一是强调政府干预行动和策略的官方分期方案，二是政策机遇下贫困人口脱贫能动性的民间分期方案。前者凸显为政府针对贫困群体而专门制定的重大扶贫战略与政策，后者体现为贫困群体在一般性的国家政策和专门的扶贫政策下所具备的能动性。换言之，如果自改革开放以来，中国所取得的减贫成就都是由政府专门的扶贫政策和行动带来的，那以重大扶贫战略与政策的变化作为中国扶贫历史分期节点的官方分期方案就具有较大的合理性。又或者，如果自改革开放以来，中国所取得的减贫成就全都可归因于贫困群体在一般性的国家政策和专门的扶贫政策下所具备的能动性，那强调贫困群体把握国家政策的历史机遇的民间分期方案也就行得通。但问题的关键在于，中国改革开放以来的减贫成就，既不可单一地归功于中国政府专门的减贫政策，也不可完全归功于贫困群体在政策机遇下的主观能动性。事实上，中国的减贫成就，先是由一般性的国家政策所带来，后是由国家大量专门的扶贫战略和政策所带来的。

从这个角度看，既有的分期方案并不能很好地把握政府、市场、社会在扶贫开发中的作用和关系。因为这些分期方案笼统地将中国改革开放以来的减贫成就单一地归因到政府或者贫困群体在政策机遇下的主观能动性，没能合理地划分出政府、市场和社会在这其中所发挥的作用。不管是官方的分期方案还是民间的分期方案，都陷入了“国家与社会”二元对立、非此即彼的格局。从这个角度看，上述的两种分期方案都没有正确地把握政府、市场和社会在中国减贫历史中所发挥的作用。由此构建新的分期方案就显得很有必要了。上文通过将中国的贫困减缓进程重新划分为以农村改革带动为主导的减贫阶段和以工业化减贫新能动为鲜明特征的第二阶段，试图以新的分期方式来认识政府、市场和社会在减贫进程中的作用。

在上述二级阶段的分期模式中，政府力量、市场力量和社会力量之间的相互关系体现为，在政府力量发挥尤为显著的作用时，市场力量和社会力量虽然并没有被淹没在政府强大的控制之下，但市场力量和社会力量并没有积极、主动地回应政府的扶贫行动，更多的是被动地做出反应。这种相互关系属于单向的互动关系。在以农村改革带动扶贫开发（减贫）阶段，国家部门采取一系列促进农村地区发展的措施，市场力量也在国家力量的推动下发展起来，此时的市场力量和社会力量只是顺应国家力量变化而做出反应，其结果便是中国农村贫困发生率大幅度下降。而在工业化成为减贫新能动的阶段，市场力量和社会力量也是如此，只是顺应国家力量的号召，并未试图扭转这种单向的互动关系，改变自身被动参与的局面。与之不同的是，当下的“政府市场社会大扶贫格局”不仅要构建一种政府、市场和社会三方力量共同参与的局面，更要改变以往单向的互动关系，构建市场和社会主动参与的双向互动关系。

·第四章·

新时期经济社会形势变化与贫困治理格局的调整

社会问题内嵌于特定的政治、经济和文化等结构性框架之中。区域内的制度设计、经济格局和文化类型能够在很大程度上影响着该区域社会问题的状况与走向。贫困问题即是如此。这体现在中国的发展格局与减贫事业进程的变动上。发展格局的包容性逐渐式微，不仅仅意味着贫困群体难以共享经济社会发展的成果，还预示着贫困群体可能陷入结构性的贫困之中。在此背景之下，中国贫困治理体系适时调整，凝聚政府、市场和社会三股力量，建构政府市场社会大扶贫格局，以期最大化地释放三者协同共进所具有的合力作用。

一、包容性发展格局的转变与贫困结构化

改革开放以来，中国的经济发展水平稳步提升，这在很大程度上得益于中国的经济发展战略充分发挥了劳动力丰富的资源禀赋优势。而在这之前，中国所实行的重工业优先发展战略并未着眼于中国的劳动力优势。所以，不管是在经济总体发展水平的涨幅上，抑或是居民人均可支配收入的变动上，还是农村减贫速度上，改革前后都是完全不同的景象。而在步入经济新常态后，人口红利逐渐消失，经济结构也逐渐转型，这虽然没有导致中国的经济发展水平和居民人均可支配收入的涨幅放缓，但农村减贫的步伐显然变慢。究其原因，我们发现包容性发展格局的弱化是较为关键的因素。当中国的经济结构由劳动力密集型向资本和技术密集型转变后，位

于社会最底层的社会群体由于自身能力有限而无法参与到发展的过程中，进而未能共享发展的成果。与改革前一样，经济新常态的“排他性发展”也同样会造成贫困的结构化、阶层固化和贫困代际传递现象更为突出。

（一）发展格局的转变

站在国家战略角度考量社会发展范式，不仅仅是社会政策制定者的基本视角，也是社会理论学家的内在诉求。因为发展目标的达成不仅仅关系目标的实现机制，更与宏大的发展格局相关联。这也是政策制定者和理论研究者关注发展格局转变的原因之一。如果将受益范围作为划分发展模式的关键要素，那中华人民共和国成立至今的发展格局可以粗略地划分为排他性发展和包容性发展两大类。前者是指地区的主要发展战略只强调部分群体的发展参与权和成果贡献权，而忽视甚至牺牲了另一部分群体的发展参与权和成果共享权；后者不仅为发展能力较强的群体提供了参与发展和共享发展成果的途径，也为发展能力较差的群体提供了参与经济发展的渠道。

作为当今社会备受推崇的社会发展理念，“包容性发展”理念既区别于其他发展理念，又是在其他的发展理念的基础上逐渐发展起来的。大致地看，“包容性发展”理念经历“聚焦于发展—包容性增长—包容性发展”这一演变过程。透过这个演变过程，我们可以发现包容性发展重新审视了国家与市场、公平与效率之关系，本质上将社会发展理论从“片面发展观”向“整体发展观”转变。下文主要介绍社会发展理念由“聚焦于发展”到“包容性发展”的发展过程，以说明“包容性发展”曾在中国历史上发挥的作用以及其目前逐渐式微的状况。

1. 聚焦于发展。“聚焦于发展”这一社会发展理念以“先发展后分配”为主要特征，意在强调地区或国家的总体发展必须以局部地区或者群体的经济发展水平提升为前提；在部分地区或部分群体得以发展后，可以通过再分配手段或者经济学上的“渗漏”效应使发展的成果惠及其他地区或群体。“聚焦于发展”盛行于发展中国家，并在不同的发展时期形成了不同的理论模式。这些理论模式有“涓滴效应”理论、扩散效应理论和“倒 U 形”曲线假说。

“涓滴效应”理论指在经济发展过程中并不给予弱势群体特别的优待，而是由优先发展起来的群体或地区通过消费、就业等惠及贫困阶层或地区，带动其发展。扩散效应是指所有位于经济扩张中心的邻近地区，在中心地区的基础设施改善、经济发展水平提高和社会总体效益提升后，能够从中心地区获得资本、人才和技术等先进的发展要素，并刺激促进本地区的发展，逐步赶上中心地区。与涓滴效应理论和扩散效应理论相似的是，西蒙·库兹涅茨的“倒 U 形”曲线认为经济发展与社会不平等的关系为：经济发展前期会造成社会不平等的持续扩大，但经济发展的后期能够降低社会不平等。

上述三种理论模式虽然在表述上不一样，但其共同之处在于国家应该投入更多的资源到发达地区和非贫困群体，在促进发达地区和非贫困群体的发展后，再由发达地区和非贫困群体带动社会弱势群体或贫困群体的发展。上述发展模式在理论上看似合理，但在实践中并没有广泛且持续地出现，也因此遭受到实践者和研究者的质疑。因为在正常的市场经济之中，生产要素的流动必然遵循市场原则，这种市场原则会导致生产向有利于发达地区而有损于落后地区的方向发展。上述这种发展的“回波效应”最终让财富的分配陷入“富者更富、贫者更贫”的“累积性因果循环”之中。

2. 包容性增长。“聚焦于发展”这一社会发展模式让我们看到经济发展和社会发展“帕累托最优”之关系，即经济发展仅是社会发展达至“帕累托最优”的必要条件，而非充分条件。在这种前提下，世界银行在《1990 年世界发展报告》中正式提出“广泛基础的增长”这一发展概念，强调在经济发展、收入分配和贫困减缓之间良性互动的前提下，使经济发展能够吸纳并普惠社会最底层的群体。这一概念同时兼顾了各个阶层的社会群体，是“包容性增长”的雏形。

亚洲开发银行2007年在其年度报告中首次提出“包容性增长”概念，倡导“有效的包容性增长战略需集中于能创造出生产性就业岗位的高增长、能确保机遇平等的社会包容性以及能减少风险，并能给最弱势群体带来缓冲的社会安全网”。按照该概念最初倡导者的界定，包容性增长意在“使得人人都能参与到经济增长的进程当中，同时又保证每个人都能平等享有经济增长带来的福利”。

从发展经济学的角度看，“包容性增长”这一概念具有三层含义：第一，包容性增长是机会平等的增长，强调通过高速和可持续的经济增长以创造就业和其他发展机会。第二，包容性增长是益贫式增长，强调经济增长过程中对贫困和弱势群体的关注。包容性增长有利于发展中国家的大多数人，而且在经济与政治上更具有持续性。第三，包容性增长是促进充分就业的增长，包容性增长应该实现穷人的充分就业，并使工资增长速度高于资本报酬增长速度，从而缩小贫富差距。可见，包容性增长似乎谋求工作机会的平等和充分就业制度，以减少资本密集型生产带来的财富集中对劳动力造成的冲击。

上述将“增长等同于发展”的观念对广大发展中国家的影响非常大，而各国实施的结果却是“经济增长优先的模式在经济和社会两方面都失败”。经验事实也表明，有些国家虽然保持了经济的高速发展，但仍然未能取得普遍的社会进步，出现“没有发展的增长”怪象。经济增长的确能减少贫困，但如果它不能在平等的基础上提高所有人的生活水平，这样的经济增长就不能说成是发展。由此，现代发展观对于西方社会经济的发展确实起到重大的推动作用，但由于它把经济的发展作为终极的目标，必然会导致“畸形或扭曲的发展”。

3. 包容性发展。为了扭转畸形或扭曲的发展，“包容性发展”应运而生。如果说“包容性增长”对发展的扭曲使得人们开始对包容性产生怀疑的话，那么“包容性发展”则在一定程度上弱化了人们对包容性的质疑。因为“包容性发展”不同于“包容性增长”的关键在于，其中心词是发展而不是增长。增长仅仅是收入上的增加，而发展的实质是社会福祉的扩大。增长一般指经济增长，可以用人均收入变动来精确衡量；而发展则寓意更加丰富，不仅指经济数量和结构的变化、人口空间的聚集，如城市化，还需要通过教育、医疗等社会指标来反映。“包容性”聚焦于机会、收入或者福祉在全社会的分配，而“包容性发展”反映的是福祉在全社会的生产过程和公正分配的一种状况。

根据上述的表述，“包容性发展”可以作为不正当增长和排斥性增长的纠偏。不正当增长的两个主要特征是“排斥”和“集中”，前者指众多的在生产环节创造财富的劳动者被排除在消费市场之外，后者指收入和财富越来越集中在少数人身上。排斥性增长的两个不良后果是“劳动力市场严重分割”和“多数人无力参与政治和决策”，所以需倡导以公正包容性为核心的发展，即“包容性发展”。“包容性发展”包括三个层面的含义，首先，确保公民权利和政治参与权利的实施，因为民主是真正的基础价值，它同时能够保证发展过程的透明和责任；其次，覆盖全民的残疾人福利、妇女儿童福利和老年福利；再次，覆盖全民的公共服务，如教育、健康和住房。

从世界整体上看，“包容性发展”理念追求在全球化、地区经济一体化的过程中，全球化、一体化带来的利益和好处能够惠及所有国家，使经济增长所产生的那一部分经济效益和社会财富能够惠及所有人群，特别是要惠及世界各地的弱势群体和欠发达国家。从国家层面上看，“包容性发展”理念同样聚焦于工业现代化过程中的利益分配格局，试图构建被排斥群体参与现代化过程与分享现代化结果的机制。但是，不管是从世界整体上看，还是从国家层面上看，“包容性发展”由理念成为实践仍面临着相当大的阻碍，需要处理好各个利益相关方的关系。其中最为根本的问题就是“公平”与“效率”问题。所以“包容性发展”理念在世界各地能够被成功实践的极少，还处于探索阶段。

4. 中国的实践。中国的社会发展也经历了从“聚焦于发展”到“包容性发展”这一历史过程。在中华人民共和国成立初期，中国在物质资源极为匮乏的国情下实施重工业优先发展战略以及与之相配套的计划经济体制。这种发展战略通过计划经济体制将大部分的物质资源调配到重工业发展，人们的生活水平被压缩到一个极为低下的状态。这一时期的经济制度和政治制度均以聚焦于重工业发展为主，整个社会的消费都让位于重工业优先发展战略，重工业属于资本和技术密集型产业，大多数底层劳动者无法参与其中，是典型的“聚焦于发展”模式。

而在改革开放后，中国选择以家庭联产承包责任制为基础，走以劳动密集型制造业为主的现代化道路。在这种现代化取向下，中国丰富的劳动力优势在全球化机遇中具有较大的竞争优势。一方面，这种劳动力优势为中国参与全球竞争提供了资源优势；另一方面，这些劳动力在参与全球竞争中也得到相应的回报。由此，这种以劳动为财富源泉的“包容性发展”模式是符合社会各阶层特别是普通劳动者利益的，也为中国农村的减贫做出了很大的贡献。

可以说，中国改革开放后的“包容性发展”格局的形成在很大程度上得益于外部环境尤其是全球经济形势对劳动力密集产业的需求。所以在2008年的金融危机后，全球经济形势有所变化，中国的“包容性发展”也逐渐被削弱。2008年的金融危机使欧洲、美国和日本等发达经济体受到深层次的经济危机，其国内居民购买能力趋于下降，国际消费品市场也有所萎缩。在面临市场萎缩的同时，中国的外部竞争压力也变大。中国经济在经过多年的高位发展后，丰富且廉价的劳动力优势已不明显，人口红利也逐渐消失。而东南亚国家的劳动力密集型工业以更为低廉的成本得以迅速崛起，对中国的出口导向型的劳动密集型产业形成一定的冲击。

除了全球经济形势不利于中国“包容性发展”格局外，国内的经济形势也进一步弱化了“包容性发展”。首先是农业发展遭遇瓶颈。在改革开放初期，中国的农业发展以较低水平起步，所以该时期以发展农业进而带动农村减贫的效果尤为明显。但当中国农业发展达到一定水平后，农业发展的难度和成本都有所上升，农业补贴的黄箱政策也已经接近极限，农业资源环境压力已然过大，这些都导致中国农产品价格高出国际市场价格。

更为重要的是，中国经济结构转型压力巨大。随着国际国内经济形势的重大变化，在政府投资刺激政策的短期效应之后，中国开始进入经济发展新常态。在这种新常态之下，经济增长速度下降至中高水平，转变发展方式和调整经济结构的压力增大。在减贫历程中发挥了龙头作用的出口导向劳动密集型制造业及关联服务业面临着转型，农业现代化也逐渐呈现出适度规模经营和适度资本聚集的趋势。但是以创新驱动为根本目标的第二产业和第三产业不可能为人力资本存量最少的贫困群体提供同样多的就业创业机会。简言之，在新的历史时期，中国经济要增加活力和提高竞争力，社会要避免陷入中等收入陷阱，就必然走上以资本、知识和技术为财富创造源泉的新道路，然而贫困人口的资源禀赋往往不足以支撑其自动走上这条道路，“包容性发展”格局逐渐被弱化。

（二）贫困结构化的形成

一般而言，社会问题往往与“外部制度复杂性”密切相关。贫困问题形成于区域内特定的政治、经济和文化等结构性要素，当区域内的结构性制度有所变化时，该区域内的贫困问题也会随之发生变化。改革开放以来，中国经济发展面对的国际经济形势和国内经济形势也在不断变化，镶嵌于“外部制度复杂性”的贫困问题也随之呈现不同的形态。中华人民共和国成立初期，中国的发展格局主要为“聚焦于发展”，呈现出普遍性特征；改革开放后，国内发展格局由“包容性增长”转变为“包容性发展”，普遍性的致贫因素逐渐淡化；而在 2008 年的金融危机之后，中国的“包容性发展”格局渐行渐远，结构性贫困逐渐呈现。

1. 工业化道路与普遍性贫困。中华人民共和国成立初期，中国选择了优先发展重工业的赶超型经济发展战略，这是囿于国内经济基础薄弱和国外帝国主义层层封锁压力。但是，以重工业为优先发展战略也带来负面的后果，这种后果突出地表现为重工业创造的就业机会少，吸收劳动力就业的能力很弱。至改革开放时期，尽管中国工业化建设取得了长足的进步，初步建立了现代工业体系，工业产值占工农业总产值的比重由中华人民共和国成立初期的 10%上升到 74.4%，但农业产值占工农业总产值的比重却由中华人民共和国成立初期的 90%下降到 25.6%。

更为严重的是，中国的劳动力就业结构并没有发生相应的变化，即农业劳动力仍然占社会总劳动力的 76.1%，农村人口仍然占社会总人口的 80%。随着农村人口数量的增长，人均占有耕地面积和其他农业资源日趋减少，致使农业劳动生产率的提高和农民人均纯收入的增加相当缓慢。在 1957 年至 1978 年的 21 年间，农民每年人均纯收入仅增加 2.87 元；而 1965 年至 1977 年里，农民每年人均纯收入仅增加 1.00 元。如此低下的农业劳动生产率和农民人均收入水平，既不能形成对工业品的有效市场需求，也不能为工业化和城市化提供足够的食物和原料。这不仅严重地制约着农民生活水平的提高，而且严重地制约着整个国民经济的发展。

上述问题的症结在于，在中国传统的分工格局支配下，可以利用非农产业组织经济活动的只限于城市人口，而对于广大农民来说只能利用农业资源组织经济活动，这是一种城市现代工业和农村传统农业彼此隔离、各自封闭的二元经济结构。从城乡一体的角度看，中国工业化的目标远没有实现。因为农村群体被排斥在工业化发展之外，无法共享工业经济发展的成果。这种发展模式属于上文提及的“排斥性发展”和“聚焦丁发展”模式。在这种发展模式或者发展格局之下，那些生活在农村地区的居民，如果没有足够农业生产资源或缺乏一定的劳动生产能力则会陷入贫困。如果这种发展格局没有得到改善，那这些农村居民的贫困状况则难以得到改变，由此形成普遍性的贫困。

2. 改革开放与贫困碎片化。与改革开放前的发展格局不同，改革后的发展更倾向于“包容性发展”格局，即非农产业的发展，不仅要为农业提供越来越多的现代化物质技术投入，更重要的是为农村大量富余劳动力创造新的就业机会，促进农村剩余劳动力向第二产业和第三产业转移，进而建立工业与农业、城市与乡村之间相互依存、相互促进、协调发展的经济运行机制。这就要求中国的工业化，尤其是农村工业化，必须把重点放在发展劳动密集型产业上。只有这样，才有可能逐步缓解中国数以亿计的农村剩余劳动力的就业压力，以及充分发挥中国劳动力资源丰富、劳动力成本低廉的竞争优势。而如果中国的工业优先发展资本或者技术密集型产业，则会导致农村资本或者农业人口的生产技术水平无法满足工业发展的需求。这不仅会影响乡镇企业在农村区域的发展，还会导致工业发展对农村剩余农业人口的吸纳能力不足的情况。

中华人民共和国成立之初的工业化道路虽然表现出劳动力不够“密集”的特征，但在其后的工业化道路和城镇化道路上却选择了“劳动力密集型”的发展方式。而改革开放以来，中国工业化和城镇化之所以有较快的发展速度，在相当程度上是由于中国充分发挥劳动密集型产业的优势，把数以亿计的农民转化为农民工。由此可见，如果离开数以亿计的农民工，中国的工业化和城镇化就不可能发展到今天这样的规模。实践也表明，哪里的农民工聚集数量越多、规模越大，哪里的工业化与城镇化程度就越高、经济社会文化就越为发达。珠江三角洲、长江三角洲、京津唐地区的发展现实正是有力的证据。所以，改革开放的发展格局在很大程度上是属于“包容性发展”格局，这也是该时期中国农村贫困人口大幅度减少的原因。

中国改革开放以后的发展格局虽然在一定程度上属于“包容性发展”，但是这种“包容性发展”的“包容性”显然还不够。中国农村现有贫困人口大多数是在“包容性发展”格局中被忽视的那部分。“包容性发展”格局已经使“普遍性”因素的致贫群体脱离了贫困，但现有贫困人口不是“普遍性”因素的致贫群体。也正是由于被“包容性发展”格局忽略的剩余贫困群体不是“普遍性”因素的致贫群体，所以他们很难依托经济发展来达到脱贫目标。换言之，剩余贫困群体在地理布局上和致贫因素上呈现出碎片化趋势。

3. 金融危机与结构性贫困。改革开放以来，中国的“包容性发展”格局为中国农村减贫注入强大的动力。但遗憾的是，中国经济的“包容性发展”并没有长久地延续下去。2008 年爆发的金融危机使中国的“包容性发展”格局逐渐弱化，贫困结构化的趋势有所增强。“包容性发展”格局弱化和贫困结构化又与中国经济的结构转型紧密地联系在一起。

2008 年的金融危机给包括中国在内的世界各国带来了巨大的损失和挑战。在内部经济损失和外部形势严峻的双重危机之下，中国必须要提高自身在世界市场的竞争能力。提高中国在世界市场上竞争能力的重要途径之一便是经济发展方式的变革。在早期发展阶段，中国的工业化道路和城镇化道路选择以劳动力密集型产业为主，属于粗放型经济发展方式。这种发展方式能够利用中国劳动力价廉质高的优势，但这种发展方式往往对应着技术水平低、资金聚集度小的产业，产品增值空间较小。与之相反的是，资本密集型产业和技术密集型产业的产品盈利空间更加高，比劳动力密集型产业在世界市场上更有竞争潜力。所以，中国的经济发展方式由粗放型向集约型转变是势在必行的选择。

由此，转变经济发展方式已成为中国经济发展的趋势所在。这是经济发展的规律所在，也是中国应对内外部经济危机的必然举措。但问题在于，当劳动密集型产业逐渐被边缘化，资本技术密集型产业逐步走上中国经济舞台中央的时候，贫困群体却难以参与到产业发展当中。他们因为资本存量低和技术水平不足，无法达到资本密集型产业和技术密集型产业的要求。贫困群体被排斥在产业发展的链条之外，便成为贫困恶性循环的起点。正因为贫穷，贫困群体无法在具有较高回报的产业部门和领域就业创业，进而呈现出在低端劳动力市场沉淀发展以及无力对自己和子女进行有效的人力资本投资的突出特征。贫穷再生产出贫穷，贫穷就是贫穷的原因，社会阶层结构趋于固化。

（三）贫困代际传递

结构性贫困源于中国的整体发展格局，其所具有的特性、形成与个体因素的贫困截然不同。个体性贫困主要是由于贫困群体自身因素，诸如慵懒、疾病或观念等因素造成，即使是外部环境没发生变化，这些贫困群体也有可能通过自身改变而摆脱贫困。而结构性贫困的消除，除了需要贫困群体自身的努力外，还在很大程度上需要外部环境制度做出适当的调整。换言之，如果导致结构性贫困的外部环境制度没有相应的改变，那结构性贫困则会进一步导致贫困代际传递现象发生。导致结构性贫困的外部环境制度体现为政治制度、社会文化和自然环境 。

1. 制度因素。一般而言，社会制度以维护政治、经济和社会秩序为首要目标，并试图通过制度的提出和遵循达到社会稳定的目的。但社会制度并不总是带来合理与有序的社会秩序。正如卡尔·马克思所言，资本主义制度下生产资料的不平等占有是贫困的根源。占有生产资料的资本家和一无所有的工人之间是一种支配与被支配、剥削与被剥削的不平等的生产关系。资本家无偿占有工人创造的剩余价值从而形成对工人的剥削，致使工人陷入贫困。由此，想要解决这种贫困就要改变这种失衡的生产关系。无独有偶，马克·格拉杰认为贫困是一个政策概念，政策失误会产生不平等进而导致贫困，不平等、不合理的制度环境是造成贫困的重大因素。诸如英国“圈地运动”遗留下数以百万计的无家可归者，美国的“种族歧视”政策造成有色人种的贫困潦倒，中国“剪刀差”下农民普遍性贫困。

此外，林毅夫认为发展中国家的贫困与富裕的根源在于政府的决策，这是最为关键的制度安排。比如中国过去优先发展工业，将优势资源和资本聚焦于工业发展；相应地，农业和农村发展不受重视，农业发展缓慢，资源贫乏的农村地区陷入更加贫困的境况。如果这些促使贫困群体陷入贫困状态的制度得不到改善，那就会将这种制度性贫困延续下去，造成贫困代际传递。

2. 文化因素。在对贫困家庭和贫困社区进行深入研究和分析之后，美国人类学家奥斯卡·刘易斯提出贫困文化理论，从社会文化角度解释贫困产生以及代际传递现象的理论。“贫困亚文化”这一概念是指拥有自身结构与理性的社会亚文化，是在既定的历史和社会的脉络中，穷人所共享的有别于主流文化的一种生活方式。这种生活方式同时也是在高度阶层化和个人化的社会里，穷人对其边缘地位的适应和反应。贫困亚文化作为生活态度和价值观念，一旦被贫困群体内化就会很难改变，可能会成为影响人一生的文化价值。奥斯卡·刘易斯认为，在社会中，贫困群体因为收入水平低下而在居住、饮食和喜好等方形成独特的生活方式。独特的生活方式——如贫困群体集中居住在价格低廉的小区，会促进贫困者的集体互动，从而导致贫困群体在生活中与其他群体相对隔离，这样就产生出一种脱离社会主流文化的贫困亚文化。巧费·尔德认为，利己主义、家庭本位和排斥集体合作的观念行为是贫穷文化在乡村社会中的集中体现，穷人基本不能依靠自己的力量去利用机会摆脱贫困命运，因为他们早已内化了那些与大社会格格不入的一整套价值观念。哈瑞顿则进一步指出贫困本身就具有代际传递的性质。由于贫困群体对贫困的认知比较悲观和消极，其不仅将贫困视为一种容易被内化且很难改变的亚文化，而且将其视为 种可通过代际传递一代影响下一代的文化因素。

总之，处于贫困亚文化之中的贫困群体有着自身独特的文化观念和生活方式。这种贫困亚文化经由“圈内”的日常交往和互动而不断得到强化，甚至有可能成为制度化的文化模式进而维持着贫困的生活。在这种“贫困亚文化”环境中成长的子代潜移默化地内化了这种文化模式，于是贫困亚文化便可以经由世代传递而持续地存在。贫困亚文化塑造着“圈内人”的基本特点和人格，使得他们即使遇到摆脱贫困的机会也难以利用它而走出贫困。

3. 环境因素。良好的自然环境对人的生存和发展起到至关重要的作用。生态环境稳定和环境资源丰富的地区往往在早期的发展上具有很大优势；而那些生态环境脆弱和环境资源匮乏的地区往往成为贫困地区。在此意义上，环境因素会通过两种途径影响贫困的代际传递：一是环境本身就不利于人类生存；二是人为的环境破坏导致人类生存和发展的基本需求得到满足。在以往的学术成果中，研究者往往重视第一种因素，而忽略第二种因素也可能造成贫困代际传递。

关于第一种导致贫困代际传递的环境因素，在中国的黄土高原、青藏高寒地区、蒙古和新疆干旱地区等区域较为常见。在这些地区，要么是缺乏适合农作物生长的自然条件，如青藏高寒地区的无霜期很短，农作物种植时间短且要求高；要么就是容易爆发各种自然灾害，如黄土高原土质蓬松，在汛期容易引发洪涝灾害。恶劣的自然条件使得农作物产量不高，即使农作物产量高，但自然灾害频发也会让丰收毁于一旦。在这种自然条件之下，人们的收入水平必然是长期低下的。至少从物质收入水平上看，如果不迁移到其他地区生存，生活在这些地区的人们世代都将面临同样的命运。

关于第二种导致贫困代际传递的环境因素，既有可能是贫困群体对环境造成破坏，也有可能是非贫困群体对环境造成破坏。在环境条件适合人类居住且自然灾害很少的地区，由于贫困群体自身的因素——比如缺少科学、合理的方式开采利用外部的自然条件，又或者为了节约成本而使用对环境破坏性较大的方式开采资源，而造成对环境的破坏，这是贫困群体自身对环境的破坏。另一种环境破坏是，非贫困群体为了谋取更多经济利益或者降低生产成本，而采取对环境不利的行为。如发达地区到欠发达地区投资建厂，生产过程中的废弃物不经科学方式处理便直接排入当地的生态环境中，进而造成对生态环境的破坏。暂且不说这种环境破坏会带来诸如第一种环境因素带来的贫困代际传递，就是这种环境破坏本身将环境治理的成本由工厂转移到包括贫困群体在内的社会公众，这也会造成贫困群体的生活成本加大。

不管是制度因素，还是文化因素，抑或是环境因素，都是国家特定发展格局之下所形成的贫困代际影响因素。制度因素，诸如中华人民共和国成立初期的重工业优先发展战略，这种发展战略造成了中华人民共和国成立初期普遍性贫困。虽然改革开放后中国贫困规模大幅度下降，但目前很多贫困群体都是由中华人民共和国成立初期的普遍性贫困代际传递至今的。而文化因素也是在这种发展格局之下形成的。由于中国的教育资源也呈现“城乡二元对立”的局面，大多数的教育资源集中于城市地区，农村地区的教育资源明显分配不足。由此文化资源的分布也与“聚焦于发展”的格局相类似。导致贫困的制度因素和文化因素在发展格局不具备“包容性”的前提下，很难有所改善，因而很可能传递至下一代，进而造成贫困结构化。

二、市场与社会力量的发展壮大及其对扶贫形势的影响

虽然市场经济和社会力量自始至终都参与了中国的贫困治理，但其在

中国贫困治理的不同阶段所占据的地位和发挥的作用却有所差别。在中华人民共和国成立后至改革开放初期，中国政府延续了传统社会和解放战争时期的社会整合和社会动员方式，从经济和政治上掌控了大部分社会资源的调配权。在这种“全能主义”政府之下，市场经济和社会力量的发展壮大举步维艰，弱小的市场力量和社会力量即使能够参与到贫困治理之中，也难以对中国的扶贫形式产生较为重大的影响。而在改革开放之后，尤其是市场经济制度的确立和“全球结社”革命在中国的爆发，市场经济和社会力量以惊人的速度得以发展。可以说，当前的市场力量和社会力量在一定程度上影响了中国的扶贫形势。

（一）市场经济的壮大

中华人民共和国成立初期，中央政府通过“条块”上的设置建立了能够直接对国营经济、私营经济和供销合作经济实施计划管理的庞大机构和宏观调控系统。在由“条块”控制的计划经济体制下，市场机制受到排斥。因为人民公社化运动使得市场主体被抽离，统购统销政策导致市场与农民失去原有的联系，资本主义工商业改造割裂市场与私营企业原先稳固的经济关系，而市场机制受排斥的背后则是国家力量对资源强有力的配置。

1952 年 7 月 1 日至 1953 年 6 月 30 日内，全国上市粮食达 348 亿斤，国家和供销社收购量占 69.9%，私商收购仅占 30.1%；到 1957 年底，国有经济和集体经济共占社会商品零售总额的 78.4%，国有工业和集体工业产值之和占工业总产值的 72.8%；“一五”期间，在全国预算内基本建设拨款中，中央项目占 79%，而在国家财政收入分配中，70.97% 由中央支配，其余为地方分配；1957—1978 年间，农业总产值中非计划产值仅占 20%，工业总产值中也仅约 32% 为非计划产值。在国家力量强有力的支配下，中央政府成为全部经济活动的主体，上传下达的指令性计划取代市场价值规律和市场调节作用成为企业经营活动的方向牌。因此，中国的经济体制是“高度集中的资源计划配置制度和毫无独立自主权的微观经营机制”，市场力量受制于国家计划力量之下。

中国的计划经济体制是优先发展重工业战略与资源禀赋相矛盾的产物，其在资源相对匮乏的国情下将资本积累率提升到15%并在短期内建立较完整的工业经济体系。从这个角度看，计划经济制度是当时国情下不得已而为之的政策选择。但鉴于原制度存在市场竞争不足，劳动激励缺乏，资源配置效率和劳动生产效率低下等弊端，中国在资本积累和工业体系有较大提升的国情下，开始调整计划和市场在经济发展及资源配置中的关系，着力对经济体制进行根本性的改革。这种根本性改革显见于微观经营机制和资源调配的变化上。

在资源调配上，国家有意弱化自身对各类资源的控制力度，给予地方和个体更大的自主权。首先是国家财政分配上，不管是预算内还是预算外，中央支出的比例都逐渐减少，由改革开放起始的49.79%和36.82%左右降至“九五”计划期间的27.92%和13.96%左右。其次是国家物资统配方面，中央部属企业在1965—1970年间由10533个减至500个，其在工业总产值的比重相应地由42.2%降到8%；国家计委管理的指令性计划工业产品由1956年的360种调至1998年的4种，其占工业总产值的比重也由1957年的60%降至4.1%。最后是在价格影响因素上，市场调节价在商品零售环节、农产品收购环节和生产资料销售环节所占比重在整个“九五”期间都一直居高不下，其比重在2000年分别为95.8%、92.5%和87.4%，而政府定价和政府指导定价在上述三个环节所占比重之和在2000年则低至4.2%、7.5%和12.6%。这都表明国家逐渐让渡出自身对资源的控制权。

与国家弱化自身对资源的控制权相契合，农民和企业的生产经营活动重新“嵌入”市场的价值规律之中，前者以农村地区普遍实行的家庭联产承包责任制为依托，后者则以国有企业改革为主要着力点。与人民公社制度的统购统销政策有所不同的是，家庭联产承包责任制“交够国家，留足集体，剩下都是自己的”这一规定使农民对“剩下”的农产品具有支配权。正是这种支配权重新将农民与市场密切地联系起来，农民再次以议价主体的角色出现在市场之中。而与农村地区的改革一样，国有企业的改革也围绕“权力换效率”这个中心采取一系列措施。其中，简政放权措施鼓励国有企业依据市场需求决定自身的生产计划，利改税政策更是将企业收入与利润相挂钩。在这些政策指导下，国有企业的预算约束逐渐被“硬化”，参与市场的程度也慢慢提高。而国家降低对资源调配力度和微观的生产经营活动重新“嵌入”市场规律的结果便是，供求关系影响销售价格的市场机制超越政府的计划定价机制，个体经济和其他经济类型在社会消费品零售总额中所占比重超过国有经济和集体经济所占比重。

这些都表明中国的经济体制改革在很大程度上改变了市场低度发展的状况。改革后的市场原则不仅能够干预经济行为，还渗透到非经济领域。如卫生领域，政府预算支出和社会支出（公费医疗和劳动保险）由改革前的80%以上降至2002年的41.66%。但市场原则能够干预非经济领域，并不能说明市场力量已摆脱国家力量的控制。相反，市场力量在一定程度上仍受制于国家力量，近些年国家动用大量财力降低贫困发生率就是较好的佐证。所以，市场力量在改革开放之后有所发展，在国家默许的某些领域，市场甚至是重要的调节力量，但这并不表明国家已失去制衡市场的能力。

（二）社会力量的崛起

自古以来，社会就作为扶贫的力量而存在，只是其在历史的不同时期所发挥的作用有所差异。改革开放以前，社会力量一直没有得到政府的正式认可；改革开放后，民间组织虽然被引入中国农村的贫困治理，但当时主要是政策性的话语，具体的实践案例少之又少；直到2006年以后，民间组织才开始大范围进入中国农村贫困治理领域。即便如此，当时民间组织也只是作为一种外部治理力量而存在，并没有上升到中国农村贫困治理理念与模式的层面；而伴随着传统政府治理模式的失灵，以及中国贫困治理问题的深化，民间组织参与中国农村贫困治理才作为一种革新理念逐渐受到人们的关注与追捧。总体来看，改革开放后社会力量的发展主要经历三个阶段。

1. 早期发展阶段。20 世纪 80 年代中国本土的公益扶贫组织就开始建立和国际公益组织的联系，部分国际组织、外国政府以及非政府组织开始同中国政府在贫困治理方面进行广泛合作，并开始进入中国扶贫领域。中国政府也陆续出台相关的法律法规对这些组织的行为进行规范，如 1988 年颁布的《基金会管理办法》，又如 1989 年颁布的《外国商会管理暂行规定》和《社会团体登记管理条例》等。

这一时期进入中国的国际组织、非政府组织主要有三大类。一是联合国开发计划署、人口基金会、粮食计划署和儿童基金会。1986 年至 1990 年，联合国开发计划署向中国提供 1.55 亿美元扶贫贷款，1991 又追加 1.89 亿美元用于贫困地区人力资源开发项目。二是亚洲开发银行、香港乐施会、日本协力银行、世界宣明会和福特基金会等。在中国开展一些扶贫开发项目。三是国际多边和双边组织，诸如德国国际发展署、加拿大国际发展署和澳大利亚援助组织等。它们对中国贫困治理进行援助。

在这些国际扶贫组织或扶贫项目的影响和推动下，中国第一个全国性的民间扶贫团体——中国扶贫基金会在北京正式成立，成为中国本土民间组织参与中国贫困治理的试验田，为其他民间组织参与中国农村贫困治理提供了榜样。在该阶段，民间组织参与中国贫困治理处于早期的发生阶段，相关政策、法律以及制度都处于探索阶段。民间组织参与治理也主要是借鉴国外民间组织参与贫困治理的基本经验，贫困治理中的国内民间组织尚未发展起来。

2. 中期成长阶段。《国家八七扶贫攻坚计划（1994—2000 年）》于 1994 年 4 月正式颁布，计划明确指出“充分发挥中国扶贫基金会和其他各类民间扶贫团体的作用”；1996 年 10 月国务院出台的《关于尽快解决农村贫困人口温饱问题的决定》将“发展和扩大与国际组织的交流与合作”作为扶贫攻坚计划的主要措施之一，并要求充分利用国际社会关注发展中国家贫困治理的有利条件，进一步发展同国际组织的合作，为中国的贫困治理争取更多援助和支持。

在这些政策指导下，该阶段参与中国贫困治理的社会团体、部门和单位不断增加，规模也不断扩大。各类民间组织、民间团体及私营企业开展了希望工程、光彩事业、文化扶贫、幸福工程、春蕾计划、贫困农户自立工程等多类扶贫项目。同时，国际组织进一步拓展在中国的贫困治理领域，如福特基金会、日本协力银行、世界宣明会以及香港乐施会等在中国都开展了诸多贫困治理项目，也都取得了较为理想的成果。根据 1999 年《在中国的国际非政府组织名录》的统计，当时在中国有贫困治理项目的国际组织约有 120 个，每年的项目资金达 1 亿美元。

总的来说，这一阶段是民间组织参与中国农村贫困治理的成长阶段，国内各种基于贫困治理的民间组织逐渐建立起来。同时，国际组织和非政府组织等在中国农村所开展的扶贫工作在中国政府正式的贫困治理文件中也得到提倡和关注，并成为中国扶贫攻坚的重要措施之一。

3. 后期崛起阶段。进入 21 世纪后，中国农村贫困治理进入一个崭新的阶段。同样，社会力量的发展也进入一个全新的发展阶段。2001 年《中国农村扶贫开发纲要（2001—2010 年）》明确指出“要积极创造条件，引导非政府组织参与和执行政府扶贫开发项目”，强调“发挥社会主义的政治优势，积极动员结合组织社会各界，通过各种形式，支持贫困地区的开发建设”。可以说，这是中国政府第一次以制度形式提出引导和鼓励民间组织参与和执行贫困治理项目，并鼓励政府与企业、民间组织合作共同开展贫困治理项目。这标志着民间组织参与中国农村贫困治理进入了新的阶段。

为了响应《中国农村扶贫开发纲要（2001—2010年）》中对民间组织参与扶贫的号召，当时国内参与中国农村贫困治理工作的民间组织在北京联合发表《中国NGO反贫困北京宣言》，首次清晰地向社会表达了民间组织参与贫困治理的社会承诺，并倡导政府支持扶贫NGO的发展。2006年，中国贫困治理资源首次向民间组织公开，民间组织与中国政府合作的村级扶贫规划项目正式在江西启动。经过公开竞投，国际小母牛项目组织、江西省青少年发展基金会、宁夏扶贫与环境改造中心和中国国际民间组织合作促进会等6家民间组织获准参与江西省22个重点贫困村的贫困治理项目。

2011年颁布实施的《中国农村扶贫开发纲要（2011—2020年）》明确提出要“加强规划引导，鼓励民间组织和个人通过多种方式参与扶贫开发”，并“借鉴国际社会减贫理论与实践，开展减贫项目合作”。这些政策进一步为民间组织参与中国农村贫困治理打开了政策大门，由此以公益组织为代表的民间组织成为中国贫困治理事业中规模最大的、最具代表性的一支队伍，参与中国贫困治理的社会力量也进一步发展壮大。

据统计，在1999年至2007年间，中国民间组织以每年30%左右的增幅发展。到2007年末，在各级登记管理机关登记注册的民间组织总数达38.69万家，比1999年增长了171%。公民通过各类民间组织参与公共治理得到深入发展，公民社会不断成长，社会力量在补充政府提供公共服务、倡导公共政策方面发挥了越来越大的作用。而通过扶贫资金投入的增长速度也能看出中国社会力量在不断地发展壮大。“八七扶贫攻坚计划”期间，政府非专职扶贫机构主导的扶贫投入为166.6亿元，民间组织扶贫为167亿元，外资扶贫192.7亿元。三者合在一起总量为526.3亿元，占扶贫总投入的28%。“十五”期间，政府非专职扶贫机构主导的扶贫投入为310.06亿元，民间组织扶贫184.5亿元，外资扶贫116亿元。它们合起来总量为610.56亿元，占扶贫总投入的28.7%。

(三) 扶贫形势的变化

在市场力量和社会力量还是十分微弱的减贫时期，中国的贫困治理以政府为主导、市场和社会的有限参与为主要特征。这种传统的贫困治理格局在政府、市场和社会一方独大的情况下，可能是较好的减贫方式。但在新时期，这种传统的贫困治理格局未必是最好的选择。实践也证明，政府的扶贫工作存在很多难以克服的缺陷，进而造成扶贫效率低下。而市场力量和社会力量在某种程度上可以克服政府在扶贫工作中所存在的缺陷。所以当市场力量和社会力量不断发展壮大后，尤其是二者的发展已经影响到中国贫困治理的进程时，就很有必要改变中国贫困治理的格局以适应扶贫形势的变化。

概而言之，就是当政府在新时期减贫成效下降，而市场力量和社会力量的减贫作用提高之时，就要建立适当的机制使得市场力量和政府力量能够最大限度地参与到中国农村的贫困治理之中，进而最大化地发挥二者的作用。而倡导和构建政府、市场和社会协同推进的大扶贫格局就是对新时期扶贫形势的响应，使市场和社会能在政府的指导下，最大化地发挥其扶贫优势，从总体上加速中国的减贫进程。

三、精准扶贫视角下政府、市场、社会的角色与功能

作为扶贫开发工作的基础理念，精准扶贫在新时期已由贫困治理体系的具体策略上升至国家贫困治理体系的顶层设计。精准扶贫包括扶贫对象精准、项目安排精准、资金使用精准、措施到户精准、因村派人精准和脱贫成效精准六个有机构成部分，试图通过对各地致贫因素的科学判断，增

强政府有效回应贫困地区和贫困群体发展需求的体制机制，进而增强贫困地区和贫困群体的内生发展动力。精准扶贫战略内在地要求改变中国传统的“漫灌式”扶贫策略，以“一村一策、一户一策”的专门化扶贫措施，来对接国家的扶贫资源和贫困群体的发展需求。自贯彻实施精准扶贫理念以来，各省市的扶贫开发工作都取得较好的减贫成绩，有效地改善了当地贫困群体的社会经济面貌。但不少地区的扶贫实践工作仍然未能全面反映精准扶贫理念的核心要义，对精准扶贫的内涵存在部分误解。如在因户施策上，不少地区表面上能够做到以“一户一策”的差异化扶贫措施来应对具体的贫困问题，但未能在理念上将扶贫措施落实到位，存在将贫困治理指标化管理的现象。在科层体制的巨大压力之下，贫困问题指标化管理在很大程度上是基层政府和村两委在工作任务艰巨和扶贫工作人员能力有限之矛盾的行为选择。这种以基层政府的行政思维取代贫困群体的发展需求的工作方式，目标在于以指标式、数字化的脱贫应付上级部门的考核，忽视了精准扶贫的发展理念。为了更好地贯彻实施中央政府精准扶贫思想战略，如期实现脱贫奔小康社会目标，应当在中国扶贫的总体框架引入市场力量和社会力量的前提下，准确定位政府、市场、社会在精准扶贫战略中的角色与功能。

（一）精准扶贫视角下政府的角色与功能

政府主导可以较好地概括政府力量在精准扶贫工作中的角色与地位。中国的精准扶贫工作之所以由政府部门主导，主要有如下三个原因。一是秩序供给本身就是政府的职责所在。为人民服务始终是中国共产党和中国政府的职责所在，中国民众自始至终对政府部门有着较高的期待，人们在日常生活中遇到无法解决的重大事情时均向政府部门求助。这说明中国民众对政府部门本身就有行为预期，而政府部门也始终应该回应民众的需求。二是政府的优势条件决定了政府有能力主导中国的精准扶贫工作。中国政府在政治制度和执政能力上有着其他力量不可替代的优势条件，能够做到其他力量无法做到的事情。这是政府主导的客观原因。三是与政府部门相比，市场力量“嫌贫爱富”和社会力量发育不足均无法主导中国精准扶贫事业。市场力量在公益事业或社会治理中大多遵循市场经济逻辑，在缺乏有效的外部制约条件下，参与扶贫开发工作很可能会成为市场力量掠取贫困群体资源的途径。而对于社会力量，其较强的公益性质和灵活性提高了中国的扶贫效率，但由于其自身发育不足和力量弱小使其难以承担主导角色的重任。从这三个方面看，政府主导成了中国政府在精准扶贫工作中势必要承担的角色。在精准扶贫工作中，政府部门应该通过发挥政治制度和执政能力这两大功能来巩固其主导精准扶贫开发事业的角色。在政治制度上，政府部门除了能够代表多数人的利益外，在政治上具有广泛的合法性也为其制定各种扶贫政策提供了天然的合法性。因此，政府部门可以通过制定扶贫战略和政策，以合理主导中国的精准扶贫工作的发展。在执政能力上，中国政府集中力量办大事的能力是精准扶贫工作由上而下地执行的现实条件。在实践中，政府部门可以发挥调控能力、权威文化、行为连贯和促进经济发展等优势，以保证精准扶贫工作朝着预期的方向发展。此外，精准扶贫工作需要市场力量和政府力量的参与，但它们并不必然会自动参与或者构建政府、市场、社会协同推进的大扶贫格局。所以政府必须鼓励、引导市场和社会参与其中，构建政府、市场、社会协同推进的大扶贫格局。

由上所述，中国政府在中国精准扶贫事业中必然应当充当主导角色，通过其政治优势、体制优势和执政能力等优势来发挥其在政策制定、物资供给等方面的重要功能。

（二）精准扶贫视角下市场的角色与功能

自中国经济体制改革以来，市场力量得到快速的发展。与政府力量依靠行政力量调配资源不同，市场力量根据供需关系决定资源在各个领域的分配。在这种调节机制下，资源往往能够实现最大化的收益。如果在特定条件下将市场力量及其运行机制引入到中国农村扶贫开发工作中，也能够合理挖掘贫困群体自身拥有的资源优势。此外，市场机制的引入还能够培育贫困群体的市场能力，极大地激活贫困群体自主发展的积极性。从这个角度看，市场力量是中国扶贫开发工作的活力源泉，应当在中国减贫事业中充当资源配置角色。

在具体实践中，市场力量参与扶贫开发必须要有外部约束机制防止市场力量产生负面影响。在此前提下，市场力量在扶贫开发中才能够发挥其功能：一是物资和服务供给功能。在市场充分竞争的条件下，市场能够提供物美价廉的资源，由此可以由市场主体为贫困群体提供发展生产所需的相关物资和服务。二是组织功能。市场力量能够将分散生产经营的贫困群体组织起来，协同发展，共同应对外部竞争压力和风险，由此提高组织化程度。三是配置扶贫资源。与物资与服务供给功能不同，扶贫资源的配置功能是指对相关资源的合理配置已达到最大的效益。四是培育市场能力。市场力量本身具有较强的市场竞争能力，在其带动和帮助下，可以提高贫困群体的市场能力。五是扩展扶贫资源。市场主体除了可以通过捐赠、投资和有偿借贷等形式增加扶贫资源外，还能够通过市场机制使扶贫资源增值，进而带来更多的扶贫资源。

（三）精准扶贫视角下社会的角色与功能

社会力量在中国的发育时间虽然比较短，但其拥有与政府、市场不同的特性与优势，因而能够在扶贫开发工作中成为政府和市场力量的补充。中国的社会扶贫力量一般是指企业、社会组织、个体以及部分的政府部门。这些社会扶贫主体在参与扶贫工作时一般不以营利为目的，能够以贫困群体的利益为行动目标。此外，社会扶贫主体的组织规模一般不会很大，在扶贫行动中具有很大灵活性。这些特性和优势使社会力量在扶贫开发工作中成为“政府失灵”和“市场失灵”时的有益补充，可以开展更加精细化的减贫服务。在扶贫实践中，社会力量能够发挥如下的作用与功能。首先，社会力量参与贫困治理能够吸纳更多的社会资源，作为政府财政扶贫资源的有效补充。其次，社会空间的非官僚化体制具有很强的灵活性，能够依据现有条件制定不同的发展措施以回应贫困群体多元化、差异化的发展需求，较好地体现精准施策理念。最后，社会力量还能够与市场力量相结合，带来更好的扶贫效益。市场扶贫机制可能会给贫困群体带来相应的市场风险，这是市场力量难以避免的。但社会扶贫力量在扶贫形势上具有的创新能力和扶贫经验能够为不同扶贫项目具有的市场风险制定相应的防范措施，降低市场风险对贫困群体潜在的威胁。

·第五章·

政府主导：新形势下多元协同大扶贫格局的基础力量

在十八届中央政治局常委会与中外记者的见面会上，习近平总书记满怀热情地回应了中国民众对美好生活的期待。“人民对美好生活的向往，就是我们的奋斗目标。”早在中国古代的诗歌里，西周时期的劳苦民众就借由劳动表达他们对小康生活的热切盼望，《诗经·大雅·民劳》载有：“民亦劳止，汔可小康。惠此中国，以绥四方。”但古代先民在世世代代“日出而作，日入而息”的辛勤劳作后，仍然没有彻底消除“积贫积弱”的现象。与此不同的是，中国民众在现代中国政府的带领下，生活水平实现了实质性的飞跃。党的十五大报告提出“建设小康社会”的历史新任务，十六大报告提出2020年全面建设小康社会宏伟目标。十八大报告明确提出到2020年全面建成小康社会的奋斗目标。这意味着，到2020年我国现行标准下的农村贫困人口全部脱贫致富，现有贫困县全部脱贫摘帽，区域性整体贫困将成为历史。从目前的贫困人口存量以及贫困减缓速度来看，2020年全面建成小康社会尽管不会有太大困难，但脱贫攻坚仍面临着不少困难。为顺利实现全面建成小康社会奋斗目标，中央提出动员全党全社会参与脱贫攻坚战，形成扶贫开发强大合力，坚持党和政府的领导作用，充分发挥政府投入的主体和主导作用。

一、为什么是政府主导

举国欢庆的2017年新春佳节刚过去没多久，人们脸上还洋溢着节日的喜悦。但广西大化瑶族自治县的贫困户覃扬却对着眼前的二百余只“七百弄土鸡”发愁。“可能今年养‘七百弄土鸡’的人太多，供过于求，价格虽比往年便宜，但还是没有多少订单。”覃扬透露，他家 2016 年 8 月份免费领到政府发放的扶贫鸡苗，这也是他第一次养“七百弄土鸡”，总共养了 280 多只。如今，“扶贫鸡”养大了，销路却令人发愁。“每天光是鸡饲料费用就够让人头疼了，因饲料不足，鸡争食打斗，我已有 20 多只鸡因被啄伤致死。”无奈之下，覃扬只能托人将这些“滞销鸡”运输到附近地区低价出售。无独有偶，贵州省剑河县的扶贫部门通过招标采购方式为当地贫困农户发放了 14 万余只鸡苗，希望能够帮助贫困户脱贫致富。可在鸡苗养大待出栏时，也同样遭遇滞销问题。随着这些扶贫鸡的养殖成本逐日上升，心急如焚的贫困户不仅赚不到钱，还面临亏本的风险。

意欲帮助贫困户提高经济收入的“扶贫鸡”，最终却变成贫困农户负担的“滞销鸡”。从表面上看，这似乎是贫困农户在市场经济面前遇到的窘境，但实质上反映出政府部门的产业干预也要遵循市场规律的问题。这不禁让人疑惑，既然政府的扶贫行为在市场经济面前频频失效，尤其是在政府治理结构的弊端下，政府更是难以扭转市场经济“嫌贫爱富”的取向，那为什么中国的扶贫事业由政府主导却是如此理所当然？除此之外，即使政府部门的扶贫行为未受到市场经济的负面冲击，这些扶贫项目的效果也可能在其他因素影响下大打折扣。面对诸如此类的消极案例，从科学、系统的角度回答“中国的扶贫事业由政府主导的原理何在”显得尤为重要。要科学合理地回答“中国的扶贫事业由政府主导的原理何在”这一问题，首先要理解的是中国共产党在历史上是如何获取中国的领导权，以及建立起社会主义制度的制度优势。中国共产党的特质和执政能力是构成政府主导的重要内在因素。另外，我国社会力量与市场力量的不足，则是“政府主导”的重要外在因素。因此，“中国的扶贫事业由政府主导的原理何在”可从中国共产党的宗旨、政治优势、体制优势、国家执政能力和政府以外力量的不足这几个层面进行阐释。

(一) 党的宗旨

邓小平曾说："社会主义的本质，是解放生产力，发展生产力，消灭剥削，消除两极分化，最终达到共同富裕。"这里的"最终"并不是片面地在时间上作一个界定，而是在社会主义社会范畴内不断地解放和发展生产力，消灭剥削和两极分化，最终达到共同富裕这一终极目标。作为社会主义的一项根本性原则，共同富裕既是社会主义的本质要求和体现，也是社会主义发展的最终追求。这一根本原则要求中国共产党和中国政府自始至终都把实现好、发展好最广大人民的根本利益作为一切工作的出发点和落脚点，坚持在国家各项事业的建设中促进人的全面发展，做到发展为了人民、发展依靠人民、发展成果由全体人民共享。

邓小平对"共同富裕"的简要论述，可以看作是对中国共产党执政理念最为贴切的阐释。它表明中国政府所服务的对象为全体人民，指出要将发展的成果惠及最为广泛的群体。为了达到"共同富裕"，邓小平还提出了自己的构想："可以让一部分地区、一部分人先富起来，带动和帮助其他地区、其他人，逐步达到共同富裕。"这个先富带后富、实现共同富裕的战略构想，是邓小平同志在新的历史时期的创新，是共同富裕思想的主要内容，是实现社会主义现代化的大战略。对于如何在新时期把握住时机，邓小平同志又进一步提出了"两个大局"的战略构想：东部沿海地区加快对外开放，使之先发展起来，中西部地区要顾全这个大局；另一个大局则为，当东部沿海地区发展到一定时期——比如在20世纪末全国达到小康水平时，东部沿海地区就要拿出更多力量帮助中西部地区加快发展，东部沿海地区也要服从这个大局。

邓小平的共同富裕论述和"两个大局"战略构想，是对中国共产党"始终代表中国最广大人民的根本利益"的深刻贯彻。而这些战略构想和理念一直延续至今。从中国政府近年出台的一系列发展政策尤其是惠及落后地区的政策中可见一斑。如从 1996 年开始，中国政府就开始号召并组织东部发达地区的省份与中西部落后地区的省（自治区、直辖市）开展对口帮扶协作。2000 年国务院成立西部地区开发领导小组，实施西部大开发战略，将东部沿海地区剩余经济的发展能力，用以提高西部地区的经济和社会发展水平，推动区域均衡发展。党的十八大以来，党中央和国务院将扶贫开发工作提升到治国理政新高度，将更多的发展资源向贫困地区倾斜，促进贫困地区加快发展，帮助农村贫困人口实现稳定脱贫。

中国政府力图让最为广泛的人民群众享受改革开放成果的政策行为不胜枚举。通过政府的这些举措，得到了全国人民的拥护与积极响应。这是中西部地区自愿地服从第一个大局，东部地区积极响应第二个大局的重要原因。人民群众对党和政府的信任，在新时期化为政府领导人民群众进行各项建设的感情基础，为党和政府主导扶贫事业奠定了坚实基础。如果没有这种感情基础存在，中央政府和基层政府的扶贫战略或细则不可能这么顺利地在底层农村社会落地生根。

（二）政治优势

作为政治权力的生命，政治合法性是政府对社会群体进行统治或者对社会问题进行治理的正统性和正当性。这种正统性或正当性不仅来源于上级政府管理层面的科学性和合理性，更来自于底层民众对政府的认可与信任。简言之，就是政府的社会治理行为在多大程度上被公民视为合理或符合道义。当大多数民众认为政府的社会治理具有正当性，政府行为就具有合法性，相应的战略或实施细则就能够较好地由上而下贯彻执行；反之，政府的社会治理行为就不具备正当性，其治理措施就有可能遭到底层民众的集体反抗。

既然政治合法性对于政府的治理行为如此之重要，那中国政府部门是否具备这种政治合法性？毋庸置疑，中国民众对政府部门的治理行为具有高度的认同。而民众的认同不仅源自历史上中国共产党领导民众抵御内忧外患，更来自于中央政府及各级政府部门推进社会主义现代建设取得的巨大成就。

自鸦片战争以来，中国的近代史就成为一部充满灾难、列强侵略的屈辱史。在千千万万国人忍受屈辱的同时，中国的一大批仁人志士奋起反抗，探索救国救民之路。在中国共产党的号召和带领之下，民众纷纷参与到抵御内忧外患的救国图强行动之中。这一时期，中国共产党最大的使命是驱逐列强、平定内乱，给中华民族创造一个和谐稳定的生存环境，即解决“站起来”的问题。五四运动、九一八事变和抗日战争这些历史大事件更使得民众相信中国共产党是代表最广泛人民群众的利益的，于是纷纷拥护党的各项运动。这是战争时期中国共产党的政治合法性来源。

如果说中国共产党带领广大人民实现了“站起来”获得的合法性源自中共领导者的特殊魅力与超凡品质，那么改革开放后的中国共产党获得的合法性则属于法理型合法性，即统治的合法性来自于法律和章程的明文规定。改革开放后，全党将经济建设和治理体系、治理能力提升作为工作重心。作为现代政治要素的制度和法律，在中国持续地经历着由低级到高级的突破性变革之路。具体地讲，国家在政治、经济、文化、社会和生态环境等各方面的治理机制和制度日益完善，法制化的治理理念也成为各级部门和普通民众的价值导向。不仅仅民众有义务履行法律制度的相关规定，国家领导人的重大决策也要经过法定的程序。在这一现代化的制度体系之下，制度执行的手段和工具也愈加现代化，更加透明、公正和有效则成为制度现代化变革的重要目标。中国政府社会治理的法治特点体现在各个领域之中。就扶贫开发而言，也是如此。例如自 20 世纪 90 年代以来，中央政府的扶贫开发工作均制定了相应的规划和纲要。可见，中国政府在贫困治理行动力及获得的合法性上是其他组织机构所不具备的，这也是我国扶贫开发由政府主导的重要原因。

（三）体制优势

中华人民共和国在建立之初选择了以社会主义制度实现中华民族的伟大复兴。以生产资料公有制为基础，中国政府逐步建立了基于生产资料公有制之上的一整套政治、经济、文化和社会制度构成的总体系，形成了社会主义的体制优势。社会主义制度的优势既是中国实现伟大复兴的基石，也是中国政府主导各项减贫事业的关键要素。

中华人民共和国宪法规定："中华人民共和国的国家机构实行民主集中制原则。"这意味着在决定国家重大事情时，坚持党的领导与发扬人民民主同时起作用，而忽视客观规律的个人独断专行和"软弱涣散"现象则被排除在决策过程中。与苏联老式的民主集中式不同，中国民主集中制将决策程序和责任制度化，能够避免老式民主集中制"集中"过多、"民主"较少的弊病。中国的重大决策吸纳了社会各界、各方面的意见建议，是集体智慧的结晶。如在《中国农村扶贫开发纲要（2011—2020年）》的制定中，面向政府各部门和社会各界广泛征求意见和建议，贯彻"从群众中来，到群众中去"的工作作风。在意见征询的过程中，数量众多的智库、基层政府的工作人员、高校的专家学者、各行业的专业人员以及社会民众成为征询意见的对象，确保了决策的科学性和精确性。从这个制度所贯穿的民主性来看，它不仅有利于增强广大人民群众的主人翁意识，还有利于形成正确的方针政策和重大决策。

此外，民主集中制的"集中"能够保证决策过程不受资本力量的干扰。这点可以通过与美国的决策过程相比较来加以说明。在西方，尤其是美国，民众、资本和权力是在决策过程中起到关键作用的三个要素。美国政治选举中，民众以选票的形式掌握政治权力的控制权，而参与政治选举中的高昂成本则为资本左右权力提供了机会空间。民众、资本和政治权力三者中，政治权力最终沦为弱势，实际主导西方各国的是民权和资本。但在中国，民众、资本和权力三者的利益博弈则较为少见，至少在国家层面，政治权力依然掌握着最终的决定权。例如 5 · 12 汶川地震发生后的两个月内，国务院就颁发了《关于做好汶川地震灾后恢复重建工作的指导意见》，对汶川地震的各项工作进行战略部署。事后证明，这一意见的出台不仅较为符合当时的灾情，而且对合理、科学地展开救援工作起到相当大的作用。由此可见，这一最终决策权不仅可以让中国政府能够快速地对那些符合国家长远利益的制度措施做出决定，还能够保证这些决定不受资本干扰，进而真正切合实际情况。

总而言之，中国的民主集中制在保证决策广泛地来源于基层社会的同时，还能够保证决策过程免受资本等强势力量的干扰。这是其一大制度优势，也是中国政府能够主导各项社会事业，尤其是减贫事业的要素之一，更是政府能够在紧要关头以战略或政策形势布局全国资源投向贫困地区的重要原因。

（四）执政能力

中国政府在政治制度上的优势为其开展各项社会建设事业提供了极大的便利，但仅有这些制度上的优势还不足以使得政府能在各项事业中占据主导位置。一个最为明显的例子便是利比亚和埃及面临的“国家失败”。利比亚和埃及先后于 1951 年和 1952 年宣布独立，并逐步完善了国家的治理体系。但由于国内争端不断，利比亚和埃及的执政党无暇顾及政党的执政能力建设，两国在近些年乏于为社会提供必要的国家公共产品——基础设施、基础教育、国防安全等，更无力为人民创造一个人民当家做主、社会进步和经济发展的国度。由此造成国内政治的不稳定。与此相反，中国共产党在取得国家领导权后，执政能力在不断的建设、发展中得到完善。这体现在党中央和国务院的调控能力、权威文化、扶贫行为连贯性、经济持续增长上。

1. 调控能力。作为国家能力重要组成要素之一，调控能力是指一个国家指导该地区社会经济发展的能力[①]。随着科学技术的不断发展，以及市场经济的迅速壮大，国家在社会经济建设中面临的不可控因素利益增加，政府调控能力 重要性日益凸显。在致力于社会经济的发展建设时，中国政府也在致力于加强自身的宏观调控能力。可以说，中国社会经济的腾飞史，也是中国政府的调控能力不断发展壮大的过程。

在中华人民共和国成立以前，中国政府的调控能力还未能显现出来。中华人民共和国成立之后，中国政府通过经济管理架构上的“条”与“块”的建设，快速地提升自身的调控能力。在“块”方面，中国政府组建了中央财经委员会，负责管理外贸事业、海关总署和政府财经部门等24个部门。在“条”方面，除了设立中央财经委员会外，还将全国划分为6大行政管理区，每个行政管理区设立大区财经委员会，大区下的省、市和县三级则再设置政府经济管理机构。

通过“条”和“块”的设置，中国建立了一个强有力、能够直接对国营经济、私营经济和供销合作经济实施计划管理的庞大机构和宏观调控系统[②]。数据显示，1952年7月1日至1953年6月30日内，全国上市粮食达348亿斤，国家和供销社收购量占69.9%，私商收购仅达30.1%[③]；到1957年底，国有经济和集体经济共占社会商品零售总额的78.4%，国有工业和集体工业产值之和占工业总产值的72.8%[④]；1957—1978年间，农业

① 王绍光，胡鞍钢：《中国国家能力报告》，辽宁人民出版社1993年版，第6页。

② 刘国光：《中国十个五年计划研究报告》，人民出版社2006年版，第9页。

③ 薄一波：《若干重大决策与事件的回顾》，中共中央党校出版社1991年版，第257页。

④ 国家统计局：《新中国五十年（1949—1999）》，中国统计出版社1999年版，第548、565页。

总产值中非计划产值仅约20%，工业总产值中也仅约32%为非计划产值①。

尽管中国政府在新世纪交替之际有意识地弱化自身的资源调控能力，给予市场和社会更多空间，但仍然能在有需要的时候调控大量资金资源，具有强大的资源动员能力。例如为了减少中国农村地区的贫困发生率，中国政府在1986年至1993年累计投入了467.2亿元扶贫资金，在1994年至2000年共计投入1242亿元的中央专项扶贫资金，2001年至2010年总共投入2043.8亿元的中央专项扶贫资金，2011年至2015年仅5年时间就投入了1879.8亿元的中央专项扶贫资金②。除了财政资金外，中国政府还号召社会力量加大对中国农村减贫事业的投入，如“八七扶贫攻坚计划”期间，外资投入中国农村减贫事业的资金总额为192.8亿元，社会捐赠达167亿元，社会动员的物质总量为166.6亿元③。从这些数据中，我们可以看出中国政府仍然具有较强的资源动员能力，能在短时间内将社会上的资源大量地向某一领域投入。这也是中国政府能够主导农村减贫事业的较为关键的因素。

2. 权威文化。中国的权威主义文化可溯源至古代中国。自秦汉以来，中国便是一个以中央集权为典型特征的权威主义国家，统治阶级“发号施令”，各项政策由上而下贯彻执行。中华人民共和国成立后，中国政府的领导者权力集中进一步提升。如1943年中央政治局会议通过的《关于中央机构调整及精简的决议》明确规定“会议中所讨论问题，主席有最后决定之权”④。这项规定将生活中的权威主义文化上升为政治行为，并从政治

---

① 向新、苏少之：《1953—1978年中国计划经济体制下的非计划经济因素》，《中国经济史研究》2002年第4期，第13页。

② 周敏慧，陶然：《市场还是政府：评估中国农村减贫政策》，《国际经济评论》2016年第6期，第64~65页。

③ 何道峰：《中国NGO扶贫的历史使命》，《中国扶贫基金会会刊》2001年第9期，第14页。

④ 逄先知：《毛泽东年谱（1893—1949）》，人民出版社1993年版，第431页。

上强化了毛泽东作为领袖的权威形象。这种“权威型人格”作为中国民众社会心理最深层的底蕴，突出地表现在社会成员在心理上普遍对政府部门、单位以及家长、老师和领导的种种认同、服从和依赖上。

这种“权威型人格”结构奠定了中国政府有组织的扶贫开发的社会文化基础，能够在很大程度上减少中国政府在贯彻、实施各项扶贫政策和项目时所遇到的阻力。例如在社会资源的再分配过程中可能遇到的“再分配悖论”。再分配悖论是指这样一种现象：在政府部门定向分配财政资源，或者把财政资源向某一群体倾向分配时，尤其是政府部门将更多财政资金投向贫困地区时，那些未能得到“公平对待”的富裕地区会采取“集体行动”，以反对当前税收政策、抵制政府部门的过多干预和要求提高产品价格等方式，减少政府从其所获取的各项费用，进而减少或反对政府对贫困地区的资金转移。如果是在一个政府权威较弱的国家，被“差别对待”的富裕地区或者群体所采取的抵制行动很可能会让政府的再分配行为面临失败，至少是对政府的政策执行起到很大的干扰作用。但在中国权威主义文化的感染下，发达地区或者富裕群体心甘情愿地接受中国发展的“第二个大局”，这种再分配悖论很少出现。

如果不是依靠中国政府的“权威主义”，而是依靠市场力量或者社会力量，这种“再分配悖论”能否得到有效的解决呢？很显然，市场力量或社会力量是很难阻止这种“再分配悖论”出现的。因为市场的本质是“嫌贫爱富”，以“适者生存”为运行逻辑。在这种逻辑之下，社会资源只会向效率最好的地方流动。而在贫困群体和富裕群体的市场博弈中，贫困群体几乎没有任何市场机会。而社会力量虽然更为强调效率，但中国的社会力量在与政府和市场的利益博弈中，向来都是最弱的一方，很难克服“再分配悖论”。所以，政府所特有的“权威文化”能够有效地克服减贫政策在制定、实施和监督过程中所遇到的一些困难，而这是市场力量和社会力量难以做到的。这也是政府能够主导，而不是市场或社会主导中国农村减贫事业的原因。

3. 扶贫行为连贯性。极强的资源调控能力和权威主义，赋予了政府在政策制定、施行和监督上其他组织机构所没有的优势。进一步地，这使得政府在政策行为上与其他组织机构相区别开来：政府的行为往往更为连贯。市场力量在实施某些惠农政策时，如果缺乏外部力量的有效约束，很可能会偏离原先的政策目标。比如专门面向贫困群体的扶贫信贷资金很难通过商业银行流向贫困群体。而社会力量在参与扶贫开发时，由于其扶贫资源大多数来源于其他主体，一旦无法从外部获取足够的资源，其所能够服务的范围就非常有限，甚至不得不中断扶贫行为。与此相反，政府的扶贫行动具有很强的连贯性，只要某种扶贫方式或行动是有效的，那政府可以凭借较强的资源调配能力和权威主义保证其得以延续。从中国政府扶贫战略连续性、扶贫资金稳定性和扶贫项目一致性中可以看出中国政府扶贫行为的连贯性。

中国政府部门扶贫行为的连贯性首先体现为扶贫战略的连贯性。自1986年成立国务院贫困地区经济开发领导小组（1993年更名为国务院扶贫开发领导小组）以来，中国政府就陆续出台了《国家八七扶贫攻坚计划（1994—2000年）》、《中国农村扶贫开发纲要（2001—2010年）》和《中国农村扶贫开发纲要（2011—2020年）》三个纲领性文件。除总结前一阶段扶贫工作的经验和成就并以此为基础制定未来一段时间的扶贫工作规划外，这三个文件的连贯性还体现为，都是针对中国农村地区的贫困群体。虽然在具体方法上可能有所差异，但这些战略措施的目标导向主要在于消除中国农村的贫困现象。此外，这些文件的连贯性还体现在，即使不同地区在执行条件上大为不同，但上述政策在不同地区都得到了有效的贯彻。

中国政府部门扶贫行动的连贯性还体现在扶贫资金的稳定性上。中国政府在成立专门的扶贫机构之前，就开始有针对性地治理中国农村的贫困问题。在成立贫困地区经济开发领导小组之前，中国政府对贫困地区投入的扶贫资金少之又少。但自从贫困地区经济开发领导小组成立后，尤其是《国家八七扶贫攻坚计划（1994—2000 年）》实施以来，中国政府对贫困地区投入的扶贫资金连年稳定增长。如中国的专项扶贫资金从 1994 年的 114. 50 亿元增至 2000 年的 265. 00 亿元，7 年间增长了一倍多[①]，其中专项扶贫贷款、以工代赈资金和财政发展资金均稳定地增长。又如国家贫困县的扶贫资金也较为稳定，扶贫资金总额从 1997 年的 192. 89 亿元增至 2000 年的 242. 94 亿元，中央三项扶贫资金总额也从 1997 年的 116. 30 亿元增加到 2000 年 186. 53 元[②]。相应地，在中央三项扶贫资金中，国定贫困县所占比例在 7 年间也经历了从 64. 97% 到 70. 39% 的增幅[③]。这些数据都反映了中国政府投入到贫困地区的扶贫资金具有很大的稳定性。

表 5-1　国家"八七扶贫攻坚计划"期间中央专项扶贫资金（单位：亿元）

	专项扶贫贷款	以工代赈资金	财政发展资金	合计
1994 年	45. 50	40. 00	29. 00	114. 50
1995 年	45. 50	40. 00	28. 00	113. 50
1996 年	55. 00	40. 00	16. 00	111. 00
1997 年	85. 00	40. 00	54. 00	179. 00
1998 年	100. 00	50. 00	52. 00	202. 00
1999 年	150. 00	60. 00	47. 00	257. 00
2000 年	150. 00	60. 00	55. 00	265. 00

① 张磊：《中国扶贫开发历程（1949—2005 年）》，中国财政经济出版社 2007 年版，第 77 页。

② 周敏慧，陶然：《市场还是政府：评估中国农村减贫政策》，《国际经济评论》2016 年第 6 期，第 68 页。

③ 周敏慧，陶然：《市场还是政府：评估中国农村减贫政策》，《国际经济评论》2016 年第 6 期，第 68 页。

表 5-2 国家贫困县的扶贫资金（1997—2000）

	国家贫困县的扶贫资金总额（亿元）	国家贫困县的中央三项扶贫资金总额（亿元）	中央三项扶贫资金中国家贫困县所占比例（%）
1997 年	192. 89	116. 30	64. 97%
1998 年	219. 36	133. 81	66. 24%
1999 年	260. 17	187. 66	73. 02
2000 年	242. 94	186. 53	70. 39

最后，中国政府部门扶贫行为的连贯性体现为扶贫项目的一致性。幅员辽阔是中国地理优势之一，从另一个角度看，地理环境上的优势意味着不同地域之间在自然环境、社会文化和经济水平上有所差异。这种地区差异越大，同一政策在全国各地以相同形式和要求贯彻实施的难度就越大。但从扶贫项目的实践来看，中国的扶贫项目在不同地区却能够得到一致贯彻实施。比如中国的易地扶贫搬迁项目。虽然中国的易地扶贫搬迁政策提倡就近安置，但也不乏迁出原居住社区的情况。在面临迁出原居住地的搬迁政策之下，有些地区的贫困群体搬迁意愿强烈，而有些地区的贫困群体即使条件恶劣也要留在原先居住的地区。甘肃正兴村和宁夏海淌村就是两个截然不同的例子。甘肃正兴村地处河西走廊东北部，东西北三面被巴丹吉林和腾格里两大沙漠包围，水资源极度匮乏，生态系统的严重失衡，使得地下水位以每年 1 米的速度下沉。面对脆弱的生态环境，正兴村的村民在搬迁政策出台后，陆陆续续搬迁到其他更适宜居住的地区，愿意留下来的人少之又少。与甘肃正兴村相似，宁夏海淌村位于黄土高原之上，也是极度干旱地区，生态环境堪忧。但与甘肃正兴村不同的是，宁夏海淌村的村民却不愿意离开他们世代生息的地方，搬迁工作面临巨大挑战。最终，在村支书和扶贫干部努力做思想工作的情况下，海淌村一百多户村民搬离原先居住的村落，迁入更适合居住的地区。

从这两个案例可以看到，中国的扶贫项目在具体落实过程中，的确可能会与当地的风土人情、社会经济相冲突。但在中国政府的政策或扶贫项目由上而下一层一层地向下实施过程中，传递到基层政府的不仅仅只是工作任务和扶贫资源，还有中国政府独有的权威主义和工作压力，后者是促使基层工作者完成上级政府工作目标，使政策最大化惠及目标对象的外在动力。换言之，中国政府的内部治理结构能够促使各种扶贫项目在各地得到整齐划一的实施。

4. 经济持续增长。提供公共物品是政府的一项重要的职能。近些年各国政府围绕公共物品的供给能力加强建设政府的执政能力，中国政府也不例外。但在众多影响公共物品供给能力的因素之中，政府的财政收入最为关键。因为政府需要提供的公共物品数量众多，社会范围很广泛，必然会需要更多的资源。在世界历史上，一个国家的财政收入水平与其提供的公共物品数量和质量有着很大关系。而财政收入的多少又与地区的经济发展水平密切相关。所以，地区的经济发展水平对政府公共物品的供给能力有很大的影响。

数据显示，中国经济发展水平在改革开放后得到持续快速的发展。仅从单个年份的数据来看，即使扣除价格因素，2010 年国内生产总值也比上年增加了 10.3%；如若按照可比价格计算的话，2010 年的国内生产总值也比 2000 年增长了 2.7 倍，年均增速达至 10.5%①。与经济发展同步变化的是国家财政实力。2010 年中国财政收入突破了 8 万亿元的大关，达到 83102 亿元，比 2000 年增长了 5.2 倍，年均增速为 20%②。中国财政收入的快速增长，为加大教育、医疗、社保、扶贫等民生领域投入，增强政府

① 国家统计局住户调查办公室：《中国农村贫困监测报告（2011）》，中国统计出版社 2012 年版，第 1 页。

② 国家统计局住户调查办公室：《中国农村贫困监测报告（2011）》，中国统计出版社 2012 年版，第 2 页。

调节收入分配能力提供了强有力的资金保障。

既然经济发展水平能通过财政收入水平来影响政府提供公共物品的能力，那又是什么力量造就了中国经济发展水平的大幅度提升呢？政府在其中所发挥的作用是不能忽视的。2008 年的国际金融危机对世界各地的经济发展造成了巨大的冲击，中国的经济发展速度也有所回落。面对经济危机，中国政府快速出台一系列应对国际金融危机的计划，如实行宽松的货币政策，取消对商业银行信贷规模的约束，以及加强对外贸易等。在中国政府的努力下，中国经济在世界各国中率先实现扭转，2009 年经济增长 9.2%，与世界经济整体下降 0.6%形成鲜明的对比。从应对经济危机的过程中，我们看到了中国政府在经济发展中的巨大作用。中国政府能够带来经济发展水平的提高，这也是政府主导中国减贫事业的重要因素。

（五）外部力量不足

从政治制度和执政能力这两个条件上看，中国政府的确有能力确保社会各项建设事业顺利地进行。但这是否意味着，除了政府这一力量外，就没有其他力量能够主导中国社会各项事业的建设与发展？从中国目前的情况看，政府以外的两大力量——市场力量和社会力量，因其起步较晚和固有缺陷都难以挑起“主导”重任。

中国的市场力量在改革开放后才逐渐崭露头角。1979 年 4 月的中央工作会议上，市场经济作为计划经济的“辅助力量”得以重视。此后，计划经济和市场经济不再作为两个互相对立的存在而出现，而是逐渐被放到一个更为重要的位置：从中共十三大明确“计划和市场内在统一”到中共十四大提出“市场对资源配置的基础性作用”，再从中共十六大“完善社会主义市场经济体制”到中共十八大“市场在资源配置中起决定性作用”。

在这些政策思想的指导下，市场力量不断发展壮大。这从商品价格的形成机制中可见一斑。市场调节价在商品零售环节、农产品收购环节和生产资料销售环节所占比重在整个“九五”期间都一直居高不下，其比重在2000年分别为95.8%、92.5%和87.4%，而政府定价（政府指导定价）在上述三个环节所占比重则低至4.2%、7.5%和12.6%①。虽然市场力量在不断成长，但在产品或服务的生产和销售完全由市场定价机制引导下，市场的弊端逐渐暴露出来。如市场机制的外部性——有些问题或者领域市场机制无法科学反映与合理引导，且这种情况越来越明显，后果便是环境污染、社会不平等和群体冲突等社会问题的出现。如果社会各项建设事业由市场来引导，其行动可能最为有效，但弱势群体的利益却得不到保障。所以市场力量越是强大，就越需要政府这只“有形的手”加以控制。

社会各项事业的建设与发展由市场主导将会招致很大的风险，那社会力量是否能够承担起这一角色？在政府、市场和社会三方力量的博弈中，社会力量历来较为微弱。中华人民共和国成立后，政府的计划经济体制遍布社会的每一细胞组织。宗族势力、民间团体和非政府组织都在政府强有力的控制之下，自由发展的空间少之又少。到了20世纪90年代，国家有意识地弱化自身对社会的控制力度。市场力量迅速崛起，成为社会力量进一步发展的障碍，社会个体、家族关系和社会团体的行为取向无不受到市场原则的影响。社会力量的发展也是举步维艰。到了新千年，在全球“结社革命”的影响下，中国以社会组织为主的社会力量开始崭露头角，但其是否具备社会力量的内在属性一直在争议中。与此相反，参与扶贫领域的社会力量受到政府较强控制却成为学术界一致的看法。比如行业扶贫和专项扶贫几乎完全由政府部门实施，社会扶贫也打上了鲜明的政府烙印。总而言之，在社会力量还不够强大且社会力量固有本质不鲜明的情况下，即使社会力量具有其他力量不可比拟的优势，它也难以主导中国的各项事业，尤其是中国的扶贫开发事业的发展。

---

① 刘国光：《中国十个五年计划研究报告》，人民出版社2006年版，第644页。

二、政府如何主导

胡鞍钢的比较研究表明，从人类发展指数提高幅度、GDP 年均增长率及其相对差异系数这三个指标来看，中国政府在 1978—2008 年间的治理绩效要优于其他国家①。同样，胡鞍钢在 2009 年以国内生产总值增长率、居民消费价格指数上涨率、失业率和财政赤字占国内生产总值比重这 4 个宏观经济指标对 G20 国家进行的国际比较研究中，发现中国应对全球金融危机的成效是最好的，同时大大缩小了与美国国内生产总值的相对差距，从危机前的 4 倍缩减至 2.5 倍左右。这些研究再次佐证了政府主导的客观作用。既然政府在中国的社会经济发展中有着如此重大的作用，那在中国的扶贫开发事业中，政府又应该如何发挥主导作用呢？

"主导"一词有两层含义：引导全局和推动全局发展。因此，"政府如何主导"这一问题可以分解为两个更为细小的问题：一是政府如何引导中国扶贫开发事业的全局，二是政府如何推动中国扶贫开发事业的发展。通过对中国扶贫实践的研究与实地考察，我们认为要在 2020 年实现"农村贫困人口如期脱贫"这一宏伟目标，中国政府就要在如下两个方面发挥其主导作用：一是发挥政策指引作用；二是加强国家能力建设。前者可以通过宏观的扶贫战略和中观的扶贫政策来引导全国各地的扶贫行动，后者可以聚焦于经济发展、政策执行能力和动员能力来强化国家能力，以更强有力的国家能力推动扶贫开发事业的发展。二者相辅相成，有政策而无能力，国家层面的战略、政策和细则可能变成一纸空文；有能力而无政策，政府能力的指向则缥缈不定。由此，政策导向和能力建设是政府主导的两个根本途径。

---

① 胡鞍钢：《从政治制度看中国为什么总会成功》，《红旗文摘》2011 年第 3 期，第 4 页。

（一）政策指引

政策指引是指国家党政机关为了实现自己所代表的阶级、阶层的利益与意志，以明文规定的形式，对经济和社会的发展全局进行引导。具体地讲，政策指引蕴含了国家宏观层面的战略和中观层面的政策两个方面所做的规定。宏观层面的战略泛指对全局的计划和策略，是国家和政党对全局性问题的谋划，在一定历史时期内具有相对稳定性；中观层面的政策是指政府机关以权威形式对预期的奋斗目标、遵循的行动原则、完成的明确任务、实行的工作方式和采取的具体措施所做的规定。二者虽然分属不同的层次，制定和实施的主体不一样，但同时都能够对社会经济的发展起到规制和引导作用。在新形势下，政府部门应该加强这两个层面的指导作用，以便更好地主导中国的扶贫开发事业。

1. 战略规划。中国政府的扶贫济困历史可追溯至中华人民共和国成立初期。当时的中国处于经济发展水平较低、社会存在普遍性贫困这样一个窘境。这一时期，中国政府实施的扶贫战略可以概括为计划经济体制下的平均分配和社会救济。这种严格控制物资分配的扶贫战略是当时国情下的无奈之举，它能够满足大多数贫困群体的基本生存需求，却没能够促进生产力的发展，自然也无法带动更多人脱离贫困陷阱。这一时期的扶贫战略并不是严格意义上的扶贫战略，因为它并不是以减少贫困人口为主要目标，而是为了保证工业建设顺利进行而制定的措施。

中国真正意义上的扶贫战略应该始于1986年由中共中央、国务院联合颁布的《关于帮助贫困地区尽快改变面貌的通知》（简称《通知》）。《通知》明确指出“七五”期间贫困地区的发展目标，即解决大多数贫困地区人民的温饱问题，使贫困地区初步形成依靠自己的力量发展商品经济的能力。在1994年3月，国务院正式颁布实施《国家八七扶贫攻坚计划（1994—2000年）》进一步明确未来的扶贫目标，即集中财力、物力、人力，用7年时间基本解决8000万贫困人口的温饱问题。1996年，中共中央、国务院又联合发布《关于尽快解决农村人口温饱问题的决定》，提出信贷资金扶持微观扶贫产业的思路，进一步完善了扶贫战略。

在这些扶贫战略的指导下，全国上下开始重视扶贫开发工作，越来越多的财政资金被用于中国农村的贫困治理上：分类比较1986年与2000年的扶贫资金投入，2000年扶贫贴息贷款的投入量是1986年的6.52倍，2000年以工代赈资金的投入量是1986年的7.66倍，2000年扶贫发展资金的投入量是1986年的4.70倍①。除了财政资金外，用于扶贫开发的社会资源也极大地增长。在国家“八七扶贫攻坚计划”期间，仅投入扶贫领域的社会捐赠和社会动员资金总和就由1994年的5.46亿元剧增至2000年的61亿元，10年增加了10倍之多②。

扶贫战略对扶贫开发工作的巨大作用，启示着政府在新时期的扶贫开发工作中，要从扶贫战略布局上起主导作用，通过战略手段引导扶贫资源向贫困状况较为严重的地区流动，为全国各地区今后一段时期内的扶贫开发工作提供科学、合理的导向。

2. 政策导向。中观层面的政策是对国家宏观层面战略布局的实施，是对达至预期目标的行动原则、工作方式和具体举措的规定。通过中观政策的制定，宏观战略就可以被分解为不同的模块。如《中国农村扶贫开发纲要（2011—2020年）》提出要在2020年“稳定实现扶贫对象不愁吃、不愁穿”这一总体目标。在具体的政策中，这一总体目标则通过“五个一批”来实现，即发展生产脱贫一批、易地扶贫搬迁脱贫一批、生态补偿脱贫一批、发展教育脱贫一批和社会保障兜底一批。

---

① 何道峰：《中国NGO扶贫的历史使命》，《中国扶贫基金会会刊》2001年第9期，第13页。

② 何道峰：《中国NGO扶贫的历史使命》，《中国扶贫基金会会刊》2001年第9期，第14页。

“五个一批”被提出来之前，中国一些贫困地区也以发展生产、提升教育和生态移民等手段来帮助贫困群体脱贫致富，而且也有政策为此提供部门支持。但一直未成为制度化的手段，政策上的扶持较为缺乏，实践的深度也较为有限。习近平总书记在 2015 年的减贫与发展高层会议上提出“五个一批”后，发展生产脱贫、易地扶贫搬迁脱贫、生态补偿脱贫、发展教育脱贫和社会保障兜底就成为常规化、制度化的扶贫手段，全国大多数省（自治区、直辖市）都制定相关的政策。从全国各地的扶贫实践来看，“五个一批”已经成为各个贫困地区脱贫致富的重要手段。尤其是在发展生产脱贫一批的相关政策指导下，几乎每一个贫困村都在探索切合本地实际情况的产业扶贫路径。

通过这个例子，可以看到中观层面的扶贫政策在指导全国各地扶贫行动上的重大作用。可以针对当前的扶贫政策存在的缺陷，制定相关的中观层面的扶贫政策来更加合理地指导全国各地的扶贫行动。比如在当前的扶贫政策中，由于过于强调政府的主导作用，而对社会力量或者市场力量重视不足。虽然一些扶贫战略或扶贫政策也在积极呼吁市场力量和社会力量参与到扶贫领域，但相关的法律和支持政策却还没有出台。这直接导致了市场力量和社会力量参与不足。所以可以通过制定相关的政策来指引市场和社会参与到中国的贫困治理中。

（二）国家能力建设

一个国家的现代化过程，本身就是不断强化国家能力的过程。因为将现代化过程中的国家意志和国家目标转化为现实，需要动员大量的人力、物力和财力。在迈向现代化的进程中，中国政府动员大量的社会资源，团结社会各方面力量，建立稳定的经济社会秩序，形成全体国民对国家的认同感，维持整个民族团结和国家统一。这显示了中国政府极强的国家能力。但社会转型中的社会、经济、文化和政治的急速变化也给政府带来了极大挑战。尤其是在当前中国贫困治理难度加大的情况下，国家能力遭到种种挑战。为了强化中国政府在扶贫开发中的主导地位，有必要进一步加强国家的能力建设，尤其是经济建设能力、政策执行能力和资源动员能力。

1. 经济建设能力。改革开放后的中国在经济建设上取得了惊人的成绩。2007 年中国超越德国成为仅次于美国和日本的世界第三大经济体，2010 年中国超越日本成为世界第二大经济体。在国家经济建设取得巨大进步时，也出现了一些亟待改进的问题，如经济增长方式粗放、产业结构不合理和社会差距加大等。这些缺陷在某种程度上会阻碍经济发展水平进一步提升，也会影响到其他社会问题的解决。

产业结构不合理影响着中国农村贫困人口的非农就业。产业结构不合理突出地表现为中国三次产业的比例不协调。按照国内生产总值的产业结构来看，2002 年的国内生产总值中，三次产业的比重分别为 14.53%、51.74%和 33.73%[①]。与产业的 GDP 贡献值不成比例的是产业的就业人数。2002 年三次产业的就业人数占总人口数的比重分别为 50.0%、21.4%和 28.6%[②]。就业人数最多的第一产业创造的国内生产总值最少，就业人数最少的第二产业却创造了将近一半的国内生产总值。此外，与发达国家相比，中国第三产业创造的国内生产总值比例过低，第三产业的发展有所滞后。一般来说，在三次产业中，服务业吸收就业能力要强于一次产业和二次产业。第三产业发展滞后，影响着服务业吸收农村剩余劳动力的能力，使得大量农村贫困人口无法通过非农就业提高收入水平。

粗放型经济增长方式制约扶贫资源的投入。与集约型经济增长方式相比，同样的经济增长，粗放式经济增长方式要投入更多的生产要素。换言

① 根据国家统计局发布的《中华人民共和国 2002 年国民经济和社会发展统计公报》数据整理而得。

② 根据国家统计局发布的 2002 年年度数据整理而得。

之，粗放式经济增长方式的生产成本要比集约型经济增长方式要多。中国目前属于由粗放式经济增长方式向集约型经济增长方式转变过程中，经济增长方式仍然是以粗放式为主，通过转变经济增长方式提升经济总量的潜力未得到充分挖掘。此外，中国人口基数大，尽管中国已跃升世界第二大经济体，但人均 GDP 占有量依然十分少。如 2015 年中国国内生产总值为 68.91 万亿元，在世界上排名第二。但从人均国内生产总值来看，中国却以 49992 元位列世界第 22 名。换言之，中国国内生产总值很高，但人均资源占有量却很少。这就导致可用于扶贫领域的资源也不是很丰富。

从上述两个角度看，中国在经济建设方面仍然大有作为。所以在新时期，中国政府可以从转变经济发展方式和调整产业结构等途径加快经济发展的速度，提升经济发展的质量。通过经济建设来提升国内生成总值，进而带来扶贫资源的增加。这对政府主导的扶贫开发事业来说，尤其重要。

2. 政策执行能力。文本形态的公共政策转化为现实状态的政策目标的过程并不是简单的资源传递过程。因为在资源传递过程中，往往牵涉到不同的行为主体。不同行为主体之间的利益关系、管理系统内部结构以及外部环境的制约促使政策执行成为极其复杂的社会实践活动。在面对这些内部结构的复杂性和外部环境的复杂性时，公共政策的准确执行难而又难。公共政策在资源由上向下输送过程中失效、走样已经成为学术界的共识。

学术界关于政策执行偏差的研究结果众多，对导致政策实行偏差的原因分析可划分为四类：行为主体利益分殊、政策本身缺陷、体制内在张力和执行人员素质低。这四类导致政策执行偏差的原因也存在中国扶贫政策的执行过程中。如在贫困户的精准识别过程中中央政府、基层政府和村两委工作人员的利益差异是导致识别失败的根本因素；如底层执行人员的工作能力欠佳，扶贫工作难以在规定时间内完成，“选择性”执行的压力环境便产生了；又如产业扶贫政策要求市场精英参与其中，这为“精英俘获”提供政策内机会。政策执行偏差现象频频见于扶贫领域，这无疑会动摇政府主导的地位。

以政府为主导的扶贫开发事业，却因内外部因素出现种种偏差，这暗示着政府部门的政策执行能力还有待改善。一是政策制定部门要科学合理地制定相关扶贫政策，充分考虑并在政策内规避政策执行所可能带来的任何非预期效果，使扶贫政策更符合实际情况。二是提升执行扶贫政策的工作人员的素质，这包括思想政治素质和业务能力。三是强化上级政府部门对下级政府的监督控制，提高政策执行的偏差成本。

3. 资源动员能力。稀缺扶贫资源与数量众多的脱贫人口是中国扶贫开发事业面临的主要矛盾之一。近年来，中国用于扶贫开发的财政资金逐渐增加，但随着扶贫难度变大，单位资源的扶贫成效降低，仅仅依靠政府的财政投入依旧很难解决中国的贫困问题。即使中国政府有足够的财政资金用于扶贫领域，但鉴于中国政府治理结构的弊端，单凭政府一已之力也很难有效地缓解贫困问题。而外部扶贫资金的投入可以缓解政府扶贫资金不足，同时市场力量、社会力量的扶贫成效也要优于政府部门。这客观上促进政府部门将市场力量和社会力量容纳到扶贫体系之中。但从目前情况看，市场力量和社会力量还未得到充分挖掘。

市场力量参与不足体现为产业扶贫中市场主体参与不足。产业扶贫是市场力量参与贫困治理的重要领域。大多数贫困农户依靠合作社或企业参与到市场竞争中。在常见的产业扶贫模式中——“农户+企业”、“农户+合作社”、“农户+企业/合作社+基地”和“农户+企业+合作社+基地”，虽然组合模式互不相同，但本质都是市场能力较弱的贫困农户试图通过合作社形成抱团发展，或者贫困农户依托于市场竞争能力强的企业参与到市场竞争中。这几种模式能够成功的前提在于贫困农户依托的合作社或企业本身就有足够强的市场竞争能力。而现实中参与产业扶贫的合作社或者企业在市场上竞争能力不强，在提升农户的市场竞争能力上非常有限。市场竞争能力较强、有能力提升农户市场竞争力的企业或合作社参与农村贫困治理也有限。

社会力量参与不足以社会组织为典型。中国社会组织发展历史较短，在内部治理架构上也还有很大的提升空间。由于拥有政府和市场所没有的优势条件，社会组织社会治理的成效要好一些。然而，实践中的社会组织也受到种种内外部条件的限制。首先是来自政府部门的种种限制。如登记注册手续繁多，业务受到当地民政部门和上级业务单位监督管理等。此外，规范社会组织运作的法律不够完善，社会组织的扶贫行动受到政策和法律限制。其次是受到扶贫资源的限制。参与小额贴息贷款的社会组织，在自身资源匮乏的情况下，要么通过各种途径寻求社会无偿捐赠，要么向商业机构申请贷款。前者导致社会组织在行动中受到捐赠方的约束，后者会增加社会组织的运行成本，这都不利于发挥社会组织扶贫行动灵活、成本低和高效率等优势作用，这些限制都可能会阻碍社会组织参与到贫困治理中。

基于市场和社会在扶贫领域的独特优势，政府应该尽可能地动员市场和社会力量参与到扶贫开发事业中，最大限度地发挥市场和社会力量的扶贫成效。市场和社会力量在扶贫领域发挥的作用增强，并不必然影响政府的主导地位。相反，动员市场力量、社会力量参与到扶贫开发中彰显了政府部门建设社会经济和团结社会各种力量的能力，有利于巩固政府在扶贫开发事业中的主导地位。

三、政府主导面临的挑战及其对策

扶贫开发，作为党和政府全面建成小康社会，促进社会和谐发展的社会政策，已经成为国家发展战略的核心构成要素。实施开发式扶贫战略以来，中国农村反贫困事业取得瞩目成就，贫困人口持续大规模减少。但贫困问题极其复杂，它不仅需要提高经济发展水平，还要在社会文化、发展权利和生态环境等方面摆脱贫困。贫困问题的复杂性导致以政府为主导的贫困综合治理在实践中新旧矛盾层出不穷。在这些问题之中，既有政府内部治理结构导致的问题，也有贫困群体自身发展不足导致的问题。

（一）治理结构带来的挑战

从运行机制上看，政府组织实质上是一个“委托-代理”的科层制组织。与企业组织一样，政府组织同样无法离开科学合理的治理结构而发挥作用。一般而言，政府治理结构是指层级结构体系及其相互关系。中国政府组织的层级结构体系具有明显的“金字塔式”色彩，即由中央政府、省级政府、市级政府、县级政府和乡镇政府这五个政府层级制体系构成。在相互关系上，各级政府不仅表现为上下级之间的隶属关系，还表现为同级政府之间的对等关系。由此而来的便是，特定层级政府的职能部门既受到当地政府部门的管理，也受到上级政府职能部门的管理。这种层级架构及其相互关系，为政府部门之间的竞争、博弈提供了组织条件，增加了治理成本和难度。政府主导的扶贫开发工作也在这种层级结构之下运作，自然而然地也存在由政府治理结构张力引发的治理难题。

1. 信息失真。信息对政策制定的重要性不言而喻。从理想的角度看，政策制定者应该对政策所涉及的目标对象尽可能地了解。但中国区域广袤，人口众多，与此相关的信息和数据不计其数，政府部门难以全面掌握底层社会具体的信息。为了制定更有针对性的扶贫政策，在精准扶贫中，政府试图通过建档立卡工作来最大化地获取地方社会的信息，以“减贫大数据”来合理引导扶贫资源在基层社会的配置，但效果并不十分显著。

中央政府以数字技术方式来收集地方社会的具体信息，即要求驻村干部与数字同时下乡，实现数字在地化、系统化和逻辑化。在底层社会的数字生产过程中，涉及四个行为主体：一是作为发包者的国务院扶贫办或省扶贫办，他们希望所生成的数据既丰富又科学可靠；二是作为转包者的县扶贫办将数据生成的具体任务向下分配，所关注的焦点为所生成的数据是否符合工作要求与考核标准；三是作为承包者的驻村干部，他们将承担数据生成的具体工作，并对上负责；四是作为知情者的村干部，他们比驻村干部还有了解底层社会的具体信息，但对是否分享真实的数据则有自身的考虑。

驻村干部生成数据的方式多以“统计加估计”为主。驻村干部在统计贫困户的收支情况时，一般先将有账可查的数据如人口数量、土地数量、养老金、低保金和生态林补贴等，如实查找并填写。而无账可查的数据如工资性收入、农业生产收入、农业生产支出等，则按照一定的逻辑进行推算和估计，以便满足数据考核的逻辑性。

在这个具体生成数据的过程中，驻村干部会向村干部请求帮助。如某驻村干部所言：“统计年终村集体收入时，我打电话问村支部如何填报。村支部在电话里告诉我，村集体收入每年都是固定的，10 万元一年。刚挂电话不久，村支书却打电话过来嘱咐我先报 7 万元，明年再报 8 万元。他这样做，一方面是为了每年有一个递增的过程，另一方面是为了不让国家觉得自己村子太有钱。”从这可以看出，作为村庄外来者的驻村干部仍然没能打破村干部对信息的垄断，他们在当地的工作需要借助村干部的个人权威、私人关系和地方性知识来进行。但村干部在提供帮助时，倾向于站在自身立场以及利益方面来决定为驻村干部提供什么样的数字。

当驻村干部将其收集的数据上交到县扶贫办的时候，县扶贫办所聚焦的点首先在于数据的逻辑性。如某县扶贫干部所言：“你们村的数据不太合理，都已经 2014 年了，可你们村 90 户贫困户中只有 8 户符合总考核验收标准，比例太低，明年突然一下子都达标了，这样说不过去嘛。”县扶贫办在整个数据生成过程中承担的角色为转包者，即接受上级政府部门传递下来的任务，再向下一级政府部门传递，起着对上负责、对下监督的作用。但如果驻村干部所提交的数据符合上级部门考核指标的话，县扶贫办则不会太在意数据的真实性。

中央政府为了能够最大化地掌握底层社会的真实信息，试图通过数字治理等手段自上而下地收集数据。但由于数据生成过程所涉及的行为主体较多，且每一行为主体都有着基于自身立场的考虑。这中间，只要有一个行为主体的立场与中央政府的立场不一致，那数字治理的目标就难以达成，数字失真的现象就难以杜绝。

2. 利益博弈。信息不对称问题最早被信息经济学家用来形容市场交易中行为主体之间在信息占有量上的不对等，后被用于说明企业管理中股东与经理之间的“委托-代理”关系。其本质在于，信息比较充足一方在与对方交易或竞争中处于优势地位，信息比较贫乏一方在与对方交易或竞争中则处于相对劣势地位。在中国层级式减贫治理结构中，由于上下级政府之间存在“委托-代理”关系，所以上级政府与基层政府之间在某种程度上也存在信息不对称问题，这极大地降低了中国扶贫政策的扶贫成效。

在国家的数字治理中，即使驻村扶贫干部收集的具体数据能够真实地反映农村的地方性信息，但这些地方性信息到了县级扶贫办后，县级扶贫办并不会将最原始的数据往上级政府部门传递，而是按照一定格式进行加工、汇总后才传递到上级政府部门。所以在自上而下的贫困治理体系中，与贫困群体和扶贫资源相关的数据在层级传递过程中被人为地删减、加工或重组，最终传递到省扶贫办或国务院扶贫办的数据已经失去具体性。这就造成了基层政府，尤其是村两委掌握着更多的信息。

而扶贫资源在各地分配不均匀，是基层政府运用信息优势与中央政府或省级扶贫办进行博弈，以争取更多扶贫资源的动力。中国扶贫资源在各地区分配不均匀首先表现为政府对不同地区实行不同贫困标准。以 1985 年为例：一般地区的贫困标准为人均年收入 150 元，革命老区和少数民族地区的贫困标准为人均年收入 200 元，而一些特殊的革命老区或少数民族聚居区的贫困标准为人均年收入 300 元。此外，扶贫资源配置不均衡还体现为扶贫资金跟着扶贫项目走。毋庸置疑，项目制可以让扶贫资金投向事先规定的领域。但扶贫项目的发放有着较为严格的规定，而且数量有限的扶贫项目并不是所有地区都有能力和条件实施的。这就会导致扶贫项目过于集中于某一地区，而其他地区却没有项目落地。

扶贫资源的不均衡配置为地区间争取扶贫资源预留了互相博弈的空间。一个较为常见的现象是，地方政府为了能够继续获取扶贫资源或者希望在扶贫标准调整过程中得到更多扶贫资源的覆盖，政治游说和信息控制是屡见不鲜的策略。比如地方政府在向上级政府上报地方的相关数据时，往往上报既能够反映当地扶贫成效，又可以说明当地贫困状况的数据。这种能在“扶贫绩效”与“贫困状况”之间实现平衡的数据，巧妙地利用了上级政府的信息劣势。

3. 信息不对称。中国政府部门的治理结构由上而下分别为：中央政府、省级政府、市级政府、县级政府和乡镇政府。中国扶贫开发事业实行的是“中央统筹、省（自治区、直辖市）负总责、市县抓落实”的三级工作机制。在实际的扶贫工作中，县以下的乡镇政府虽然机构较弱，权限不大，名义上是配合县及其以上部门开展扶贫工作，但其与底层社会的关系更为密切。可见，中国扶贫工作的实施涉及四个层级的政府部门。从政策制定到政策落地的过程中，如果涉及的层级距离过长，就容易导致政策目标在传递过程中出现信息变形，进而导致政策过程在一系列的层级上出现差错。

美国的日托服务就是典型的案例。在美国的治理结构中，主要有联邦、州和地方政府三个层级。美国 1972 年实施的《社会保障修正案》第 20 条规定，贫穷的工薪族妈妈有权得到政府提供的日托服务。这些服务由华盛顿的社会保障管理局资助，具体任务的执行则由州和地方政府负责。在资金的传递上，社会保障管理局向地方政府提供对这一项目的资助，但必须经由州政府转给地方政府。地方政府拿到社会保障管理局的资助资金后，并不直接提供日托服务，而是与私营部门签订合同，让他们提供日托服务。这样一来，地方政府的监控服务标准和合同就因各州而异，加上党派政治的因素，当地方政府与联邦政府分属不同的党派时，往往又产生不同的政策重点，导致执行一些与联邦政府期望不同的项目。

由于政府治理结构的层级问题导致政策执行出现偏差的案例在中国扶贫开发实践中也存在。实际上，政策执行失真性问题反映的是条条分割的问题。条条分割根源于层级利益的非一致性：高层政策制定者追求的是整体利益，地方政策执行者则代表的是区域局部乃至个人的利益。政策制定者与执行者在政策上存在利益的差别，有可能在政策的制定与执行之间形成一个过滤机制。下级执行者对上级政策的态度往往以自身的利益作为参量，得益愈多，愈乐于执行；受损愈多，则不乐于执行，乃至抵制、变换，表现出观望、等待、敷衍等态度。由于上下级之间的层级关系，这一过滤机制一般不允许发生作用，特别是指示类政策的执行。当指示性通知发出以后，下级机关必须严格贯彻执行，不允许抵抗、拖延或打折扣，否则就要受到相应的惩处。但区域政策执行者可通过对政策文本的解读，从中寻找到一些较弹性的部分进行灵活的解读，为政策的变动和修订提供可资利用的机会，以尽可能地维护局部区域乃至个人的自身利益。

4. 政策不当。政策本身所蕴含的意义相当丰富，它不仅规定了政策所要指向的对象及其所要达到的政策目标，还规定了达到该目标对象的技术手段。从理论上看，如果执行政策的外部环境条件能够得到满足，如政策执行者态度积极、政策对象配合和政策资源充足等，那么，政策所规定的技术手段就很容易达到政策目标。这种理想的政策需要政策制定者掌握丰富、详细的信息资源，能对涉及的政策进行全面分析。遗憾的是，无论是中央政府，还是基层政府，在收集全国性或者区域性信息时，都会遇到信息失真问题。如果政策制定者所依据的信息不真实，那所制定出来的政策很可能就不符合实际情况，就会造成政策不当。

一般来说，政策不当会有两种情况：一是政策规定的技术手段难以实现政策目标，或者实现政策目标所需要的外部条件没蕴含在政策之内；二是政策预期达到的效果不是当地社会所需要的。这两种情况在中国扶贫开发的工作实践中都存在。

产业扶贫往往容易出现第一种政策不当情形。作为扶贫开发的重要方式，产业扶贫一直都是各省关注的重点。产业带动贫困农户发展的前提是该产业具备一定市场效益，而市场效益往往来自于规模效益。换言之，产业需要有一定规模才能够长期、稳定地带动贫困户发展。显然，产业规模化发展并不是贫困群体以一己之力就能够实现的，即使有政府的参与也很难做到一蹴而就。反之，能够带动产业规模化发展的往往是产业扶贫政策没有包含在内的市场精英——他们既不是产业扶贫政策的受惠主体，也不是产业扶贫政策的实施主体。贫困群体在市场竞争中的天然不足，以及产业扶贫政策具有的部分公共性——政府针对产业扶贫的部分支持政策，如基础设施建设和信息服务的提供，并没有很强的排他性——为市场精英参与产业扶贫制造了机会空间。市场精英参与到产业扶贫中并没有错，政府的相关政策措施也开始引导市场力量参与中国的扶贫开发事业，但问题的关键是，在允许市场精英进入扶贫开发事业的时候，有没有从政策角度杜绝市场精英将扶贫资源占为己有。从目前农村地区普遍存在的“精英俘获”现象可以看出，政策上的规定难以有效遏制这种现象的出现。这也就是说，如果没有市场精英参与其中，中国的产业扶贫政策就很难带动贫困户的发展；但如果让市场精英参与产业扶贫，市场精英可能引起的非预期效果在产业扶贫政策中却没有体现。

5. 压力型体制。在 2015 年底召开的中央扶贫工作会议上，习近平总书记提出要在 2020 年实现现行标准下的贫困人口全部脱贫致富。为了如期实现这一宏伟目标，中央与贫困问题较为严重的 22 个省（自治区、直辖市）签订了扶贫攻坚“军令状”。随后不久，中共中央办公厅、国务院办公厅联合印发了《省级党委和政府扶贫开发工作成效考核办法》，形成了"省级总结—第三方评估—数据汇总—综合评价"考核步骤。扶贫"军令状"的签订和扶贫工作考核办法的出台，实际上是对省级及其以下的政府部门施加压力，不仅能够激发地方政府扶贫工作的积极性，还能够减少扶贫资金被挪用、贪污和截留等情况的出现。但这种施加压力的方式也会造成与政策预期相反的后果，影响扶贫成效。

鄂东大别山区的贫困县就是一个典型的案例。该贫困县有两个相邻的村庄，一个是典型的贫困村，一个是新农村建设示范村。在近10年里，两个村所获得的各种项目或资源在数量上相差巨大：贫困村10年间获得项目或资源不足200万元，而示范村却获得2000万元的项目或资源。项目资金获取数量上的巨大差异，除了与村庄自身情况相关外，扶贫工作的考核机制也是一个重要的原因。在各类扶贫项目的验收和考核中，考核工作繁重，上级政府部门不可能面面俱到，只能选取一些项目进行考核。在面对巨大的扶贫工作量和考核压力之下，基层政府会把资金投入某一个项目，集中进行建设和报账，以便完成上级的考核工作。这种"以点代面"的扶贫工作显然是不可取的，对其他贫困村来说是极为不公平的，但却是基层政府在面对巨大考核压力之下选择项目的逻辑。

压力型体制不仅会让基层政府把扶贫项目或资源集中用来建设某一个示范点，还会造成基层工作人员在具体的扶贫工作中"变通"执行、"选择性"执行。如有研究者在红村的个案研究中发现，驻村工作组有区别地对待扶贫开发整村推进工作考核指标。对于硬指标，驻村工作组实打实干地完成。如200万元扶贫资金任务。为了达到两年内扶贫资金200万元以上的目标，驻村工作组费尽心思，通过私人关系从教育厅、交通厅等相关单位争取项目资金，还以写材料、打报告的形式向各个处室争取物资帮助①。通过多方“协调”与“争取”，驻村工作组最终超额完成了既定的工作目标。而对于软指标，驻村工作组采取了有选择性执行的态度。比如对农户进行技术培训。按照规定，驻村工作组需要组织一定次数的农户培训，可实际上培训的次数根本没有达标。为了应付检查，驻村工作组充分运用了汇报的“艺术”，还对养殖大户进行各种形式的包装，以便应付不同形式与要求的检查。

（二）应对治理结构缺陷的策略

学术界关于中国政府治理结构的研究表明，中华人民共和国成立初期所取得的工业建设成就，以及改革开放后的经济迅速发展，均深深得益于中国政府组织的管理架构。如上文提及的胡鞍钢所进行的国际比较研究，不管是与国际上100个国家比较，抑或是与20国集团的成员国相比较，中国的治理绩效都要优于别国。随着经济社会进一步向前发展，中国政府治理结构所潜藏的弊端逐渐暴露出来。如在压力型体制下，一些社会政策往往产生出政府部门非预期的效果，严重影响了这些社会政策的实施成效。但政府治理结构存在的不足之处，并不能否定其带来的巨大社会经济进步。也正是因为这样，我们才有必要寻求科学的方法避免政府治理结构的弊端再次出现，以完善中国政府的治理结构。

在政府内部治理结构所引发的一系列治理难题中，不管是信息不对称，还是政府部门之间的利益博弈，抑或是压力型体制导致的执行偏差，都只是政策执行中的非预期效果，并不是政策所试图达到的效果。不同层级的政府部门，以及依托于底层社区的村两委都希望扶贫政策能够如期地

---

① 何绍辉：《目标管理责任制：运作及其特征——对红村扶贫开发的个案研究》，《中国农业大学学报》2010年第4期，第173~182页。

执行并最大化地惠及民众。由于中国“金字塔式”组织架构以及不同层级间的互动关系使得政策执行过程复杂化，进而导致出现政策执行的非预期效果。所以要解决这一系列的治理难题，就要从政府的治理结构入手。

从政府治理结构上看，实现政策目标较为关键的因素有两个：一是处于层级结构中的政府部门利益一致，二是各层级部门都具备实现政策目标的资源条件。如果政策执行中涉及的政府部门之间的利益不一致，自然会引发不同政府部门基于自身信息优势进行博弈。这种博弈即使并不必然造成政策执行偏差，也会增加政策的执行成本。如果政府部门缺少执行政策所必需的资源条件，或者政策所规定的资源条件足以实现政策目标，但在资源由上而下传递过程中被层层缩减，即使基层执行者有着强大的行动力，政策也难以达到预先目标。而在现实的扶贫政策实践中，这两种情况都存在。在实地调查中，经常听到县扶贫办工作人员抱怨人手不够，扶贫资金不足。扶贫工作繁杂，工作人员却不够，就会导致扶贫工作被选择性或应付性地执行；而扶贫资金不足不仅导致不同政府部门之间互相博弈以争取项目资金，还会导致需要大量资金作为支撑的项目难以落地。所以政府需要合理地配置各种扶贫资源，以满足不同地区、不同层级的扶贫部门的实际需求。

当前中国不同政府部门之间的关系并不是铁板一块，而是呈现利益分化、条块分割的局面。当面对同一个扶贫政策或扶贫项目时，不同政府部门会形成基于自身利益的不同考量。如在贫困户的精准识别工作中，基层政府会聚焦于怎样的识别结果有利于争取更多上级的支持政策和扶贫资金，如何通过精准识别最大化地利用上级扶贫政策和扶贫资源则是其基本的行为逻辑；村两委的关注点是如何能够简单快速地完成工作，所以用最少时间完成工作则是村两委的行为逻辑。不同层级行为主体的利益分殊是导致贫困户识别偏差的根本原因。所以尽可能通过政策手段协调不同行为主体的利益，使他们的行为逻辑基本一致，能够有效地缓解政府治理结构带来的弊端。

（三）外部环境带来的挑战

政府在参与贫困治理过程中，既得益于自身的治理结构，也受阻于这种层级式的治理结构。政府主导的扶贫开发工作除了受到治理结构的限制而遇到种种难题外，贫困治理的外部环境也给政府的扶贫开发工作带来了极大的挑战。贫困治理的外部环境是相对于政府的治理结构来说的，是指政府治理结构以外的环境条件，包括穷人主体性、扶贫效率、收入差距等。

1. 穷人主体性缺失。自改革开放以来，中国农村的贫困治理沿着扶贫开发和社会救助两条路径展开。在《国家八七扶贫攻坚计划（1994—2000年）》时期，中国政府强调培养贫困群体自力更生能力，但也存在“输血式”扶贫方式。“输血式”扶贫能够在一定程度上缓解贫困群体的贫困状况，但却促使其养成“等靠要”等懒惰、不作为的思想。在声势浩大的扶贫行动中，贫困群体的声音被淹没在政府、市场和社会的号召之下。贫困者在我们的印象中，无外乎是被救助者和受益者。因此，我们在日常生活中所看到的贫困群体是我们所预期的穷人：贫困、非理性、疾病、无能等。穷人的生活世界、穷人的所思所想以及穷人真正需要的帮助都被我们的“预期”忽略掉。于是，贫困群体在发展过程中的自主决定权、主体性逐渐消失。

以政府为主导的扶贫开发工作实际上是一种制度化、组织化和自上而下的资源传递过程。扶贫资源逐层传递过程涉及一系列群体的相互关系。抛开扶贫资源从中央政府到贫困社区这一冗长链条不说，单就扶贫资源在贫困社会内部的传递来看，贫困群体与社区工作人员的关系，尤其是贫困群体的自主性，在很大程度上影响着扶贫资源的治理成效。一个最为简单的例子便是，基层政府为贫困群体设置了一套切实可行的减贫策略，但是贫困群体拒绝参与其中，那这些扶贫策略再科学也起不到减贫的效果，所以贫困群体的主体性与其他要素一样重要。可惜的是，贫困群体的自主性在历史上没有得到足够的重视。

随着“参与式发展”理论援引到中国研究中，学术界开始重视贫困群体的参与权问题。中国政府也开始在政策上强调培养贫困群体自主性的重要。但长期处于自主性缺乏状态的贫困群体却难以回应政策制定者的期望。这方面最典型的案例就是扶贫贴息小额贷款。在意识到贫困群体之所以贫困很大程度是缺乏发展资金后，中国政府开始在全国各地推广专门面向贫困群体的贴息贷款。政府的初衷很好，申请贴息贷款的贫困农户也逐渐增多。但令人惋惜的是，贫困农户很少将拿到手的贷款用于发展生产，大多数是用于生活性消费。更为严重的是，贴息贷款的还款率逐年下降。这极大地影响了中国扶贫项目和资金的减贫效果。所以贫困群体自主性缺失也是中国政府在贫困治理中遇到的难点之一。

2. 扶贫效率降低。改革开放以来，中国的贫困人口和贫困发生率均大幅度降低。但成功脱贫致富的群体，要么是市场力量的“涓滴效应”能够惠及的地方，要么是借助国家的扶贫开发战略发展起来的群体。他们都有一个共同的特点，就是距离经济中心地带比较近，具备一定的发展能力。换言之，在政府和市场的双重力量之下，没有脱贫致富的群体往往居住在“老少边穷”等偏远落后地区，他们的发展能力是整个社会中最差的。剩余的贫困群体远离经济中心且发展能力最差，意味着中国的贫困治理日益困难。在强调“滴水漫灌”和“造血式”扶贫的前提下，真正使贫困群体具备自我发展能力更是一项艰巨的事业。在这种情况下，扶贫的单位成本必然会上升。比如基础设施建设方面，在平原地区每平方千米的高速公路的造价为 3000 万元左右，但在偏远山区每平方千米高速公路的造价则高达 4000 万元左右。

与扶贫的单位成本变大不成比例变化的是扶贫成效。因为居住在偏远山区的贫困群体，尤其是少数民族，他们的思想观念较为落后，生活方式和生计方式沿袭传统习惯，要转变他们的生活方式和生计方式难上加难。比如在少数民族聚居地，产业扶贫的难度就要比非少数民族地区要困难很多。在贵州省平塘县茶产业的研究中发现，如果是在非少数民族地区，即使是稍微偏远的山区，推广茶叶种植也不是特别困难，政府的号召辅以当地茶企业的示范作用就能够带动农户种植茶产业。而在少数民族地区，除了要使当地居民相信政府的确是扶持茶产业发展以及种茶的确要比种其他作物收益高外，还要克服少数民族世代相传的生活方式的阻碍。

贫困程度加深，扶贫成效随之降低。这从中国近年来投入的扶贫资金总量和脱贫人口总量中可以看得一清二楚。2010 年中国国家扶贫重点贫困县扶贫投资总额为 606.2 亿元，带动了 482 万人脱贫致富[①]；但 2014 年中国贫困地区县级扶贫资金总额为 1420.9 亿元，却只带动了 753 万人脱离贫困陷阱[②]。2010 年每万元扶贫资金带动的贫困人口显然要比 2014 年多。扶贫成效降低，也就意味着，如果要在 2020 年如期完成既定的减贫目标但没有更加有效率的减贫机制前提下，中国政府要增加扶贫资金的投入总量。但问题的症结在于，中国虽然地大物博，在经济总量上跃居世界前列，但人均资源占有量却不多。政府用于贫困治理的财政资金虽然逐年增加，但在总量上也不算多。扶贫资源贫弱与贫困程度加大则是中国政府当前面临的最大问题。

3. 收入差距变大。扶贫资源在不同的贫困地区存在分配不均衡，很大程度上是由于政府内部治理结构为地方政府之间留下博弈的空间所造成的。除这种资源配置不均衡外，还有一种资源分配不均现象是由于市场经

---

① 国家统计局住户调查办公室：《中国农村贫困监测报告（2011）》，中国统计出版社 2012 年版，第 21、50 页。

② 国家统计局住户调查办公室：《中国农村贫困监测报告（2015）》，中国统计出版社 2015 年版，第 24、36 页。

济自发调节和追求效益最大化所造成的收入差距变大。它与扶贫资源分配不均一样，严重阻碍了政府扶贫开发工作的成效，是政府亟待解决的问题。

收入差距是指高收入者和低收入者的收入水平或收入占有比重上的差距。中国的扶贫开发工作重点之一就是提高贫困群体的收入水平，多年来的扶贫实践也能够证实中国政府的确提高了贫困群体的收入水平。但高收入者和低收入者的收入差距不但没有缩减反而变大了。如 2010 年城镇居民人均可支配收入为 19109 元，农村居民的可支配收入为 5919 元，城乡居民收入的比值为 3.2∶1，比 2000 年的 2.8∶1 有所扩大①。从农村居民内部收入差距来看，2010 年农村居民人均纯收入的基尼系数为 0.3783，比 2000 年的基尼系数提高 0.025②。基尼系数变大，说明社会财富在农村居民内部的分配越来越不均衡。

在某种程度上，社会收入差距变大阻碍了中国贫困治理工作的开展。虽然从绝对贫困概念上看，群体之间的收入差距变大不会影响中国的扶贫开发工作；但从相对贫困概念上看，却截然相反。中国先后几次提高了贫困线的标准，除了要与世界贫困线标准接轨外，很大程度上是因为贫困群体与非贫困群体的收入差距在不断变大。学术界较为普遍的观点是，社会各界扶贫行动带来的减贫成效，由于受到社会收入差距变大的影响而有所降低。虽然 A 地区贫困农民的收入水平增加了 200 元，但非贫困农民增加得更多。从相对贫困上看，A 地区贫困农民的收入不增反减。

（四）应对外部环境挑战的策略

作为组织的重要类型之一，政府组织处于特定的生态系统之内，其与

① 国家统计局住户调查办公室：《中国农村贫困监测报告（2011）》，中国统计出版社 2012 年版，第 20 页。

② 国家统计局住户调查办公室：《中国农村贫困监测报告（2011）》，中国统计出版社 2012 年版，第 20 页。

外部环境构成一个统一的整体。系统内其他组成部分的变化将会对政府的治理行为造成一定的影响。对政府部门而言，这些变动和影响既有积极作用，也有消极作用。上文已论述外部环境的变化对政府主导的贫困治理行动带来许多消极的影响。但在这些挑战和影响面前，政府并非无计可施。通过采取适当措施，这些挑战和影响还是可以克服的。

关于培育贫困群体主体性问题，可以从个体主体性和组织主体性两个方面着手。在个体主体性方面，政府应树立贫困人口是反贫困治理主体和直接受益人的价值理念，关注发展实践中贫困人口的主体性需求差异，将贫困人口的生存发展权与社会福利权等主体性权利置于反贫困的核心位置。在组织主体性方面，政府应当重视贫困地区内生性自组织能力的培育，把分散的贫困农民变成有组织的现代农民，通过不断增加农民组织参与市场竞争的制度与政策供给，促进贫困地区和贫困人口生产经营收入的精准提升。

政府扶贫成效有所降低，这一方面是由于目前贫困群体的贫困程度加深，另一方面是由于政府治理结构的层级距离所导致的。一直以来，政府部门都存在扶贫效率低的问题，而且很多时候不及社会、市场等扶贫力量的效率。自从20世纪70年代以来，西方国家在公共服务领域逐步推行民营化政策，旨在减少政府对公共资源的垄断和弱化政府的公共服务角色，强化社会组织参与公共服务的地位。而近年来，中国政府以购买公共服务和外包服务等方式探索建立新型公共服务供给机制来促进需求的有效满足。在扶贫领域，中国政府可以让社会力量和市场力量参与进来，以购买公共服务和外包服务等方式将扶贫项目交由社会力量和市场力量来实施。在将服务转包给社会力量或市场力量后，政府的主要职责便是监督项目实施和评估项目实施结果。通过对过程的监督和结果的评估来确保项目能够达到预期的效果。

对于世界各国来说，收入差距是一个较为普遍的社会经济问题。它能够给予部分群体更大的动力去追求经济效益，但对大部分群体来说，收入差距持续变大只能够是“恶化”他们的生存环境。“涓滴效应”在一些国家的失效也说明单纯依靠市场经济来调节财富在不同群体、不同地区间的分配并不都能成功。鉴于此，中国政府应该通过“有形的手”来合理配置资源在不同群体之间的分布。扶贫开发工作就是以政府“有形的手”将部分社会资源向贫苦群体倾斜，以缩小贫困群体与非贫困群体之间的收入差距。

·第六章·

市场能动：新形势下多元协同大扶贫格局的活力源泉

自中华人民共和国成立以来，反贫困问题一直是中国社会高度重视的发展议题。经过改革开放 40 年的治理历程，中国在贫困治理上取得巨大进步，贫困地区的社会经济面貌发生了根本性转变。同时，也应看到中国扶贫开发工作存在扶贫资源利用率低、贫困群体自身潜力有待挖掘和政府以外的扶贫力量参与度低等问题。传统贫困治理模式与新时期贫困问题的特征的张力，迫使政府创新扶贫开发模式。中共中央办公厅、国务院办公厅在 2013 年印发的《关于创新机制　扎实推进农村扶贫开发工作的意见》中指出，当前和今后一个时期，扶贫开发工作要进一步解放思想，开拓思路，深化改革，创新机制，使市场在资源配置中起决定性作用和更好地发挥政府的作用，更加广泛、更为有效地动员社会力量，构建政府、市场、社会协同推进的大扶贫开发格局。很显然，这个文件对市场力量在扶贫开发工作中的地位给予重视。由此，在新阶段的扶贫开发工作中，不仅要发挥好政府的主导作用，为贫困地区提供完善的基础设施、公共服务和政策资源，还要合理引导市场参与到贫困治理当中，充分发挥市场的积极作用。如今，构建政府、市场、社会协同推进的大扶贫开发格局已成为共识，但如何在这个格局中更好地发挥市场的作用仍是亟待突破的难题。

一、市场能做什么

美国幽默作家曾说："把钱都给上层富人，希望它可以一滴一滴流到穷人手里。"美国不少经济学家认为，鼓励富人投资和消费能够刺激地区经济发展，进而惠及穷人，犹如水之向下"涓滴"。里根时期的政府预算总监大卫·斯托克曼也相信维持自由的经济政策不但使市场中先富起来的人受惠，最终也会使最贫困的群体受益。而里根政府执行的经济政策更是鼓吹市场经济的"涓滴效应"——帮助穷人最好的办法不是政府救济，而是通过经济增长使总财富增加，最终使穷人受益。基于这种"涓滴理论"，美国国会不断降低富裕阶层的税收，而维持其他阶层的税率。实践表明，"涓滴效应"理论没能使美国经济持续发展，也影响了经济增长速度，加剧了社会不平等。

中国改革开放总设计师邓小平提出了"可以让一部分地区、一部分人先富起来"与"两个大局"战略思想，也期望"先富带后富"。尽管在部分地区和部分人发展或者富裕之后，不少贫困群体的确因他们而受益，生活水平有所提高，绝对贫困人口也大幅度降低。可从收入水平上看，中国地区间、群体间的收入差距不减反增：2000 年城乡居民收入比值为：2.8：1,该比值在 2010 年为 3.2：1；2000 年农村居民人均纯收入的基尼系数为 0.025，该比值在 2010 年上升到 0.3783①。可见，先富地区通过市场机制带动了欠发达地区的发展，但市场机制也扩大了地区间的发展差距。如何发挥市场积极的减贫作用，降低甚至消除市场带来的消极作用，成为市场参与扶贫开发的重要议题。我们将从物质与服务供给、促进组织化发

① 国家统计局住户调查办公室：《中国农村贫困监测报告（2011）》，中国统计出版社 2012 年版，第 20 页。

展、扶贫资源配置和市场能力培育四个方面进行阐述。

（一）物资与服务供给

物资和服务对于农业产业化发展至关重要。而要在农村贫困地区推广发展相关产业，面临着产业化所需资源众多与贫困地区资源匮乏的矛盾。这一矛盾内在要求产业种植过程中最大化地使用相关物资与服务。政府参与贫困治理的优势之一是可以在短时间内调动大量资源用于扶贫开发，缺陷是对扶贫资源的使用效率难以达到最大化。比如在相关产业的推广种植过程中，政府部门往往会为贫困农户免费提供种苗、农药化肥以及技术培训等相关物资和服务，以激励更多贫困农户参与到相关产业的种植中来。但问题在于政府组织并不是生产资料的生产部门，所以相关的种苗、农药化肥和技术培训需要到市场购买，再转交到贫困农户手中。

在物资和服务的购买过程中，政府部门可能存在信息上的劣势。对于一些比较简单常见的农业用品，比如采摘茶叶的剪刀，政府部门有能力掌握所有与其相关的产品信息和市场信息，可以做出最佳的购买决策，达到“花最少的钱买到更多实用工具”的效果。但对于比较复杂的物质和服务，如适合于特定土壤和气候的种苗、不同品种的种苗所需的农药化肥和农户迫切需要的技术培训等，政府部门可能会缺少必要的产品信息和市场信息而难以做出科学的购买决策。在缺少相关决策信息下，政府部门从市场上购买的物资和服务就很可能会偏离资源效用最大化目标，造成扶贫资源使用效果受到制约。

与政府购买过程中的信息劣势相反，市场本身就是物资和服务的生产和流通领域，必然掌握着大量的产品和市场信息。因此，由市场主体为政府部门提供物资和服务可以避免政府信息匮乏带来的不足。那市场主体是如何保证其提供的物资和服务是效益最大化的？市场经济的“优胜劣汰”本质是关键。在市场充分竞争下，卖方越多，买方则更具优势。作为市场主体的买方，拥有大量关于产品和市场的信息，可以从众多卖方中选择价格和质量双优的产品。如在湖北省黄冈市英山县雷家店镇程家咀村茶产业推广过程中，政府部门为新建茶园的农户免费提供种苗、农药和化肥等农资。但有些贫困农户更愿意政府部门将这些免费物质折价成钱，然后由他们自己去本村的茶叶加工厂购买物资。原因在于，政府免费提供的茶树并不是特别适合他们的茶树，而在本村产业加工厂却可以购买到适合的茶树和价格低廉的其他物资。这个例子表明，与政府部门相比，通过市场机制配置扶贫资源更有效率。

除了市场主体能够比政府部门买到更实用的物资和服务外，有一些物资和服务也必须根据市场需求来购买。在当前产业扶贫模式中，“农户+企业/合作社”是最常见的合作模式。在该模式里，往往是贫困农户自己种植生产农产品，然后将农产品出售给企业或合作社，再由企业或合作社进行加工并进行销售。该模式涉及的流通链条也比较简单，即农户—企业或合作社—加工产品购买方。企业或合作社根据加工产品购买方的需求调节产品的加工规格，而贫困农户则根据企业或合作社的加工规格进行农产品的种植生产。如果贫困农户生产的农产品符合企业或合作社的加工需求，且企业或合作社的加工规格能满足加工产品购买方的需求，那贫困农户和企业、合作社就可以在这一流通过程中获得收益，反之则可能亏本。如在英山县程家咀村的茶树品种选择上，本村大多数茶农种植“老茶树”和“无性系”这两个品种的茶树，少数茶农种植“福鼎一号”这一品种的茶树。由于“福鼎一号”茶树生产的鲜叶要比“老茶树”和“无性系”这两个品种生产的鲜叶少很多，所以当地茶叶加工厂只收购“老茶树”和“无性系”这两个品种的鲜叶。如果加工厂也收购“福鼎一号”的茶叶的话，则需要单独开辟一条生产线对这种规格比较大的茶叶进行加工，加工厂的生产成本必然提高。由此，种植“福鼎一号”茶树的贫困户则因鲜叶销路问题而面临亏本。

可见，与产业相关的物资和服务并不是完全由政府部门购买就好。政府在产品信息和市场信息上的匮乏很有可能让农户在农业种植过程中做出不符合生产力过程的决策，进而阻碍其在市场上获取利益。而市场主体可凭借自身的信息优势为贫困农户和政府提供既符合农户日益也符合产品购买方需求的物资和服务。由此，市场主体可以在提供物资和服务层面参与扶贫开发，提升扶贫效益。

（二）促进组织化发展

近年来，中国政府日益重视通过扶贫机制体制提高贫困群体自身的发展能力，以实现贫困地区的内源性发展。组织化是内源性发展的重要内容。然而改革开放以来，我国农业生产普遍实施了建立在家庭联产承包责任制基础上的家庭经营，农民的组织化程度比较低。农业家庭经营制度下，尽管村民自治制度的安排有助于促进村民组织化，但农村社区的农民在农业生产层面仍呈现出“原子化”特征。此外，在市场化浪潮下，作为基层社区治理者的村庄精英会将治理权当作谋取私人利益的工具，而不是带动社区组织化以面对外部力量的武器，也加剧了农村社区的“原子化”。

在扶贫领域，农村社区组织化问题突出地表现为“农民主体性”地位的丧失。因为不管是面对自上而下的扶贫政策，还是面对市场经济的入侵，农民群体大多数是以“被动”接受的姿态出现。这严重影响了扶贫政策的扶贫效果。政府引导下的市场力量的参与，可以有效地将分散的农民群体组织起来。贵州省平塘县的新光茶叶农民专业合作社是在县扶贫办的号召下成立的以加工和销售为主的经济组织。截至 2017 年，新光茶叶农民专业合作社有社员 221 户，覆盖本村 96%的茶农。在组织管理上，除了不定期为社员进行技术培训和指导外，合作社还每月组织两次社员集中交流。在这种组织化管理之下，社员体会到集体的力量，当问起为什么加入合作社时，社员都认为“抱团发展”是主要因素。

这种“抱团发展”体现在茶农之间的“换工”行为方面。当地每个家庭平均种植10亩茶树，投入茶树种植的劳动力一般在2人左右。茶树的生长周期和采摘周期决定了茶农的劳作时间。在茶叶采摘期，农户的劳作时间比较固定，比如单芽的茶叶需要隔两天采摘一次，间隔时间过久则茶叶等级会降低，出售价格也会随之下降。在这个阶段，茶树面积较多的茶农往往需要投入更多的劳动力。但自家劳动力数量有限，于是茶农在合作社组织的交流活动中形成了“换工”行为。

茶农之间的“抱团发展”还体现在企业与农户的雇佣关系上。新光村有两大茶企业在本地经营大面积的茶园。在日常的管理环节如除草、施肥和修枝等，以及茶叶采摘时期，这些茶企业需要雇佣大量本村或者邻村的劳动力。一般情况下，农户到茶企业务工的费用比较稳定，除草、施肥和修枝均为120元/天，采摘茶叶的务工费用为该等级茶叶销售价格的一半。但某年珍品茶叶的销售价格为80元/斤，采摘人工费却为50/斤。合作社理事长透露，农户觉得企业的定价不合理，联合起来要求提价。这说明即使是面对市场能力较强的企业，茶农也能够与之进行抗争。这在合作社成立之前是完全不可能出现的。

透过这个案例，我们看到经济合作社在农民组织化过程中可以起到的作用。单就合作社的存在而言，就给农户联合在一起提供了平台。虽然在熟人社会中，农户之间也联系紧密，但缺乏一个领导者将他们联合起来。而合作社的管理者则是将他们组织起来的领导者。在农户联合起来后，通过合作社常规化管理，如专业培训技能指导和市场信息交流，农户增强了自身的种植技术，掌握了更多外部信息，这都为农户联合起来一起抵御外部力量奠定了基础。换言之，专业的经济合作社能够将贫困群体团结起来，增强组织化程度和自我发展能力。

(三) 扶贫资源配置

资源是社会治理的行动的核心要素。充分有效地利用社会资源是保证社会治理行为得以成功的基础。在社会治理的多元主体中，政府对治理资源的利用率是最低的，市场和社会对治理资源的利用率相对比较高。因为在政府的体制机制中，资源的传递、使用方式和指向对象都有较为明确的规定，而资源指向的社会问题却是变动不居的。政策资源的僵化和社会问题的变动之矛盾是造成政府对资源利用率低的重要因素。如中华人民共和国审计署 2017 年发布的审计报告指出，105 个县的 11.34 万名贫困人口建档立卡基本信息不准确或未及时更新，有的已置办高档轿车、商品房等却未及时退出；53 个县的 189 个项目因脱离实际、管护不到位等，建成后改作他用或废弃。

在社会资源总量既定情况下，要优化社会治理效果，就要尽可能地将治理资源的效用最大化。达到这一目的的可行途径便是优化资源配置的手段。而与政府相比，市场是配置资源较有效的手段。十八大报告指出，处理好政府和市场的关系，使市场在资源配置中起决定作用。中国的扶贫实践也证明，在政府强有力的指引和约束下，市场机制也能够在扶贫领域将扶贫资源的效用最大化地发挥出来。山西省天镇县的家政服务促脱贫就是一个典型案例。

作为国家级扶贫开发重点工作县，天镇县总人口 21.85 万，农业人口 18.1 万，贫困人口 2.14 万户 4.66 万人。由于地处黄土高坡，地瘠人多，天镇县脱贫难度极大。也正是因为地瘠人多和农业人口众多，天镇县具有丰富的劳动力资源。而当地工矿企业和二、三产业发展缓慢，加上当地无霜期很短，农户一年中有将近半年时间闲置在家，农业、工业和服务业吸纳剩余劳动力的能力非常弱。因此，天镇县有着比较多的农业剩余人口的劳动价值没有得到合理的发挥。与天镇县劳动力资源闲置相反的是，距离天镇县不远的北京、天津等大城市，在家政服务上有着极大的缺口。据北京市家政服务协会测算，北京600多万家庭中，至少有200万户家庭需要家政服务，家政服务人员缺口达150万人。

面对着巨大的市场需求，天镇县的剩余劳动力在政府的组织下，逐渐进入北京市和天津市的家政行业中。自第一批19名妇女进京当保姆后，如今的天镇县几乎每周都会有10名左右的妇女进入北京、天津和河北等地区的家政行业。经过时间的洗礼和市场的考验，"天镇保姆"不仅在北京、天津逐渐走俏，而且已经开始慢慢地向上海等地进军。自从进入家政行业就业后，天镇县妇女的收入水平有了大幅度的提升。如天镇县张西河村的高大婶在从事家政行业前，全家种植玉米年收入也不过2000元，如今在北京照料一位瘫痪老人，除了每月固定工资4200元外，雇主在过年过节还给她送上"红包"；如天镇县顾家湾陈慧雄也在照料一位老人，月收入达3800元，已为家里增收6万余元；又如天镇县刘伸屯村共输出42名保姆，占全村妇女的60%，年收入约126万，人均年收入3万元。这意味着在进入家政行业后，天镇县剩余的农业劳动力的价值得到极大的发挥。天镇县家政服务人员输出就业已经成为当地脱贫致富的重要手段。

天镇县的案例表明，在配置扶贫资源过程中，市场的导向作用不可忽视。天镇县的"保姆经济"充分尊重市场规律，用本地丰富的劳动力资源弥补大城市家政服务的缺口，不仅为当地贫困农户提供了一个脱贫致富的长效机制，还打造出颇具影响力的"天镇保姆"品牌。在此过程中，天镇县地瘠人多，生态环境恶劣等劣势并不必然成为阻碍人民脱贫的关键要素，而在资源匮乏下略显无用的人力资源却成为脱贫的关键要素。所以，市场机制能够充分挖掘地区的资源禀赋，充分利用这些资源禀赋带动贫困人口脱贫。这也是市场在扶贫开发中能够发挥的作用之一。

（四）市场能力培育

贫困问题干预的复杂性在于它是政治、经济、文化和环境的公共建构，解决贫困问题要从多个维度着手。在中国的贫困治理实践中，发展经济带动减贫、教育减贫、生态移民扶贫等多管齐下，共同着力于减少中国贫困人口。在多种方式共同努力下，中国贫困人口存量大幅度降低，但返贫现象也愈加突出。2003 年中国绝对贫困人口增加 80 万[①]，西部地区贫困人口比例由 2001 年的 61%增至 2009 年的 66%[②]，民族八省区的贫困人口比例也从 2001 年的 34%上升至 2009 年的 40.4%[③]。贫困人口返贫意味着原先在经济指标上脱贫的群体，仍是脆弱性比较高的贫困边缘群体，缺乏稳定脱贫的能力。要保证贫困人口稳定脱贫，培育他们的市场能力是关键。上文提及的山西省天镇县的家政服务促脱贫就是一个典范。

在面对由土地资源匮乏和二、三产业低度发展带来的大量农业人口闲置，以及邻近的北京、天津和河北等大城市缺乏家政服务人员的情况时，天镇县政府积极引导当地剩余劳动力向邻近城市转移就业。尽管贫困地区丰富的劳动力资源与其他地区的劳动力市场形成了较强的潜在劳动力供需关系，但贫困地区所供给的劳动力资源不能满足市场需求提出的劳动力质量要求，这种供需关系很难转化为减贫效果。因为，提升贫困人口劳动力素质和市场能力是推进贫困地区农村减贫和贫困人口稳定脱贫的重要内容。天镇县剩余农业人口在转移就业过程中，她们的就业技能和市场适应能力都有很大提升。这得益于政府有组织的培训以及进入家政服务行业的

---

① 国家统计局农村社会经济调查总队：《中国农村贫困监测报告（2004）》，中国统计出版社 2004 年版。

② 国家统计局农村社会经济调查司：《中国农村贫困监测报告（2010）》，中国统计出版社 2010 年版，第 8 页。

③ 国家统计局农村社会经济调查司：《中国农村贫困监测报告（2010）》，中国统计出版社 2010 年版，第 58 页。

贫困群体竞争意识提高，政府和市场为共同带来贫困群体提高市场竞争力创造了条件。

2012年天镇县扶贫办就开始积极组织当地剩余劳动力进行家政就业培训，培训内容由坐姿站姿、沏茶倒水等基本礼仪到菜肴烹饪、家居保洁和电器使用等，再到对老幼病孕等护理常识。到2015年底，县扶贫办先后委托培训基地举办家政服务培训班88期，培训人员有6800人。在政府部门有组织的培训下，当地剩余劳动力的劳动技能大有长进，知识储备迅速增加，不仅90%经过培训的妇女找到了工作，而且收入水平还是其他地方零散型保姆收入的2倍多。对妇女的技能培训虽然是政府出资和组织，但具体的培训工作却是其他市场主体——东城区和平里家政服务中心、海淀区一条龙家政服务中心和京城职业大学来操作实施的，这些更加专业化的市场主体承担起技能提升最为关键的环节。

毫无疑问，这些专业化的职业培训技能培训为天镇县妇女步入家政服务行业提供了基础。但她们的就业技能与市场竞争能力并未止步于此。在天镇县的妇女进入邻近城市的家政服务行业后，其所处的外部环境有所改变，由以前靠天吃饭的自然环境变成现在靠自身能力吃饭的市场环境。环境的转变带动她们市场竞争意识的转变，她们开始根据市场的“脸色”来提升自己的技能，以便满足家政服务行业多元化的需求。除了在平时的工作实践中提升自己的业务能力，她们还以市场为导向进行规范化、技能化的培训。比如与北京市东城区和平里家政服务中心、海淀区一条龙家政服务中心建立培训、用人机制，形成劳务输入产业链条。在这样的市场竞争意识与高水平培训下，天镇县家政服务人员的业务水平迈向更高的水平。在2015年山西省首届“晋嫂”家政服务技能大赛上，天镇县有6人参赛，3人获取铜奖，3人获取优秀奖。市场竞争能力不断地提高，使得天镇县的家政服务从业人员经受得住市场的考验，逐步走向上海等更广阔的市场。

在贫困群体参与市场竞争上，尽管贫困群体存在先天不足，但更需要关注贫困人口的后天学习能力。天镇县的剩余劳动力经由专业的家政服务中心和职业学校业务培训后，能够胜任其他地区的家政服务工作，获取较高的收入。而在进入家政行业后，天镇县的家政从业人员处于一个与其他从业人员相联系的市场环境。这种环境促使他们在日常工作中不断改善自己的工作技能，提升自身市场竞争能力。由此可以看出，其他专业化的市场主体和贫困农户参与市场竞争本身都能够促使贫困群体市场竞争能力的提升。

（五）扶贫资源拓展

作为成功的中国社会治理经验，政府主导中国扶贫开发事业已得到国内外学者的认可和借鉴。同时，中国政府主导的扶贫开发工作面临一些挑战。扶贫投入不断加大，而扶贫效率并没有相应地提升，这是其中的一个重要挑战。要提升扶贫工作效率，不仅需要政府自身的扶贫机制做出相应调整，也需要积极吸纳政府之外的其他贫困干预力量，充分发挥其扶贫优势，才能有效提升扶贫工作效率。实践表明，各种市场主体整合社会资源的能力不容忽视，尤其是企业整合资源的能力。据《2015 年度中国慈善捐助报告》显示，2015 年各类企业的捐赠总额为 783.85 亿元，占全年捐赠总额的 70.70%，同比 2012 年上涨 12.30%。其中，民营企业捐赠总额为 554.35 亿元，占企业全年捐赠总额的 70.72%，同比 2012 年增加 12.74%。由此可以看此，各类企业在中国公益事业和扶贫捐赠中发挥着巨大的作用。除了慈善捐赠外，企业还会直接把资源投向贫困地区的扶贫开发工作。陕西省府谷县的民营企业就是案例之一。

2007 年伊始，陕西省府谷县实施“双百工程”，即 100 个机关单位帮扶 100 个村与 100 个工矿企业带 100 个村。其中，陕西兴茂侏罗纪煤业镁电（集体）有限公司结对帮扶府谷县高庄则村，与府谷县相关部门在高庄则村携手实施农业工程。该项目涉及包括高庄则村在内的3个村庄，涉及290户1058人，总投资1亿多元，其中陕西兴茂侏罗纪煤业镁电（集体）有限公司计划投资近亿元，目前已投资落实8000万元；府谷县保榆焦有限责任公司为府谷县芦草畔村投资7000万元用于扶贫开发，已完成投资3250万元。截至2007年底，全县20多个乡镇累计达成意向帮扶资金2.1亿元，其中已到位资金1.44亿元。从这些数据可以看到企业在整合扶贫资金中所发挥的巨大作用。不仅能扩展扶贫资源，也有助于提升扶贫效率。

除民营企业外，国家机关和事业单位整合社会资源用于扶贫开发的能力也不容小觑。2013年中央、国家机关及企事业单位直接为贫困地区投入帮扶资金（含物资折款）20.82亿元，同比增长9.5%元；中央、国家机关及企事业单位派遣赴定点扶贫地区考察调研6162人次，帮助引进各类资金53.85亿元，培训各类人员11.6万人次，组织劳务输出7万人次，资助贫困学生6.45万人次。而在全国有扶贫任务的28个省（自治区、直辖市）三个层面的定点扶贫工作上，2013年共派员赴实地考察调研94.2万人次，帮助引进各类资金641.6亿元，培训各类人员879.9万人次，组织劳务输出558.3万人次，资助贫困学生74.4万人次。这些数据也同样表明国有企事业单位在整合扶贫资源中的重大作用。综上所述，市场主体能够为扶贫开发工作带来大量资金资源，也有助于提升扶贫工作效率。

二、如何充分发挥市场的作用

贫困地区往往是生态脆弱地区。在缺乏非农生计途径的情况下，开发土地资源，发展工业和农业生产，成为贫困地区农村人口脱贫的重要方式。但在有些贫困地区，土地资源开发中，当地的生态环境遭受巨大的破坏。如作为中国制药工业百强企业的联邦制药就给当地造成了极大的环境污染。自从联邦制药在巴彦淖尔市临河区建厂后，附近居民就给它贴上

“污染”“没有社会责任”“臭”等不雅标签。有村民说，联邦制药走到哪里就污染到哪里。此外，联邦制药的子公司更是将大量“菌渣”和“污泥”直接丢弃在附近的农田内，导致周围土地被污染。因为排污问题，联邦制药近9年来8次被环保部门通报。

党的十八届三中全会确认市场在资源配置中起决定性作用，但这绝不意味着国家放开市场就能立即实现资源配置的高效率。同样，市场在扶贫领域可以发挥的作用，也不意味着一将市场引入扶贫领域就能够将市场的积极作用释放出来。因为在没有外部约束下，市场的缺陷会对地区发展造成极大的破坏。上文提及的联邦制药，其内在动因是利润最大化。为了降低生产成本，联邦制约直接将未经处理的废弃物排入下水道、河流、江湖等，实际上是将治理废弃物的成本转嫁给当地社会。因此，要充分发挥市场在贫困治理中的作用，除了需要引进市场主体和机制外，还需要相关的政策指导，完善与市场相关的基础设施，防范可能出现的市场风险。

（一）引进市场主体和机制

在造成中国减贫速度有所放缓的因素中，除了贫困群体自身组织化、参与度不足和政府扶贫效率有待提高外，贫困地区市场发展过低也是较为关键的因素。贫困农户从生产、消费再到生产大多是在一个相对闭合的内部循环圈进行。在这种循环圈内，贫困农户“共享”的是低度发展要素，而“闭合性”决定了贫困群体难以跨越圈子向外寻求更高效率的生产要素，由此造成贫困农民很难摆脱贫穷与落后的困扰。在这种情况下，探索能够打破贫困群体内部循环圈并将其纳入外部环境的贫困治理手段就显得尤为重要。一个切实可行的路径是变革政府行政支配式的贫困治理手段，将市场要素引入扶贫开发之中，提升贫困群体参与市场竞争能力，进而提升扶贫开发的效益。在政府大力倡导“政府市场社会大扶贫格局”理念下，引入市场要素已经成为当前扶贫方式创新的共识。而引入市场要素包含两个方面：一是在贫困治理中引入市场主体。二是在贫困治理中引入市场机制。引入市场主体是促进贫困地区市场发展的首要步骤。市场主体是指在市场上从事经济活动，享有权利和承担义务的个人和组织，在贫困地区一般是指各种类型的企业、农村合作经济组织、农业生产大户和一般农户。而在贫困治理中引入市场主体便意味着将具备一定市场竞争能力的市场主体引入贫困地区，通过这些市场主体将贫困地区和贫困人群纳入市场经济之中，以促进贫困地区和贫困农户的发展。如贵州省平塘县新光村便是通过引进茶企业和合作社将当地村民带入市场竞争之中。

平塘县新光村处于丘陵地带，水田和旱地较少，多以山林为主，人均耕地较少。本地村民农作物主要以稻谷、玉米和黄豆等为主。农作物的产量很低，加上交通不便，所以在企业和合作社入驻新光村之前，当地生产的农作物很少流通到市场上，大多数是自产自用。而在当地两家企业入驻新光村后，情况就截然不同。这两家企业在新光村承包本村废弃已久的山林地用来种植茶树。在尝到市场的甜头后，他们开始号召当地村民开发剩余山林地种植茶树。经过这两家企业和政府部门的努力，如今的新光村几乎每家每户都种植茶树。农户除了将采摘后的茶叶出售给当地的茶企业和合作社外，在空闲时间还到茶企业和合作社打零工，这极大地提高了当地农户参与市场的程度。可以说，在企业和合作社的影响和带动下，以往几乎没有农产品交易行为的农户逐渐参与到市场的交易之中。由此可以看出，在贫困地区引入市场主体是联系农户和市场的有效形式。

引入市场机制是促进贫困地区市场发展的关键所在。如上所述，在贫困地区引入市场主体能够促进农户更多参与到市场之中。但如果缺乏市场机制，农户仅仅是将农产品出售给当地企业或合作社，而无供求关系、市场竞争等市场机制来调节农户的生产活动和农户与企业的关系，那上述产业发展也很可能不可持续。一旦这些企业或合作社撤离本村，那农户的农产品便无处可销售。反之，如果农户除了以农产品交换形式参与到市场当中，还能够在参与过程中与市场的竞争机制形成互动，即使当地企业或合作社想通过压低价格来损害农户利益，农户也有与之议价的空间。湖北省英山县程家咀村的茶农、茶叶企业和小型加工厂之关系所形塑的市场机制就是一个典型的案例。

英山县程家咀村有着将近30年的茶叶种植历史，当地几乎家家户户都有面积在3亩左右的茶园。悠久的茶叶种植历史使得本村的茶叶加工厂相对比较多——1家由5个种茶大户成立的茶叶企业以及4家小型茶叶加工厂。茶叶企业名下有一个茶叶合作社，当地大多数茶农都加入该茶叶合作社；此外，茶叶企业最近两年还免费给予种茶的83户贫困户价值520元的物资。从这个角度看，茶叶企业与茶农的关系应该比小型加工厂与茶农的关系更为紧密，茶叶企业在收购茶青上应该更有优势。但即使茶叶企业与农户的关系更为紧密，出售茶青给小型加工厂的茶农不见得比出售给茶叶企业的农户少，就连在茶叶企业打工的茶农也不一定会将茶青出售给茶叶企业。决定将茶青出售给谁的关键在于茶叶企业与小型加工厂谁的出价比较高。

但茶青价格并不是事先决定且稳定不变的，而是收购者根据茶青的质量当场给出一个价格。这就导致茶青的价格变动不定。茶农在采摘茶青后会根据以往的经验来判断茶叶企业和小型加工厂谁给价比较高，然后据此决定将茶青出售给谁。茶叶企业和小型加工厂在给价时也担心价格不合理导致农户将茶青卖给他人。所以在这个定价过程中，不管是茶叶企业还是小型加工厂都不敢以低于茶青质量过多的价格收购农户的茶青，农户也不敢对质量差的茶叶要价太高。由此，可以看到在市场机制的作用之下，市场主体之间是一种互相竞争的关系，不存在一方的市场优势大于另一方，进而出现市场垄断的现象。

在中国的贫困治理中，要想通过市场手段帮助贫困群体提升自我发展能力，除了引进一些具有市场竞争能力的市场主体将贫困群体纳入市场交易领域外，还应该引入市场机制培育贫困群体根据供求关系调节生产的能力。如果只有市场主体而无市场机制，贫困地区的产业化发展就如只有漂亮的外壳而无任何实质性内容的“海市蜃楼”。只有在市场主体和市场机制的双重作用下，贫困群体才能够在接触到市场的同时提升自身的市场竞争能力。由此看来，引入市场主体与市场机制是促进市场力量充分发挥减贫作用的基础工作。当然，在引入市场主体和市场机制外，还需要完善相关的基础设施，以及避免市场的负面效应对贫困群体形成冲击。

（二）完善与市场相关的基础设施

众所周知，贫困地区一个比较明显的特征是基础设施比较落后，包括与生活相关的基础设施和与市场活动相关的基础设施。近些年，国家投入大量资金对贫困地区与生活相关的基础设施进行建设，贫困地区基础实施取得很大的改善。比如在 2010 年落实到扶贫重点贫困县的中央扶贫资金中，用于交通建设的资金达到 63.9 亿元，占当年全部扶贫资金的 10.6%，比 2002 年增加了 14.5 亿元。而 2015 年全国通电、通路和通电话的行政村接近全覆盖。与 2013 年相比，2015 年贫困地区所在自然村道路硬化的户比重提高 6.1 个百分点，所在自然村垃圾集中处理的户比重提高 12.4 个百分点，所在自然村上幼儿园便利的户比重提高 5.4 个百分点，所在自然村上小学便利的户比重提高 2.5 个百分点。

贫困地区与市场相关的基础设施却比较落后。一个比较突出的现象是，贫困地区生产的大多数农产品和生产生活所需的必需品要到距离较远的乡镇市场上交易购买。这些基础设施的缺乏会影响农村市场的发育。与全国农村的平均水平相比较，中国扶贫重点贫困县的市场化水平比较低。有数据显示，2010 年农户在产品出售和购买方面，均比全国的平均水平低 11%左右；与上年相比，2010 年扶贫重点贫困县农产品出售水平再次降低。这些数据表明中国贫困地区的基础设施建设不能只侧重于生活设施、教育设施。这些基础设施固然重要，但在完善生活、教育方面的基础设施后，也要为农户参与市场竞争提供必要的基础设施。从湖北省潜江市村级农贸市场的修建中，我们可以看到这些基础设施在帮助贫困群体脱贫致富方面的重要性。

2017 年 6 月 20 日潜江市首个贫困村村级农贸市场——竹根滩镇群爱村农贸市场正式营业。“新菜场设施齐全，卫生整洁，在这里卖菜再也不怕刮风下雨。”刚搬进市场营业的游应斌喜形于色地说道。据该村支部书记喻永华介绍，村里原先也有一个简易的大棚结构式菜场，但这个菜场早期规划不好，导致非常拥堵，卫生状况也极差，每逢下雨天全是积水，再加上年久失修，基本遮风防雨功能都丧失。这导致周边群众失去了固定经营场地，只能聚集在街道两旁进行露天经营。这种状况长期得不到改善，不仅严重影响了正常的交通秩序，还对本村居民和附近居民的市场交易活动造成很大的负面影响。

在相关政府部门的努力下，新建的群爱村农贸市场有效地解决了这一问题。通过改造和翻建，群爱村农贸市场总占地面积扩大至 600 平方米，主体建筑为全钢架大棚，有固定摊位 33 个，分设肉类、鱼类、蔬菜、其他等四个区域。农贸市场内还配套有完善的下水道、太阳能路灯、垃圾箱等公共设施，相应的基础设施一应俱全，整体服务功能明显增强。“群爱村区位优越，新农贸市场投入运营后不仅方便了本村村民，还吸引了丁湖、泗河、葛柘多个村的群众前来交易农副产品，有效带动周边地区的产业发展和农户增收致富，辐射人口近万人。”市委派驻群爱村第一书记、公路局机关党支部书记卢胜红表示，“与此同时，群爱村村委会作为农贸市场管理方，可以通过出租摊位收取租金的方式来增加村集体收入。这样一来，农贸市场就成了该村的聚财工程”。新建的农贸市场激活了群爱村和邻村的市场交易活动。

通过上述案例，我们看到与市场相关的基础设施在贫困地区能够发挥的作用。虽然国家在大力建设与生活、教育相关的农村基础设施建设时，也会涉及一些与市场相关的基础设施，比如通村公路的建设既便于居民的日常生活，也有利于农产品对外交易，又比如贫困地区的文化教育既可以提高贫困地区的知识水平，也可以让他们更好地接受市场竞争的思想。但一些专门为农户参与市场竞争的基础设施的建设却极为少见，这些基础设施在农户走向市场竞争中也起着不小的作用。所以政府部门应该兼顾与市场相关的基础设施的建设，以便更好地发挥市场在贫困治理中的作用。

（三）防范市场风险

市场风险是市场经济体制下的客观存在，其危害所涉及的行为主体不仅包括市场内的生产交易主体，还可能包括处于市场体系之外的群体。与长期在市场体系内进行生产交易的市场精英相比，生产农产品的农户能够规避市场风险的可能性更加小。因为在家庭联产承包责任制“分散经营”制度下，农户各自为政，难以形成集体力量对抗来自外部的风险。此外，农户天生的资源弱势地位不利于其采用更有效率的手段处理与外部环境相关的问题。当市场浪潮侵袭而入时，农户除了屈从市场力量外别无他法。由此，要将市场力量引入贫困农户的生计模式之中而无其他相应的保护或者防范措施的话，市场浪潮很可能会恶化贫困农户的生存状况。为了更好地发挥市场的作用，很有必要采取一些必要措施帮助贫困农户降低市场风险，比如出台针对农户生产农产品的商业保险和事前评估市场风险。

农业保险是专门面向从事农业生产和经营活动的农业劳动者，在其遭受自然灾害、意外事故时予以一定经济补偿的商业保险。从农业保险的演变过程来看，现代的农业保险正逐渐从生产性保险向价格指数保险过渡。传统的生产性保险只针对农牧产品的生产过程，一旦投保的农产品因自然灾害、病虫灾害导致产量过低或颗粒无收，便获得保险公司的经济补偿，以降低农户在生产过程中承受的风险。可以说，这种生产性保险在过去生产技术不发达或普及有限的情况下是尤为关键的。但随着现代科学技术水平的发展，农牧产品的种养技术也发展迅速，相关技术信息的普及率也比之前高。此外，与应付外部市场相比，贫困农户更擅长于提高农产品的产量。

在这种情况下，农产品的风险不仅来源于生产过程，更产生于销售过程。换言之，对于从事农业生产的贫困农户来说，农产品的价格指数保险比生产性保险更为迫切。如产业扶贫成效比较好的广东省连南县，在降低农户农业风险的措施中就包括了生产性保险和价格指数保险两种农业保险。通过这两种市场化方式，不仅可以将部分市场风险转移到其他市场主体，还可以降低农户在遭受市场风险后无能力参与市场竞争这一局面出现的概率。但遗憾的是，由于价格指数保险的成本相对比较高，有价格指数保险这一产品的保险公司不多。少数几家保险公司虽然有这种险种，但也只是投向部分地区，并未面向全国投放该产品。

除了农业保险外，专业的市场风险评估也是降低农户生产风险的有效措施。在市场机制下，产品的供应数量和需求数量之间的关系影响着产品的价格。虽然市场会依据供需关系来调节市场主体的生产行为，但市场调节的滞后性常常会促使人们做出错误的生产抉择，尤其是在政府部门倡导产业脱贫的政策前提下。比如中国不少贫困地区普遍出现产业同质化。有些地区的贫困村都建有猪场、养鸡场、蔬菜大棚，普遍兴办农家乐。贫困地区产业同质化的后果便是，产能过剩的风险快速累积。国家统计局数据显示，目前全国蔬菜种植面积比 10 年前增长 32%，由于供过于求，大部分蔬菜价格持续低迷；而 2017 年全国鸡蛋价格甚至下跌至近十年的最低点。农产品价格下降必然会影响到贫困群体的生产性收入。

虽然贫困地区产业同质化现象的出现很大程度上是因为各个贫困地区的自然环境和自身资源相似造成的，但也不是说就不能够克服这一问题。在选择产业之前做好市场需求和风险评估就是避免产业同质化现象出现的较好办法。以专业方法摸清市场需求和风险，根据市场需求和风险对贫困地区的总体产业进行布局，划分产业带，不同地区实行差异发展。这在很大程度上可以避免无序生产和同质竞争。当然这需要政府以外的评估机构参与其中。

贫困群体在市场竞争面前虽然竞争优势不大，但我们仍然可以通过相关的农业保险和专业的市场评估来降低贫困群体在农产品生产和销售过程中可能遇到的风险。只有尽可能地降低贫困群体参与市场竞争的风险，才能够保证他们不至于在参与市场竞争的初期就被市场淘汰，才能够为其通过市场竞争获益争取希望。因此，降低风险是促进贫困地区脱贫致富的手段之一。

（四）政府政策指导

改革开放以来，中国经济体制变革给中国的经济社会带来翻天覆地的变化，充分展示了市场经济的巨大活力。但中国40年的实践也表明市场经济有利也有弊。作为最具发展要素的市场机制，不仅能够极大地扩展社会治理资源，更可以激活以往效率较低的治理体制，这是市场的优势。但是市场机制也有自发性、盲目性和滞后性等劣势。就中国社会与经济发展状况来看，市场经济的发展成果很难自动惠及社会底层群体。对于中国农村的贫困治理来说，市场经济的优势与劣势形成了这样一种矛盾：市场经济能够拓宽扶贫资源和提升总体扶贫效率，但也可能让贫困群体陷于更加贫困的状况。在减贫难度加大、政府扶贫效率下降和扶贫期限逼近的情况下，市场参与贫困治理成为必然之举。中国的扶贫开发工作内在地包含如下两个部分：鼓励动员市场力量参与到贫困治理中、制约和避免市场力量对扶贫工作所可能产生的负面影响。

关于鼓励动员市场力量参与到中国的贫困治理中，政府部门近些年已经出台了一系列的政策文件，以激励市场的参与。国务院1994年印发的

《国家八七扶贫攻坚计划（1994—2000 年）》提出“以市场需求为导向，依靠科技进步，开发利用当地资源，发展商品生产，解决温饱进而脱贫致富”“依托资源优势，按照市场需求，开发有竞争力的名特稀优产品”“在发展公有制经济的同时，放手发展个体经济、私营经济和股份合作制经济”。国务院 2001 年颁发的《中国农村扶贫开发纲要（2001—2010 年）》指出：“引导和鼓励具有市场开拓能力的大中型农产品加工企业，到贫困地区建立原料生产基地，为贫困农户提供产前、产中、产后系列化服务，形成贸工农一体化、产供销一条龙的产业化经营。加强贫困地区农产品批发市场建设，进一步搞活流通，逐步形成规模化、专业化的生产格局。”中共中央办公厅、国务院办公厅在 2013 年出台的《关于创新机制　扎实推进农村扶贫开发工作的意见》提出：“全面落实企业扶贫捐赠税前扣除、各类市场主体到贫困地区投资兴业等相关支持政策。”从上述政策演变过程看，中国对市场参与贫困治理的态度愈加明确，由指向模糊的“以市场为导向”到指向明确的“落实市场主体到贫困地区投资兴业的各种支持政策”。

与中央层面的宏观政策相对应，各省（自治区、直辖市）也出台了大量引导市场参与当地贫困治理的具体政策。如贵州出台一系列专门针对市场参与贫困治理的政策文件。中共贵州省委办公厅、贵州省人民政府办公厅 2011 年转发的《省扶贫办、省委政策研究室、省旅游局关于大力实施乡村旅游扶贫倍增计划的意见》，从旅游扶贫规划、财政资金投入量、财政资金使用方式、项目实施验收程序、旅游扶贫融资渠道、从业人员培训和组织领导等方面，对旅游扶贫的具体措施做了详细的规定。贵州省人民政府办公厅 2012 年印发的《关于大力扶持微型企业发展的意见》，从扶持对象及范围、扶持措施、操作办法和组织领导四个方面明确规定了扶持微型企业发展的举措。贵州省人民政府办公厅 2012 年出台的《关于加快民族药业和特色食品产业发展的意见》，从总体要求、工作重点、政策措施和组织保障四个方面对加快民族药业和特色食品产业发展做了详细的规定。2013 年实施的《扶贫开发条例》规定，对到贫困地区兴办符合国家和省级产业政策的企业，稳定实现扶贫对象脱贫的，有关部门应当优先给予贷款贴息，依法减免行政事业性收费。贵州省扶贫开发办公室 2014 年颁发的《关于创新产业化扶贫利益联结机制的指导意见》总结提炼点上取得的经验，推广"龙头企业+合作社+基地+农户""农业扶贫园区+龙头企业+合作社+基地+农户""乡村党政+企业+合作社+基地+农户""农户互助合作""技术部门+乡镇政府（合作社、协会）+基地+农户""政府+银行+企业+合作社+农户"六种模式，各地可结合本地及产业实际示范推广并进一步完善，同时积极探索新模式新机制。此类政策不胜枚举。这些省（自治区、直辖市）级政策，除了响应中央政府鼓励市场参与贫困治理的号召外，还制定了更为明确和细致的工作办法、措施来鼓励、引导市场力量参与到当地的扶贫开发工作当中。

总而言之，在政府部门出台实施的政策文件指导下，越来越多的市场主体参与到扶贫开发中并发挥了积极减贫作用。但由于实践中的市场主体"逐利性"与扶贫事业"惠农性"之间的矛盾没有得到较好的协调，市场参与贫困治理还存在较多的难题，比如市场主体参与扶贫开发意识不强、市场主体与贫困群体的利益联结机制不健全、参与扶贫开发的市场主体自身发展能力有限和市场主体参与扶贫开发的支持政策难以落实等。这些问题的存在制约了市场主体发挥更大的减贫效益。政府部门应该在政策制定上对上述问题有所回应，以更好地发挥市场在扶贫开发中的作用。

三、市场力量对扶贫开发的潜在威胁及其对策

爆发于 2008 年的美国次贷危机打破了华尔街神话。继贝尔斯登公司濒临破产后，有着 158 年悠久历史的全美第四大投资银行雷曼兄弟也宣布破

产。随后，这场次贷危机如蝴蝶效应一般席卷世界各国，给各国经济造成极大的影响。在欧洲，英国、德国、比利时、荷兰等国的诸多大型金融机构频频告急，欧洲各国金融市场出现剧烈震荡和波动。英国、法国和德国股指大幅下挫：与2008年12月相比，2009年9月平均跌幅为25%。市场经济给处于这一体系内的各个主体带来了巨大损失。这不禁让人担忧，将市场主体和市场机制引入扶贫开发，会不会对贫困群体和扶贫工作带来消极作用？由于中国贫困地区市场发育不全以及市场参与扶贫开发的机制体制尚不完善，所以将市场力量引入农村扶贫的确也面临诸多风险。

（一）市场力量对扶贫开发的潜在威胁

政府扶贫难以有效应对复杂贫困问题，市场力量参与减贫已成为共识。自新千年以来，中国政府出台了系列市场力量参与扶贫开发的政策，为市场力量参与扶贫开发奠定了良好的制度基础。越来越多的企业参与到扶贫开发和脱贫攻坚之中，并取得了一定成效。在看到市场力量的积极减贫作用的同时，我们也需要注意市场力量参与扶贫带来的潜在风险。按照市场的效率逻辑，市场主体是以最低成本追求利润最大化的理性经济人。当贫困地区与贫困群体固有资源与市场的效率逻辑相吻合时，市场自然而然就能带动贫困地区的发展。然而，在较多的场合下，市场主体将自身资源投向贫困地区，并不一定实现其利润的最大化目标。市场主体与贫困群体的“互惠”关系，可能被“市场剥脱贫困者”所取代。此外，在政府引导市场力量参与扶贫开发时，如果市场固有逻辑被忽略，只是一味利用政策优惠作为诱饵，而没有形成贫困地区与市场力量的双向利益输送机制，市场力量也可能造成减贫失败的风险。从实践上看，目前市场力量在中国扶贫开发中主要存在以下风险：一是市场参与带来的精英俘获；二是市场主体参与意识和市场能力不足；三是片面强调优惠政策造成的市场主体搭便车行为；四是市场波动造成的农产品销售风险；五是市场波动有可能恶化贫困群体的市场参与意识和市场竞争能力。

1. 精英俘获。在关于扶贫行为之执行偏差的讨论中，扶贫中的“精英俘获”现象日益受到研究者的关注。研究表明，生计模式的社会化促使农村内部社会分化为贫困群体与精英群体。精英群体在政治、经济和文化上占有的资源都优于贫困群体。可以说，精英群体比贫困群体在资源获得上具有更多优势是扶贫中“精英俘获”现象出现的基础性因素。一些针对贫困群体的发展项目设置的门槛过高，与贫困群体的资源贫弱相悖，进而造成发展项目流向精英群体。即使发展项目能与贫困群体的资源、能力状况相吻合，精英群体也能够凭借自身在政治权力、经济水平和项目信息上的优势将发展项目“俘获”。此外，一些扶贫项目由于关注降低风险，而人为地将项目偏向于风险较低的精英群体。加之中国的扶贫项目，尤其是产业扶贫项目内在地要求精英群体参与其中，这就不可避免地为精英群体“俘获”项目资源提供了政策内空间。这些都是造成扶贫项目被精英“俘获”的可能因素。

扶贫开发工作引入市场力量，也可能造成“精英俘获”现象的出现。市场力量导致的“精英俘获”现象分为两种情况：一是扶贫项目由市场主体组织实施时，市场主体为了降低执行风险，把扶贫项目偏向于成功率更高的精英群体；二是当扶贫项目由政府部门主导实施时，市场力量作为参与方也倾向于与乡村精英合作，出现“精英俘获”。这两种由市场力量导致的“精英俘获”现象均出现在中国目前的扶贫开发工作中，前者以商业机构组织实施的扶贫小额贷款为代表，后者以政府部门组织实施的产业扶贫项目为代表。

中和农信小额信贷项目管理有限公司起源于1996年，前身是中国扶贫基金会小额信贷项目，随后转制成公司，以商业化方式运作以贫困群体为对象的小额信贷。转制后，中和农信仍将其目标概括为持续为贫困人群提供金融服务，即“在中国建立一家真正为穷人提供可持续金融服务的‘乡村银行'"。在实践过程中，中和农信是否做到了这点呢？据抽样调查数据显示，在中和农信湖南永顺县的贷款客户中，中高收入者、中等收入者、中低收入者和低收入者的比例分别为 45.5%、13.6%、36.4% 和 4.5%；对应的数据在山西左权县则分别为 5.5%、35.1%、37.8% 和 21.6%。从这些数据可以看出，不管是在湖南永顺县和山西左权县，中和农信的小额贷款瞄准的目标客户并非全是低收入者，有将近一半贷款客户是经济状况比较好的中等收入者和中高收入者。在调查中发现，造成这种"精英俘获"现象出现的原因在于中和农信对风险的管控。在选择贷款对象时，中和农信的信贷员比较看重申请者的发展能力和还款能力，这就造成那些有贷款意愿但发展能力和还款能力比较差的申请者很难贷款成功。

中和农信作为社会企业，试图以商业化手段实现公益目标，在帮助贫困群体同时也要实现自身在财务上的可持续性。这就决定了中和农信在放贷过程中除了要考虑能否帮助到贫困群体，还要考虑申请者有没有偿还能力。只有二者同时兼顾，才能实现其在社会效益和经济效益上的双重目标。遗憾的是，中国农村地区的贫困者往往也是发展能力和偿还能力比较差的群体，所以中和农信的贷款对象有一部分是经济状况比较好的群体。但从中和农信小额信贷项目的持续性和覆盖范围来看，它无疑是比较成功的信贷案例。

近些年来，产业扶贫已经成为中国政府帮助贫困群体脱贫致富，实现稳固脱贫的重要手段。在政府"一村一品"的推动下，中国几乎每个贫困村都有扶贫产业。但是，产业发展惠及贫困群体的前提是当地的产业达到一定的规模，这对于在发展能力和市场竞争能力较差的贫困地区来说相当困难。为了促进贫困地区的产业发展，在政府部门通过相应的优惠政策引导市场主体参与产业扶贫，比如有些地方政府为鼓励企业带动贫困农户发展，会在验收贫困户脱贫后，给予企业一定的资金奖励；又或者企业与贫困户结对帮扶的话，政府会给予企业贴息。在实际操作中，有些企业根本没有为贫困群体提供任何实际性的帮助，但却能够拿到政府部门的贴息贷款和资金奖励。比如贵州省平塘县山海原生茶叶有限公司。2015 年平塘县扶贫办与该公司签订协议，该公司帮助贫困农户进行产业发展，县扶贫办给予该企业贴息贷款补助，但是政府贴的那部分利息必须在贫困户脱贫验收合格后才返给企业。2016 年底，县扶贫办验收了部分脱贫的贫困户并将贴息资金发给该企业。但在问这些脱贫的贫困户他们有没有收到该企业的帮助时，这些贫困户却说几乎没有。由此可以看出市场参与贫困治理也可能会“俘获”相关扶贫资源。

2. 市场主体参与意识和市场能力不足。近年来，中国贫困治理进入扶贫攻坚阶段后，贫困治理难度增大。政府扶贫中存在的问题，如扶贫效率不高、扶贫资源有限等日益凸显。政府扶贫中的问题一定程度上阻碍了中国扶贫进程的进一步推进，给如期实现脱贫攻坚目标带来了挑战。这就需要广泛动员社会、市场多方面的力量共同参与扶贫开发。市场力量在配置资源上的效率等优势，能有效弥补政府扶贫中的不足。参与扶贫开发的市场力量增强、参与程度加深，促进了中国扶贫开发进程，有助于实现 2020 年消除绝对贫困的扶贫目标。长期以来，中国政府尽管出台了诸多有利于促进市场力量参与扶贫开发的政策，但市场主体的参与仍然有限。这体现为两个方面：一是市场主体参与扶贫开发工作的意识不强，导致参与到扶贫开发事业当中的市场主体数量有限；二是贫困地区的投资环境不够理想，影响了外部市场力量的进入以及市场力量的发展。

湖北省的英山县楚山春茶叶股份有限公司是市场主体参与意识不强的案例之一。楚山春茶叶有限公司位于英山县程家咀村，2014 年由本村 5 个茶叶生产大户合资成立。该企业目前有 4 条生产线，机械化程度比较高，每年产出的茶叶 80%左右以批发形式销售出去，小部分以实体店的形式零售出去。该企业在资金流动、茶叶销路等方面都不存在大的问题，并且具有较大的发展潜力，也形成了带动贫困人口发展的相应机制。但企业内部管理混乱的问题，导致其在带动农户发展上作用有限。因为该问题的存在，企业将更多精力放在了内部管理上，企业的重要管理人员均承担茶青收购、茶叶加工和茶叶销售环节工作，企业并没有太多的精力放在带动贫困农户发展上。这就导致了茶农在茶树种植上的混乱，与企业的茶树管理、施肥、修枝和采摘所用标准各异，茶树品种不符合企业加工的要求，种植茶树的农户收益始终难有大幅提高。

贵州省平塘县新光茶叶农民专业合作社是市场主体实力欠缺的案例之一。在县扶贫办和村两委的积极领导下，新光茶叶合作社于 2012 年正式挂牌成立。该合作社有社员 221 户，覆盖村里大多数的茶农。在合作社的组织和管理下，社员的组织化程度有了一定的发展，能够就务工工资跟当地企业商量。除此之外，该合作社还针对本村茶农在种植技术上的不足开展了多次技术培训。这些措施都有利于贫困户的生产发展。但作为引导本村茶农产业发展的市场主体，合作社在发展潜力上却有很大的局限性。首先是合作社的流动资金严重不足。在成立之初，该合作社的注册资金为 115.9 万元，但最近几年厂房扩建动用了大部分资金，合作社发展的剩余流动资金严重不足。在茶农将鲜叶出售给该合作社时，合作社由于资金不足而经常向茶农赊账，弱化了合作社与茶农的联系。其次是该合作社的生产设备比较落后。合作社仅有的两台生产设备中，需要人工操作的地方较多，仍然属于半人工半机械的加工水平。加工设备不够先进，人工操作的地方比较多，生产出来的茶叶在质量上很难提升。最后是销售渠道不畅。合作社主打高端茶，面向的是高端茶市场，但茶叶质量不稳定，茶叶销路不理想。合作社 2016 年生产的高端茶卖不出，只好低价出售，合作社的效益大大降低。在上述三个瓶颈控扼之下，合作社的发展潜力很有限。在市场主体都难以维持自身的发展下，难以有效带动当地贫困群体发展。

如前所述，作为市场主体的农民经济合作组织、金融机构企业和农业大户等，他们参与市场经济活动的核心目标是利润最大化。利润是市场主体参与贫困治理的内在驱动力。市场主体到贫困地区投资兴业并带动当地贫困户的发展，在很多情况下都意味着市场主体要将相当一部分利益让渡给贫困群体。因此，市场主体参与的意愿不强烈，积极性比较低。即使有一些企业参与其中，但本地市场容量有限，外部市场拓展艰难。这些市场主体的发展也并不都如人意，有些市场主体甚至处于维持生存的局面中。

3. “搭便车”行为。搭便车行为概念由美国经济学家在曼柯·奥尔逊在《集体行动的逻辑：公共利益和团体理论》一书中提出，它的基本含义是不用付出任何成本便可以坐享他人之功。齐国的南郭先生本身不会吹竽，为了获取报酬却混在吹竽的乐队里，装模作样地吹竽，最终拿到跟其他乐师一样的报酬。曼柯·奥尔逊称这种投机行为为搭便车行为。这种行为主要发生于集体行动中且个体付出难以衡量的情况下。如果一个社会中“搭便车”的人越来越多，那这个社会的总体效益必然下降。虽然中国的扶贫开发根本目的是提升贫困群体的收入水平，各种扶贫资源的指向也是贫困群体，市场主体很难佯装成贫困者直接去获取相关扶贫资源或项目收益。但中国的扶贫开发仍存在市场主体“搭便车”现象。

扶贫政策为市场主体“搭便车”创造了政策空间。中国贫困地区资源贫乏，难以依靠自身力量和资源将产业发展起来。在政府与市场合力扶贫中，政府负责投入资金，帮助贫困地区建设基本的基础设施等，市场主体则负责带动当地产业发展。中国政府部门颁发的文件也倾向于政府和市场力量的共同介入，如国务院2001年颁发的《中国农村扶贫开发纲要（2001—2010年）》指出：“引导和鼓励具有市场开拓能力的大中型农产品加工企业，到贫困地区建立原料生产基地，为贫困农户提供产前、产中、产后系列化服务，形成贸工农一体化、产供销一条龙的产业化经营。”在多数情况下，政府和市场同时介入有利于贫困问题的治理。但在某些情况下，尤其是产业扶贫中，政府部门与市场主体的合作也为市场主体“搭便车”创造了机会。在产业扶贫中，政府为贫困群体提供的服务和资源不具备很强的排他性，比如道路建设、某地共享品牌建设和信息宣传等。在这些项目中，很难阻止非贫困群体利用这些服务和资源去与贫困群体争夺相关收益。换言之，市场主体不用付出任何成本就可以获取本该为贫困群体创造的利益。

除了政策原因外，扶贫责任及其收益缺乏明确的界定也为这种“搭便车行为”提供了条件。这些总体上的规定很难在具体扶贫行为上明确各方的责任与收益。举一个例子，在由政府、市场和贫困群体共同参与的茶叶产业扶贫中，政府负责相关基础设施建设以及为贫困农户提供与种植茶叶相关的物资和服务，农户负责茶树的管理和采摘工作，而市场主体负责对茶叶进行加工并销售出去。最理想的情况是，政府提供的基础设施、物资和服务适合当地茶树，贫困农户对茶树进行科学管理以使产量最大化，而市场主体尽可能地使加工成本最低。如果能同时满足这三个条件，市场主体、贫困农户和政府就能够同时受益。而一旦在这三个环节中有一个环节与其他环节脱节，就会影响茶叶的最终售价。这个时候要界定售价不好的原因，是由于政府提供的基础设施不到位，还是贫困农户对茶树管理不到位，抑或是市场主体在加工环节出错就很困难。由于责任难以界定，市场主体便有可能在加工环节投入较少的成本，进而出现类似“搭便车”的行为。

中国的贫困治理需要政府、市场主体和贫困农户共同参与，有时候还涉及多个政府部门，多个市场主体和众多贫困农户。这个时候，扶贫行动就类似于集体行动。如果参与集体行动的各方的社会责任意识不强，就会产生投机心理，抱着“就算我不做，总会有别人做”的想法去对待扶贫开发工作。这种“搭便车”行为无疑会降低中国扶贫工作的效益。由此，扶贫工作中的“搭便车”行为也是市场力量参与贫困治理所可能出现的问题。

4. 市场波动造成的风险。引入市场主体和市场机制后，贫困地区生产的农产品或提供的服务均要到市场上流通，才能够体现其价值并获取市场利益。而在政府与市场共同协助下，贫困群体的农产品或者服务有三种途径流通到市场上：一是政府渠道，即政府为贫困群体联系好销路，一般是某一市场主体与政府签订协议，以高于市场价格收购贫困群体的农产品或服务。这种渠道下，市场主体与贫困农户的关系仅仅体现为农产品或服务的出售和购买关系，而贫困农户能够脱贫只是政府的责任，市场主体不用承担任何责任。二是市场渠道，即市场主体除了在生产环节指导贫困群体合理配置生产资源外，还要在销售环节协助贫困群体将农产品或服务出售出去。在这种渠道下，市场主体有义务使贫困群体通过这两个环节实现脱贫。三是农户渠道，即贫困群体在不依靠市场主体的帮助下，将农产品或服务拿到市场上交易。在这三种渠道中，贫困群体均要承担一定的市场风险，区别只是程度不同而已。

在第一种渠道中，政府部门与其他市场主体对接好，市场主体以高于市场价格收购贫困群体的农产品或服务。在这种方式下，贫困农户看似承担任何风险，因为农产品或服务的出售价格均高于市场价格，至少是不会亏本。但在市场价格波动较大时，市场风险就会转嫁给其他市场主体。实际上，贫困群体不受损失，而其他市场主体却受到损失。这种风险转移会造成两种对贫困群体不利的局面。第一种局面是，在缺乏足够的政策刺激之下，长期亏损的市场主体不再与政府部门签订持久的协议。第二种局面是，在市场需求持续萎缩情况下，还能从中受益的贫困群体认为种植该种农产品或提供该种服务仍然可以受益，于是就继续生产该农产品或服务。换言之，外部市场价格变动已不能调节贫困群体的生产行为，而一旦这种局面出现后，贫困群体就要面临巨大的市场风险。

在第二种渠道中，贫困群体生产的农产品或服务经由与之对接的市场主体。市场主体除了要把贫困群体生产的农产品或服务以最高价格出售出去，还要把市场变化的信息传递到贫困群体当中，以这些市场信息调节他们的生产行为，以适应市场需要。这时候，贫困群体面临的市场风险最小。但在中国转型期，企业、合作社和生产大户等市场主体的社会责任感较弱，他们很难长期自愿参与到这个过程中。一旦这些市场主体的参与意识不强或市场能力不足，贫困农户就要自己面临市场风险。

在第三种渠道中，贫困群体要自己去市场收集市场信息，然后根据这些市场信息调节自身的生产活动。由于贫困群体是一个相对比较封闭的群体，所以收集市场信息并作出科学的决策对他们来说非常困难。直面市场，贫困农户将面临更大的市场风险。

综上所述，只要是以市场手段解决贫困群体发展能力的手段，贫困群体都要面对不同程度的市场风险。而这些市场风险很有可能将贫困群体置于更加糟糕的境地。然而，贫困群体所要面对的市场风险也不是没有办法将之最小化。政府渠道和市场渠道中，构建贫困群体与市场主体之间稳定的利益联结机制是关键。只要贫困群体能受益，而且还保证市场主体也能够受益，那不管是政府渠道中的市场主体，还是市场渠道中的市场主体，都不会出现参与不足或直接退出的状况。而在农户渠道中，最为有效的办法是提升贫困群体收集市场信息和科学决策的能力，以提高其生产活动应对市场变动的适应力。但就目前情况来看，不管是利益联结机制，还是贫困户的发展能力都还难以实现，所以上述三种途径的市场风险还是有可能出现在贫困群体面前。

5. 市场波动恶化贫困群体的市场参与意识与市场竞争能力。政府主导的扶贫行动，市场参与其中的扶贫项目以及政府、市场和社会三方力量共同协作的扶贫行为，最终的落脚点均在贫困群体身上。除了政府、市场和社会力量之外，贫困群体的参与状况在减贫中也十分重要。中国贫困群体在扶贫工作中的“自主性缺失”已成为学界共识。

在S村的调查结果也证实了这一点。在S村所有被调查者中，有9.9%的家庭表示村庄实施的扶贫项目征求过他们的意见，38.2%的家庭表示没有征求过他们的意见，51.9%的家庭表示对于这一问题不清楚。其中，家庭年人均纯收入在1000~3000元的农户表示征求过他们的意见，比例为20%。而这一比例分别是人均纯收入在1000元以下、3001~5000元、5001~10000元和10000元以上农户的2倍、4.2倍、3.4倍和3倍。民众对于村庄扶贫活动的低知晓率必然导致他们对于村庄扶贫活动的低参与率。调查显示，参与率最高的是家庭人均纯收入在1000~3000元的农户，仅为30.0%，而家庭人均纯收入在3001~5000元、50001~10000元和10000元以上的农户的参与率均不超过10%。进一步分析，农户对于扶贫活动的低知晓率与低参与率意味着农民组织化的程度和水平较低，这必然影响到扶贫项目的适应性与扶贫效果的有效性，从而制约扶贫效果。调查结果显示，家庭人均纯收入在1000元以下、3001~5000元、5001~10000元和10000元以上的农户认为扶贫项目符合当地现实情况的比例均不高，分别只有11.4%、15.0%、4.8%、5.9%和6.7%；明确表示扶贫项目不符合当地现实情况的比例也不高，比例最高的是家庭年人均纯收入在1000元以下的农户，比例为15.2%；大部分民众不了解扶贫项目的实施效果。

在市场主体介入之前，贫困群体参与扶贫开发的意识不强。市场主体介入后有可能进一步弱化贫困群体参与意愿。因为贫困群体扶贫中的组织重建是将贫困农民组织起来，通过增强成员之间的合作能力与社会凝聚力，实现与外部环境的互动以获得自我发展。中国传统的贫困农村社区多属于控制松散型结构，农民的自组织水平有限，更多的是一种农民个体的集合，没有形成统一的有机体。在这种情况下，贫困群体参与扶贫开发的自主性显然不够。而一旦把这些分散的群体置于市场的风口浪尖，很可能会恶化他们的组织化程度，进而降低他们的参与意愿。可见，市场参与扶贫开发工作还可能会恶化贫困群体参与不足这一窘况。

（二）应对市场风险的策略

市场经济在中国社会经济建设中发挥着不可替代的作用，同时也给社会发展带来一定的消极影响。但总的来说，市场经济的积极作用不能因为其曾对中国社会经济带来损害而遭到全盘否定。我们应该合理看待市场经济的利弊均沾。同样地，在扶贫开发工作领域，我们既要肯定市场力量带来的作用，也要正视其具有破坏性的一面。对于市场力量的正面作用，我们要总结与推广；而对于市场的消极作用，我们要找出适当的办法将之最小化。就目前市场力量对中国扶贫开发工作带来的潜在风险而言，贫困群体和市场主体的参与意愿不够、市场价格波动带来的风险、市场主体“搭便车”行为和“精英俘获”现象的出现也可以通过相关措施的引导，使其往比较合理的方向发展。

关于市场主体参与有限的问题、市场主体参与带来的“精英俘获”问题，二者很可能存在相互强化的关系。市场主体参与有限，由市场主体参与意愿不强和参与扶贫开发的市场主体的综合能力有限这两个方面构成。市场主体参与意愿不强，一定程度上制约了贫困群体发展能力和收入水平的提升。市场主体缺乏发展资金以及对利润最大化的追求促使其通过一切合法手段获取外部的发展资源。中国的扶贫开发政策不仅鼓励市场主体参与，还为市场主体制定了很多优惠政策。这就为扶贫开发领域中出现“精英俘获”现象提供了空间。要化解这两个问题的关键在于，构建市场主体和贫困地区之间的有效利益联结。一味要求其他市场主体只付出不收取相应报酬是不合理的。通过构建市场主体与贫困地区之间的利益联结机制，实现市场主体与贫困地区的双向收益，可以提高市场的参与意识，促进市场主体提升发展能力，还能降低扶贫资源被精英“俘获”。另外，加强市场力量的社会责任感是应对上述两个风险的举措之一。在市场经济逐利思想的驱使下，市场主体往往把追求利润放在首位，社会责任感被淡化。有数据显示，中国市场主体对社会的捐赠逐年上升，但不少市场主体是为了企业形象带来的经济效应而捐赠，并不是为了奉献社会而捐赠。这就需要进一步加强市场主体的社会责任意识，促进其承担更多社会责任。

关于市场主体在扶贫开发中的“搭便车”行为，除政策设置为市场主体“搭便车”行为创造政策空间外，在扶贫过程中政府、市场和贫困群体三者之间权责和受益不明确也有利于这种行为的出现。基于这两个原因，解决市场主体“搭便车”行为在于压缩市场主体“搭便车”的空间，增加其“搭便车”的成本，并要明确政府、市场和贫困群体三者之间权责和受益。但就目前扶贫形势看，从政策设置上将市场主体排斥在扶贫开发之外是不科学的。较好的办法便是从政策上使政府、市场和贫困群体三者之间权责和受益更加明确，使市场主体在此过程中的扶贫行为更加具有可观测性。

关于市场价格波动有可能对农户带来风险这一问题，购买农业保险、合理布局扶贫产业和提升农户市场能力是关键。在贫困群体的农产品或服务流向市场的三种途径中，政府途径和市场途径虽然都面临不少市场风险，但也发挥一定效益，同时动员贫困农户直接参与市场也非常必要。另外，也可以通过为贫困农户购买生产性保险和价格指数保险来适度降低他们有可能承担的市场风险。此外，政府在制定产业发展政策或规划时也要科学决策，尽量避免产业选择和发展的同质化，充分发挥地区的优势资源。

·第七章·

社会参与：新形势下多元协同大扶贫格局的强大支撑

改革开放之初，由于传统的经济体制效率不高，中国政府通过土地经营制度、农产品流通体制改革和发展乡镇企业激活农村地区的活力。此后，中国的经济发展中心由农村向城市转移，中国政府于1986年成立专门的政府议事组织协调机构——国务院贫困地区经济开发领导小组（1993年更名为国务院扶贫开发领导小组），以进一步推动中国农村扶贫开发事业的发展。到了新千年以后，鉴于政府和市场在社会治理领域失灵，中国政府开始将社会力量引入贫困治理领域。社会力量的引入，实质上是中国政府对中国不同地区贫困人口存在的差异性的重视，以社会力量这一重要手段来响应不同地区贫困群体多元化和差异化的发展需求。可以说，这是中国政府贫困治理理念和治理方式的改变：由注重结构性贫困向结构性贫困和个体性贫困并重局面转变。正是不同贫困地区的差异性，以及政府要对贫困群体的多元发展需求做出合理回应，奠定了社会组织参与其中的重要基础。

一、扶贫开发力量的构成与特征

“社会扶贫是一双赢的措施，它有利于促进和谐社会的建设，有利于增进中央和地方的联系，有利于增强发达地区与欠发达地区的了解和沟通。”[①] 国务院扶贫办原主任范小建在一次座谈会上对社会扶贫给予了充分的肯定。从这段简洁有力的话语中，我们看到国家领导人对社会扶贫所发挥作用的认可，以及作为扶贫力量之一的社会力量在农村贫困治理中能够起到的作用。社会扶贫虽然不是古而有之，却有着较为悠久的历史。从先秦时期的“使老有所终，壮有所用，幼有所长，鳏寡孤独废疾者，皆有所养”，到史学家吕思勉的“时愈近古，则赈济之处于官家者愈多，以官家之财产较多也”，再到宋代以“社仓”制度来应对青黄不接时贫困农户的生计问题，均可见社会扶贫的影子。由此可见，古代中国扶贫济困不仅仅包括国家层面的“惠民仓”“广惠仓”，更有社会层面以家族或宗族为主的“社仓”。这可以视为社会力量参与现代农村地区扶贫工作的历史渊源。既然社会扶贫可以追溯至先秦时期，那么社会扶贫的定义是什么呢？

不管是在古代社会，抑或是当今中国，人们对社会扶贫的概念、构成和特征都没有一个统一、精确的认识。从目前的学术研究来看，社会扶贫主要是指政府专职机构以外的所有扶贫力量。比如《中国扶贫开发年鉴（2011）》将社会扶贫解释为“动员和组织社会各方的力量，参与贫困地区的开发建设，是中国特色社会主义扶贫开发道路的重要内容，也是社会主义制度优越性的体现，有利于统筹城乡和区域发展，确保贫困地区和贫困群体贡献改革发展成果，是构建社会主义和谐社会、落实科学发展观的必要要求。”这一定义有时候会与市场扶贫力量相冲突。比如，社会力量与市场力量可以作为政府财政扶贫资金的补充，这是社会各界的共识。但在说明社会力量和市场力量的扶贫资金整合能力时，有些学术研究既引证民营企业的捐赠资金作为社会力量在扶贫开发中发挥作用的强有力支撑，

---

① 洪绍华：《国务院扶贫办原主任范小建在湖北调研高度评价我省社会扶贫工作“三个5个亿”》，《湖北植保》2008年第6期，第43页。

又列举民营企业的捐赠总额来说明市场力量的扶贫资金整合能力。又比如，以国家企事业单位为典型的定点扶贫，到底是属于社会扶贫还是市场扶贫？这在学术研究上也是不清晰的。造成社会扶贫与市场扶贫关系模棱两可的原因在于，人们对社会扶贫的认识停留在“政府专职机构以外的所有扶贫力量”这一层面。很明显，根据这一定义，民营企业必然属于政府专职机构以外的力量，应当属于社会扶贫力量。但关键是，民营企业的活动场所为市场经济领域，是重要的市场主体。它经常以市场的形象出现在国家的产业扶贫中，为贫困地区培育市场主体和建设市场机制。从这个角度看，民营企业更像是以市场力量在发挥作用。

鉴于社会扶贫力量和市场扶贫力量关系的模糊不清，有必要对社会力量的构成和特征进行详细的阐述。下文将从概念的外延来阐释社会扶贫力量的构成，以便能够清晰地区分社会扶贫力量和市场扶贫力量。我们倾向于把社会力量扶贫理解为由定点扶贫、对口扶贫（东西扶贫）、社会组织扶贫、企业扶贫和国际发展援助这五个方面。之所以将定点扶贫和企业扶贫纳入社会扶贫力量中，是因为区分市场力量和社会力量的关键在于，这一主体力量到底是不是以市场化方式参与中国的社会治理。如果主体力量仅仅捐赠物资，而项目实施或者发展过程由另一主体实施，那这一主体力量就属于社会力量；反之，如果这主体不仅仅捐赠物资，还亲自实施发展项目，试图以市场化方式促进贫困地区发展，那这一主体力量就属于市场力量。中国目前的定点扶贫和企业扶贫，大多数以捐赠资金为主，以市场化方式带动发展这一方式还在探索中。这是将定点扶贫和企业扶贫纳入大社会扶贫力量之中的主要原因。

（一）定点扶贫

作为国家动员社会力量进行扶贫攻坚的重要战略举措之一，定点扶贫是指以各级党政机关、国有企事业单位和社会团体为主体力量，利用自身资源优势对贫困地区的重点贫困县开展相关扶贫行动。作为社会扶贫的构成要素之一，定点扶贫充分体现了社会扶贫的优势。中国各级党政机关、国有企事业单位和社会团体力量遍布于中国社会经济建设的方方面面，如中国各级党政机关既有以农业为主要工作重心的农业部门，也有聚焦于文化事业的教育部门，有些地方更有专注于农村发展的农村工作部门。它们有着特定的、专业的工作方法和资源优势。中国农村的多维贫困和多元化的发展需求正好与中国各级党政机关、国有企事业单位、社会团体的优势相弥合。这也是定点扶贫得以存在的主要原因。中国的定点扶贫工作分为中央部委层次和地方政府层次。

1. 中央定点扶贫。中央定点扶贫是指中央、国家部委、大型企业事业单位和人民团体在国家贫困县的扶贫开发工作，其渊源可以追溯至20世纪80年代。在中国的治理部门中，有一些政府部门，如农业部、林业部、水利部和科技部等由于长期与农村地区存在着联系，所以它们与中国农村的关系也比其他部门更为密切。这种密切关系促使上述部门成为投身中国农村扶贫开发工作的先行者。此后，国务院贫困地区经济开发领导小组（1993年更名为国务院扶贫开发领导小组）成立，中央定点扶贫工作便有了专门的政府议事协调机构来推动和组织。而1996年召开的中央扶贫开发工作会议提出“全社会扶贫，党政机关要带头”这一口号后，中央定点扶贫工作进入一个快速发展时期。如今，越来越多的中央、国家部委、大型企事业单位和人民团体投入扶贫开发领域，承担起对口支援帮扶的社会责任。

从上述发展阶段可以看出，中央定点扶贫历经三个发展阶段，从“内生式”扶贫到“运动式”动员扶贫，再到“制度化”扶贫①。20世纪80年代初，科技部、农业部、商业部、水利部和林业部等部门利用自身与农

① 共济：《新阶段社会扶贫体制机制创新》，中国农业出版社2012年版，第2页。

村关系密切的专业优势，自发地在农村开展扶贫活动。这是中央定点扶贫的“内生式”扶贫。在国务院贫困地区经济开发领导小组的动员和组织下，参与到定点扶贫的中央部委达到16个。由于该时期中央政府采取了梯次动员的方式，中央部委是分批进入扶贫领域的，其中部分机构参与定点扶贫是为了完成中央政府下达的政治任务。这是中央定点扶贫的“运动式”动员扶贫。而在1996年的中央扶贫开发工作会议召开后，更多中央部委积极响应“全社会扶贫，党政机关要带头”这一“政治命令”，于是中央部委定点扶贫逐步演变为一项制度。这是中央定点扶贫的“制度化”扶贫。

2. 地方定点扶贫。与中央部委定点扶贫相对应，地方定点扶贫是指省及其以下机关单位对特定贫困地区开展的扶贫工作，一般是省级机关单位帮扶贫困县，市（州）级机关单位帮扶贫困乡镇，县级机关单位帮扶贫困村。从发展过程来看，地方定点扶贫机构也是分批次动员，经历了与国家部委定点扶贫相类似的发展过程，即由“内生式”扶贫到“制度化”扶贫。从表面上看，地方定点扶贫与中央部委定点扶贫相比，地方定点扶贫在“级别”上比较低，在关系网和资源上也可能因“级别”不够高而不能与中央部委相匹敌。但在数量上，中央部委定点扶贫的数量却不及地方定点扶贫多。此外，地方定点扶贫与贫困群体联系更为密切，能够灵活地规划多样化的发展项目来契合贫困地区的实际需求。所以地方定点扶贫发挥的作用也不容忽视。

地方定点扶贫具有的灵活性和多元化体现在丰富多样的扶贫模式上，如重庆市的“集团式”扶贫模式、陕西省的“两联一包”扶贫模式、广西壮族自治区的内部东西对口帮扶模式、干部帮扶模式等。其中，被各省区采用最多的是集团式扶贫模式。这种模式的特点是，把政府部门的组织、管理、协调优势与科研机构、大专院校的人才、信息、技术优势，以及工商企业的资金优势整合起来，与贫困地区形成一对一或一对多的对口帮扶格局，克服单一机构在扶贫方式单一、资源筹措渠道单一、扶贫力量分散、协调组织有困难等弊端，是一种多形式、多层次、全方位、综合性的定点扶贫方式[①]。

依托于地方定点扶贫，扶贫主体能够依据不同农户的发展需求制订出相应的发展计划。如石家庄市委组织部在全市乡镇干部中开展的“一帮三带九”项目就是一个具体的案例[②]。截至2007年9月，石家庄市223个乡镇，1.3万名干部共与3.9万个专业户、12万户低收入农村家庭结对帮扶，直接受益农户达15.9万户。“一帮三带九”活动的主体是乡镇包村干部和全体村干部，帮扶、带动的对象是本村村民。乡镇、村干部依据本村的主导产业和各户的具体情况，到村入户进企业。在走访调查2000余户的基础上，干部确定种植、养殖、个体工商帮扶户各一户，掌握各户家庭、年收入和发展项目等详细情况后，制定切实可行的帮扶目标和措施。在此基础上再带动九户，即每个帮扶户再各确定三户联系户，按种植、养殖、个体工商分类别来确定，以便于指导和相互交流，其中至少要有一户贫困户。

3. 定点扶贫的特征。定点扶贫由中央定点扶贫和地方定点扶贫两个层面构成。在经历了“内生式”扶贫到“运动式”动员扶贫再到“制度化”动员这一过程后，中国的定点扶贫工作也逐渐步入稳定、成熟的发展阶段。这一阶段显示出定点扶贫工作与其他社会扶贫力量不同的特征，如扶贫主体多样化、扶贫资源社会化和扶贫对象具体化。

扶贫主体多样化。从全国各省采用较多的“集团式”定点扶贫模式来看，政府部门、科研机构和工商企业共同协作扶贫，发挥各自的资源优势，如政府部门负责组织协调发展项目的落实工作，科研机构提供人才和技术，工商企业发挥资源整合优势。单单这一种扶贫模式就涉及三方不同

---

① 共济：《新阶段社会扶贫体制机制创新》，中国农业出版社2012年版，第3页。

② 李俊奇，靳国庆：《石家庄市乡镇干部结对帮扶专业户》，《农民日报》2007年9月14日，第1版。

的主体，这不是那些扶贫主体单一但种类繁多的扶贫模式所能够涉及的扶贫主体所能与之比拟的。

扶贫资源社会化。定点扶贫的扶贫主体包括大部分国家党政机关、事业单位和社会团体，但扶贫工作开展过程中所需的扶贫资金均不属于国家财政资金，而是通过扶贫主体动用社会网络关系从社会各界争取到的扶贫资源。由于定点扶贫的扶贫主体多样化，所以扶贫资金筹集模式也更加多元化，既可以是在扶贫主体内部发起募捐，也可以面向社会各界展开募捐。这些资金大多数来自于社会。

扶贫对象具体化。在中国精准扶贫发展战略下，不仅政府部门的扶贫行动追求精准化，定点扶贫开展的扶贫工作也讲究精确化。与政府扶贫行动相比，定点扶贫开展的扶贫工作更容易做到精准化和精确化。政府部门的扶贫行为多是面向局部地区，而定点扶贫的扶贫主体本身就植根于贫困地区，面向的对象更加具体、细化。在定点扶贫的扶贫主体能够掌握更加丰富、细致的地方性知识的情况下，其制定和实施的发展战略就能够更加切合扶贫群体的需求；即使在实施过程中发现项目有所偏离，定点扶贫的扶贫主体也能够及时纠正过来。

（二）对口扶贫

对口扶贫亦称东西扶贫协作，是在东部发达省市与西部欠发达省市之间开展的扶贫协作。它不仅仅是实践邓小平提出的“先富带后富”战略思想的举措，更是国家为建成全面小康社会、实现共同富裕目标做出的制度性安排。这一制度有效地联结了东部的经济优势和西部地区的发展需求，不仅能够推进西部地区的贫困治理工作，还有助于东部地区和西部地区充分发挥各自的资源优势。

1. 对口扶贫的演变过程。对口扶贫可以追溯至改革开放初期。1979 年国家正式提出较发达地区结对帮扶落后地区的计划。这一计划主要针对当时贫困地区较为严重的“等靠要”思想，试图增强贫困地区经济发展的内在动力和活力，将“输血”变成“造血”[①]。1991 年中国东西对口扶贫工作进一步发展，由原先的零散发展向联合开发资源阶段迈进，协作方式也由低端的技术性资源转移向高级的联合组建企业集团转变。1994 年颁布的《国家八七扶贫攻坚计划（1994—2000 年）》把东西扶贫协作由国家倡导上升到明文规定，明确要求东部发达省市对口帮扶西部贫困省市。1996 年召开的中央扶贫开发工作会议进一步推动对口扶贫协作跨越式的发展，会议要求北京、天津、上海三个直辖市，沿海六个经济比较发达的省和四个计划单列市分别对口帮扶西部十个省、自治区。具体的结对帮扶关系是北京帮内蒙古，天津帮甘肃，上海帮云南，广东帮广西，江苏帮陕西，浙江帮四川，山东帮新疆，辽宁帮青海，福建帮宁夏，深圳、青岛、大连、宁波共同帮贵州。由此，全国 23 个省（自治区、直辖市）的对口扶贫工作全面展开。

2. 对口扶贫的帮扶模式。在全国范围内展开的对口扶贫工作，经过 30 余年的演变与发展，形成了多样化的帮扶模式，具体有以下四类：一是无偿捐赠资金用于教育、卫生和其他基础设施建设；二是捐赠生产和生活物资，用于支持农户的农业生产和救济农民的日常生活；三是经济技术协作，利用发达地区的资金、技术、管理和市场优势，以及贫困地区的自然资源和劳动力优势，进行生产经营；四是人员的双向交流，发达省市派干部、技术人员和青年志愿者到贫困省、区提供服务，贫困省、区派遣行政和技术干部到发达省市接受培训和挂职锻炼，并输送劳动力到发达地区就业[②]。在具体的结对关系中，有可能同时涉及上述四类帮扶模式。如福建与宁夏的扶贫协作就同时涉及上述四种模式。从 1996 年确定对口协作关系

---

① 杨旭光，鲁牧：《对口协作共同发展我国加快东西部横向经济联合》，《人民日报》1991 年 10 月。

② 共济：《新阶段社会扶贫体制机制创新》，中国农业出版社 2012 年版，第 3 页。

至2013年，福建省帮助宁夏建设闽宁镇、惠安镇和南安村等一大批生态移民示范村，打造140个闽宁示范村，新建了1.5万眼井窖，解决30万人和10余万头牲畜的饮水困难。此外，福建在宁夏援建的学校和卫生院分别为227所和303个，福建派遣1000多名支教老师、医疗专家和志愿者到宁夏贫困山区服务和工作。更为重要的是，在这17年间，福建各界为宁夏提供了9.41亿元的发展资金，用于改善宁夏南部山区的产业发展和民生状况①。

3. 对口扶贫的特征。在推行对口扶贫的近30年里，东部地区与西部地区共同在贫困治理的实践中寻找更有效率的对口扶贫方式，取得了丰富的实践成果。中国的对口扶贫也由最初国家层面倡导的省与省之间的结对帮扶，逐渐发展到市县层面的结对关系。在这个过程中，中国的结对扶贫关系逐渐丰富，结对主体多样化。这是对口扶贫呈现出的特征。

一是结对关系丰富。经过多年的演变，对口扶贫已经由单一的省与省之间的结对帮扶，发展到市县层面的结对关系，而且省、市和县三个层面的结对关系也可能有所交叉。比如不再是简单的A省结对帮扶B省，而是A省与A市、A县一起结对帮扶B省、B市和B县，或者是多省结对帮扶一省。又比如一个区县与一市直单位共同结对帮扶另一个县。

二是结对主体多样。对口扶贫的承担主体虽然不是政府专门的议事协调机构，却是经由国家会议提出，后由扶贫文件确立的扶贫方式，带有很强的政府参与色彩。随着对口扶贫不断深入发展，市场力量和社会力量的参与越来越多，在参与主体上呈现由政府单一主导向政府引导下的市场力量、社会力量主动参与的趋势转变。在对口资源流通方向上，不再是东部地区的发展资源向西部地区转移，而是东西部之间的互惠共赢，双方在对口扶贫中均得到有益的发展。

① 张亮：《福建省持续17年结对帮扶宁夏发展》，新华网宁夏频道，2013年10月。

4. 对口扶贫的成效。合作的积聚效应能够产生单一主体所没有的生产力。东部地区和西部地区的结对帮扶，可以使西部地区的资源、自然条件和劳动力的优势得到合理的发挥，并与东部地区的资金、技术和市场结合起来。西部地区陷入贫困的原因在于发展要素的匮乏，这决定了发展资源的援助成为带动西部发展的突破口。在东部地区广泛的社会动员下，大量的物资、资金、人才和技术向西部地区转移。数据显示，在 2003 年至 2010 年间，东部到西部挂职帮扶的干部为 2592 人次，西部到东部挂职学习的干部为 3610 人次；东部地区为西部地区提供的政府援助资金达 44.4 亿元，参与协作的企业有 5684 个，实际投资总额为 2497.6 亿元，社会捐赠总额为 14.2 亿元；培训专业技术人才 22.6 万人次，组织劳务输出 467.2 万人次①。在东部地区的各项资源的引进下，西部地区的扶贫工作取得巨大的进展。如 1997 年北京市 18 个区县与内蒙古 18 个国家贫困县结对帮扶后，内蒙古牧民的人均收入就有所提高：1999 年内蒙古牧民的人均收入比 1996 年提高将近 200 元②。又如在福建和宁夏对口协作的 20 年里，宁夏的贫困发生率由 1995 年的 55%下降到 2015 年的 14.5%③。这可以看出对口扶贫对贫困治理的重要性。

（三）社会组织扶贫

改革开放以来，中国社会转型最为突出的特征在于国家有意识弱化自身的控制能力，社会空间逐渐发育。在这个过程中，社会组织不断发展壮大，在社会治理上发挥着引人注目的作用。在 2008 年的汶川地震中，中国各地出现大约 20 个大规模的社会组织集体性联合救灾行动。这些由社会组

---

① 国务院扶贫办公室：《中国农村扶贫开发的新进展》白皮书，2011 年 11 月。

② 《中国扶贫开发年鉴》编委会：《中国扶贫开发年鉴（2011）》，中国财政经济出版社 2011 年版，第 469 页。

③ 《新发展理念案例选·脱贫攻坚》，党建出版社 2017 年版，第 10 页。

织发起的大规模集体性联合救灾行动把众多弱小、单一的扶贫力量联合起来，互通有无，优势互补，形成集聚效应，在紧急救援和灾后重建中发挥重要的作用。有研究报告指出，NGO 和志愿者组织等民间公益力量在汶川地震救灾过程中的价值贡献超过 20 亿元[①]。中国的社会组织在抗震救灾中发挥了如此巨大的作用，那在扶贫领域又是如何？下文就社会组织的发展过程、社会组织的类型、社会组织扶贫的特征和社会组织参与贫困治理的成效做详细的介绍。

1. 社会组织的发展过程。社会组织又称民间组织或非政府组织（NGO），是与政府体系、市场体系相区别的社会构成部分。从性质上看，它具备非政府、非营利性、公益性和社会性四大特征。而社会组织扶贫则是指党政系统和市场体系以外的社会组织以贫困群体脱贫致富为目标而展开的一系列减贫行动。中国的社会组织从 20 世纪 80 年代就开始在贫困治理领域活动，大致经历了两个发展阶段。

1984 年至 2000 年为第一阶段。在这一阶段，中国政府对社会空间有着较为有力的约束，社会组织的发展受到很大的限制。所以这一时期的社会组织往往是自发地、无序地参与到贫困治理当中，不同社会组织之间难以形成有效的合力。即便如此，社会组织的数量也在缓慢地增长。到了 20 世纪末，活跃在扶贫领域的社会组织主要有中国扶贫基金会、中国扶贫开发协会、中华慈善总会、全国妇联巾帼扶贫行动、全国残联扶贫活动、希望工程、光彩事业、幸福工程、宋庆龄基金会扶贫救助项目、中国社会科学院小额信贷中心、爱德基金会、香港乐施会等大型机构。

2001 年至 2017 年为第二阶段。新世纪以来，中国政府在有意识地弱化对社会空间管控能力的同时，还出台一系列规定对参与扶贫的社会组织

---

① 中山大学公民与社会发展研究中心，香港中文大学公民社会研究中心：《关于民间公益组织参与汶川地震救灾重建的报告及建议》。

进行引导。2006 年江西省扶贫办以公开竞争投标方式，将投资总额为 1100 万元（财政扶持资金）的 22 个重点贫困县村的扶贫开发项目交由国际小母牛项目组织、江西省青少年发展基金会等 6 家社会组织实施。这是中国政府首次用财政资金资助民间组织的扶贫行动，开创了政府组织与国内民间组织合作扶贫的先河。此后，参与贫困治理的社会组织逐渐得到发展，治理过程也愈加规范化。截至 2014 年底，有 555 家基金会在网站设立信息披露栏目，较 2013 年增长 133%①。基金会财务信息披露率由 2012 年的 65%提高到 2014 年的 87%，基金会的整体合格率由 2012 年的 37%上升至 2014 年的 77%②。

2. 社会组织的类型。学术界关于社会组织的类型划分，主要是沿袭社会组织与政府关系来划分。依据这种划分方式，参与贫困治理的社会组织主要有三种类型。第一种类型是具有政府背景的社会组织，其与政府有着较强的关系，一般是政府对社会组织的强控制。早期的中国扶贫基金会就是具有政府背景的社会组织。作为国内规模最大、实力最强的专职扶贫公益机构，中国扶贫基金会于 1989 年在民政部注册成立，上级主管单位为国务院扶贫开发领导小组办公室。在 2000 年以前，中国扶贫基金会的核心成员基本上由党和国家的离退休领导干部构成，如首任名誉会长系国家原主席、时任全国政协主席的李先念，首任会长为福建省委原书记项南。

第二种类型是无政府背景的草根民间组织，这类组织的发起者往往是社会人士，政府与这类组织的关系相对而言比较弱，如爱德基金会。爱德基金会是由中国基督徒发起、社会各界人士参与的民间组织。作为民间组织，爱德基金会在内部和外部行动上享有独立的决策权；同时积极寻求与所有致力于促进中国社会发展、提高人民生活水平的部门或团体（包括政

① 李周：《加大力度促进社会扶贫》，《农业发展与金融》2016 年第 7 期，第 24 页。

② 李周：《加大力度促进社会扶贫》，《农业发展与金融》2016 年第 7 期，第 24 页。

府组织、地方政府、专业机构、大专院校、教会及其他宗教团体等）的合作。虽然这些社会组织有着较强的自我行动能力，但由于外部资源有限和生存发展的合法性不足而显得发展动力不强。

第三种类型是境外的国际民间组织。这种类型的社会组织一般将总部设立在国外，然后在中国内地注册成立分部。如国际小母牛组织的总部设立在美国，在中国四川省外经委注册分支机构。这种类型的社会组织在介入中国的扶贫领域时，一般是先与当地政府部门商谈，达成协议后才开始在中国内地展开扶贫项目。由此，虽然国际民间组织并没有深深扎根于中国的政治环境，但仍然在分支机构的设置上受到中国政府部门的约束。但这种约束比上述两种类型的社会组织都要少。

3. 社会组织扶贫的特征。作为政府领域和市场领域之外的空间，社会组织具有丰富的内涵与特征。由于社会组织并不属于政府系统，所以它是非政府性质的组织；而它的行为动机与市场主体刚好相反——并不是以追求经济利益为目标，而是以社会利益最大化为目标导向，所以它具有非营利性的同时，还具有社会性。社会组织为社会服务的性质，加上不以营利为目的，使得它在经济上依赖外部主体，所以它又是半独立性的。参与扶贫开发的社会组织也体现了上述特征。

一是非政府性。参与扶贫开发的社会组织的非政府性首先是指这一组织机构不隶属于政府部门，社会组织对日常事务进行自我管理。其次是社会组织的非政府性意味着组织内部的管理和运行逻辑不用遵循政府部门等级分明的管理制度，组织内部成员的关系是平等的。最后是社会组织的非政府性表现为理论上社会组织与政府部门的对等关系上。政府部门没有强制权力要求社会组织执行政府部门应该承担的责任和义务。

二是非营利性。非营利性是社会组织最大的特征。它既不像政府部门一样谋取政治利益，也不像市场主体一样追求经济利益。它的主要宗旨是为社会成员（而不是组织成员），提供多种多样的服务以满足人们差异化的需求。有些社会组织在扶贫行动中会收取比商业机构更高的费用，如中和农信的贷款利率高于商业银行，那是在服务成本高的情况下为了实现自身财务的可持续性而不得已而为之的举措。

三是半独立性。中国的政治环境为典型的“强国家弱社会”局面。虽然近年来，政府部门一直在努力构建“小国家大社会”的政治形态，但国家力量对社会力量的干预仍然没有太大变化。所以，在社会组织参与扶贫开发工作过程中，往往会受到政府力量的干预和限制，进而导致中国的扶贫社会组织并不像西方语境下的社会组织那样有很强的自主性。即使在扶贫行动中受到政府部门的干扰，社会组织的灵活性和不可或缺性使其仍具有与政府部门周旋的余地。因此社会组织也不是完全失去自主性，而是具有半自主性。

4. 社会组织参与贫困治理的成效。随着社会组织爆炸式增长，介入贫困治理的社会组织也呈现直线上升状态。截至 2015 年 11 月，中国的社会组织数量超过 60 万家，其中慈善基金会有 4696 家。这些社会组织参与贫困治理的方式主要有三种：资源募集、提供服务和推动发展。

资源募集是大多数社会力量参与扶贫开发的重要形式，参与贫困治理的社会组织也不例外。数据显示，在“十五”期间，民间组织募集扶贫资源 184.5 亿元，比“八七扶贫攻坚”期间募集的扶贫资源 167 亿元高出 10%。这表明社会组织筹集的资金可以作为政府扶贫资金的重要补充。

提供服务是指社会组织为贫困地区提供技术、教育和医疗等服务。这种方式的扶贫行动具有较强的针对性和灵活性，能够根据实际情况做出灵活变动。友成企业家扶贫基金会发起的“常青义教”项目就是一个典型的案例。“常青义教”项目依托于友成志愿者驿站平台，组织城市优秀退休教师自愿到贫困地区为当地教师队伍进行培训，旨在提高当地学校的管理水平和教师授课能力。“常青义教”项目的培训工作涵盖了讲义备课、讲课示范、课后研讨和授课评估一系列环节，并根据不同地区的实际需求有所侧重。

推动发展与政府组织的产业扶贫项目相类似，均是通过对发展过程的有效干预来达到贫困群体自我发展能力提高这一目标。但社会组织参与的产业发展有着不可比拟的优势。湖北省建始县老促会便是案例之一。在成立初期，建始县老促会将工作重心放在筹集资金上，后来转而聚焦于产业发展。2005 年建始县老促会开始带动当地贫困农户种植日本甜柿。建始县老促会先是向世界银行申请 11 万元无偿贷款，而后与恩施自治州山特农业发展有限责任公司签订农业订单，回收农户种植的甜柿。在实施过程中，建始县老促会因地制宜采取"三个落实"和"三个一"模式来激发农户参与产业种植的积极性。

（四）企业扶贫

在国民经济中，企业分为两种类型：国有企业和民营企业。国有企业历来都是中国国民经济的支柱，在国民经济的关键领域和重要部门中处于支配地位。习近平总书记在全国国有企业党的建设工作会议上指出："国有企业是中国特色社会主义的重要物质基础和政治基础，是我们党执政兴国的重要支柱和依靠力量。"国有企业在国民经济中的地位和作用不言而喻。而自 1978 年大规模的经济改革后，中国政府不断鼓励与支持非公有经济的发展。在这种改革浪潮下，一大批民营企业逐渐发展起来，也成为国民经济的重要组成部分。国有企业和民营企业在市场领域强大的发展能力，成为它们参与中国扶贫开发事业的重要基础。

1. 政府引导企业参与扶贫开发。鉴于企业具备强大的市场能力和发展能力，中国政府在 20 世纪 90 年代中期便号召企业参与到中国的扶贫开发事业当中。在 1994 年颁布实施的《国家八七扶贫攻坚计划（1994—2000 年）》明确指出要"动员大中型企业，利用其技术、人才、市场、信息、物资等方面的优势，通过经济合作、技术服务、吸收劳务、产品扩散、交流干部等多种途径，与贫困地区在互惠互利的基础上的合作”。这个《计划》实施不久后，民营企业家联名发表《让我们投身到扶贫的光彩事业中来》的倡议，受到包括港澳台侨工商界人士在内的民营企业家积极的响应，光彩事业由此开始。此外，进入中国的外资企业出于承担企业社会责任和塑造企业形象的需要，也参与到中国的扶贫事业中。例如，作为最早进入中国的跨国企业，可口可乐公司从 1993 年就开始积极支持中国的“希望工程”。

进入 21 世纪，企业扶贫进入完善与深化阶段。2001 年开始实施的《中国农村扶贫开发纲要（2001—2010 年）》“鼓励多种所有制经济组织参与扶贫开发。地方各级政府要创造良好的政策环境和投资条件，吸引多种所有制经济组织参与贫困地区的经济开发。对于适应市场需要，能够提高产业层次、带动千家万户增加收入的农产品加工企业，能够发挥贫困地区资源优势并改善生态环境的资源开发型企业，能够安排贫困地区剩余劳动力就业的劳动密集型企业，能够帮助贫困群众解决买难、卖难问题的市场流通企业，国家给予必要的政策扶持”。该《纲要》将产业扶贫作为专项扶贫工作的一个重点，并据此出台两类政策：一是国家扶贫龙头企业的资格认证和管理政策，二是针对国家扶贫龙头企业开发提供的优惠支持政策①。

在进入扶贫新时期，中国政府依旧鼓励和动员各类企业参与到扶贫开发工作当中。2011 年颁布的《中国农村扶贫开发纲要（2011—2020 年）》也大力“倡导企业社会责任，鼓励企业采取多种方式，推进集体经济发展和农民增收”，“积极鼓励、引导、支持和帮助各类非公有制企业、社会组

① 共济：《新阶段社会扶贫体制机制创新》，中国农业出版社 2012 年版，第 4 页。

织承担定点扶贫工作”。在此阶段，企业社会责任成为企业参与扶贫开发工作重要的社会基础。参与扶贫开发事业的企业，尤其是民营企业的数量逐渐增多，对中国农村贫困减缓的作用也越来越大。数据显示，截至2012年，各类企业实施光彩项目37727个，到位资金5035.75亿元，培训人员784.39万人，安置就业993.18万人，帮助带动1880.48万人脱贫，各类公益捐赠总额达到1712.79亿元；仅在2004年至2014年里，中国光彩会共组织举办了20余次“光彩行”投资考察活动，邀请4700多位企业家参会，签约项目2243个，合同金额15265.317亿元，公益捐赠3.853亿元①。

2. 企业参与扶贫开发的方式。根据参与程度的不同，企业参与扶贫开发的方式可以划分为三种：直接参与、合作参与和间接参与。直接参与是指企业自筹资金，通过参与发展项目的整个执行过程来推动贫困地区的发展；间接参与是指企业将自筹的资金捐赠给第三方机构，由第三方机构具体负责开展扶贫项目；合作参与是企业与第三方机构共同合作，二者负责发展项目的具体实施过程。

直接参与是企业参与扶贫开发工作程度最深的模式。在这种模式之下，企业利用现代化的管理模式和经营模式来提高农产品的附加值，让贫困群体在产业扩大的过程中受益更多。湖北省石花酿酒股份有限公司（简称石花酿酒公司）是这种参与方式的案例。石花酿酒公司先是带领湖北谷城县熊家岗村的村组干部、种植大户到山西农科院参观学习当地先进的种植经验，然后帮助熊家岗村建立高粱种植合作社，接下来便号召村民种植高粱。此外，石花酿酒公司还按照市场价格统一收购产品。这在很大程度上帮助村民解决了产品销路问题，市场风险有所降低。

合作参与是企业参与扶贫开发工作的又一种方式。陕西省的府谷县是

① 王凯：《推动贫困地区发展 促进共同富裕》，人民网，2014年4月23日。

这种参与方式的典型案例。在府谷县 2007 年开始实施的“双百工程”中，民营企业与政府部门共同组织参与，推动了“双百工程”的顺利发展。一方面，府谷县的经济发展局、扶贫办和农林局等政府机构为“双百工程”提供必要的技术支持，官方电视台和报纸则负责积极宣传“双百工程”，县委和县政府则出台相关的政策支持“双百工程”。另一方面，一大批民营企业在政府各部门的支持下，负责建设相关的产业。如实施“双百工程”两年后，府谷县民营企业实施了 669 个扶贫项目，兴茂集团建设的集公益居住区、养殖加工厂、高效农业示范、绿色食品生产和生态观光于一体的区域性新农村更是成为典范。

间接参与是企业参与扶贫开发工作程度最浅的一种方式。在这种方式下，企业将自筹资金交由第三方机构来实施发展项目。如 2014 年沃尔玛向中国扶贫基金会的“爱加餐”项目捐赠 100 万元。这种方式往往成为补充政府扶贫资金的重要方式。据《2011 年度中国慈善捐助报告》显示，2011 年中国各类企业的捐赠总额达到 485.75 亿元，占中国社会捐赠总额的 57.5%。其中国有企业捐赠 115.63 亿元，占企业捐赠总量的 23.8%；民营企业捐赠 281.2 亿元，占企业捐赠总量的 57.9%；港澳台资企业和外资、合资企业捐赠额分别为 30.26 亿元和 58.65 亿元，分别占企业捐赠总量的 6.23%和 12.07%。在这种方式之下，企业虽然没有直接参与到扶贫开发的具体工作当中，却为中国的扶贫开发事业提供了大量的扶贫资金。

3. 企业扶贫的特征。作为以营利为主要目的的组织，企业参与扶贫开发的动力是担负起企业的社会责任。中国政府在最近几年尤为重视企业的社会责任，鼓励企业除了为股东追求利润外，还应该将更多注意力放在其他群体的利益诉求上，尤其是要加大对底层群体的关注。中国政府的这一期望是要求企业组织在利益与社会责任之间求得一个平衡点。这种期望放在企业扶贫中便是希望找到贫困群体与企业的利益联结机制。但在具体的实践中，贫困群体与企业的利益联结机制未能如期形成。贫困群体与企业在扶贫过程中的利益联结机制的缺乏，导致企业扶贫呈现出两大特征：一是扶贫成为企业的次要目标，二是企业扶贫的动机多样。

企业扶贫成为企业的次要目标。中国境内社会组织和境外的国际发展援助机构参与中国的扶贫开发事业的目的相对明确和简单，即为了促进贫困群体的福利。与境内社会组织和境外的国际发展援助机构稍有差异，对口扶贫和定点扶贫的主体参与其中的很大原因是因为政治因素，但在中国政府的政治行为是为了减缓贫困的前提下，对口扶贫和定点扶贫的各种主体参与的目的也可以看作是为了减缓贫困。此外，企业作为经济实体，如果没有持续性的营利行为，企业也就失去了其存在的意义。所以如果找不到贫困群体与企业的利益联结机制，扶贫很可能成为其次要目标。

企业扶贫的动机多样。营利往往不会成为企业参与扶贫的目标，因为贫困群体与企业的利益联结机制很难找到，即使能找到联结贫困群体与企业的利益机制，这个利益机制的投入与产出比对企业来说也可能不是最理想的。既然利益不是企业扶贫的动机，那是什么导致企业参与扶贫？促使企业参与扶贫开发的往往是优惠政策、乡土之情和政治安排，当然也有一定的社会责任。换言之，促使企业扶贫的动机是多种多样的。

（五）国际发展援助

国际发展援助是指发达国家和高收入的发展中国家以及二者所属机构通过向有关国际组织、社会团体提供资金、物资、设备和技术等发展要素，以提高受援国家的经济增长水平，改善当地人民的生活水平。这是关于国际发展援助的狭义理解。从广义的角度看，国际发展援助是指国家与国家之间实现物资转移的特殊形式，即一个国家向另一个国家提供无偿或有偿的资金、物资和技术，以解决受援国在发展过程中所遭遇的种种问题。

1. 国际发展援助机构的类别。国际发展援助机构主要包括两类：一类是政府间（多边或双边）发展援助机构，如世界银行、联合国开发计划署、德国技术合作公司、英国国际发展部等；一类是国际非政府组织，比较有影响的有世界宣明会、国际行动援助、英国救助儿童会、福特基金会、救世军、爱德基金会、香港乐施会、国际小母牛项目组织、美国渐进组织、国际鹤类基金会等。前者主要通过政府间合作关系，依靠中国中央政府机构和专门部门开展工作。后者尽管也有与政府共同实施项目的情况，但民间化的色彩要浓得多，故其将与民间力量以及基层政府合作实施的项目摆在更为重要的位置。①

政府间发展援助机构可进一步细分为三种类型，即联合国系统发展援助机构、国际金融机构、双边发展援助机构。联合国系统发展援助机构是最早参与中国扶贫开发的国际机构。如联合国开发计划署于 1979 年就在中国设立代表处，协调其在中国的相关活动。此后，其他联合国系统的机构分批逐次在中国设立代表处。在国际金融机构方面，世界银行对中国农村扶贫开发的投入规模最大，相继开展了西南、秦巴、西部等大型扶贫贷款项目。双边发展援助机构是指外国政府对华援助活动的代表机构，比较活跃的有澳大利亚国际发展署（AusAID）、加拿大国际发展署（CIDA）、德国技术合作公司（GTZ）以及荷兰、日本等国政府的使馆等。双边机构在中国扶贫领域的活动基本是在 1986 年以后展开的。

① 共济：《新阶段社会扶贫体制机制创新》，中国农业出版社 2012 年版，第 4~5 页。

表 7-1 政府间发展援助机构类目①

联合国系统发展援助机构	联合国开发计划署（UNDP）、粮农组织（FAO）、世界粮食计划署（WFP）、联合国儿童基金会（UNICEF）、联合国工业发展署（UNIDO）、国际劳工组织（ILO）、联合国人口基金会（UNFPA）等
国际金融机构	世界银行（WB）、亚洲开发银行（ADB）、国际农业发展基金（IFAD）、德国复兴银行（KFW）等
双边发展援助机构	澳大利亚国际发展署（AusAID）、加拿大国际发展署（CIDA）、德国技术合作公司（GTZ）以及荷兰、日本等国政府的使馆

2. 国际发展援助机构的特征。随着国际经济和交流的深入发展，越来越多的国际发展援助机构进入中国境内，为中国贫困治理引入了资金、物资、技术和理念。这显然有助于中国政府早日实现脱贫目标。与其他扶贫力量一样，国际发展援助机构也呈现出与其他机构不同的特征。

特征之一，国际发展援助机构的参与方式主要为提供发展项目所需的资源，有些更是指定了某种先进的发展方式，然后交由中国本土政府或者机构具体实施这些发展项目。在这个过程中，国际发展援助机构除了提供发展资源和发展方式外，还充当监督者和评估者，对发展项目的实施过程和结果进行严格的控制。

特征之二，国际援助机构的捐助目的有所不同。虽然不同国际援助机构对中国的援助方式有所不同——联合国系统发展援助和国际民间组织的援助是无偿，国际金融机构的援助以贴息贷款和低息贷款方式为主，外国政府对中国的援助多为无偿。但这些国际机构在华的扶贫项目紧扣中国的

① 共济：《新阶段社会扶贫体制机制创新》，中国农业出版社 2012 年版，第 4~5 页。

扶贫开发战略和社会经济发展政策，其特点是注重扶贫理念上、制度上的前沿性，注重组织上、程序上的规范性，注重推广国外一些成功的扶贫模式，希望以此影响中国的扶贫战略和扶贫措施。换言之，国际援助机构除了希望自身援助行为能够促进中国的扶贫开发事业外，还期望通过援助这一方式为中国扶贫开发事业引进更好的扶贫力量和措施。

二、社会力量参与扶贫开发面临的困难与挑战

进入新世纪以来，中国贫困治理的整体格局愈加明显。作为总体架构的关键要素，社会扶贫力量对于加快中国减贫进程的重要性得到重视。中国政府在 1994 年、2001 年和 2011 年颁布实施的重大扶贫文件，均从不同角度引导和鼓励社会力量参与到扶贫开发之中。这足以说明社会扶贫力量的作用及其受到的重视之大。据《中国农村扶贫开发的新进展》公布的数据显示，中国的社会扶贫力量在过去十多年的演变中得到惊人的发展。在定点扶贫方面，参加此项工作的单位达到 310 个，实现了贫困县的全覆盖。在对口扶贫方面，中国东部和西部 23 个省（自治区、直辖市）建立长期的结对帮扶关系。在 2003 年至 2010 年间，东部地区向西部地区提供的政府援助资金达 44. 4 亿元，协作企业实际投资 2497. 6 亿元。在社会组织扶贫方面，国家“八七扶贫攻坚计划”期间，社会组织动员的资源约有 500 亿元，占社会扶贫资金投入的 28%。从这些数据可以看出，社会扶贫力量在获得快速发展的同时，也成为推进中国贫困治理事业的重要动力。当然，这些减贫成绩不能掩盖社会扶贫力量在参与过程中遇到的困难与挑战。不得不承认，正是由于在参与过程中遭遇诸多困难与挑战，社会扶贫力量的潜能没有完全充分发挥出来。为了更好地释放社会扶贫力量的减贫成效，更快实现中国的减贫目标，有必要对社会扶贫力量在参与过程中遇到的诸多困难与挑战进行梳理。

（一）社会力量参与扶贫开发面临的困难

在国家从总体性支配到技术性治理转变过程中，国家、社会以及国家社会之关系均同时发生着重大的转变。在这一转变过程中，国家对社会的控制力度有所降低，但这并不意味着国家失去对社会和市场的控制能力。中国当代社会组织的实践也表明，包括社会组织在内的社会力量在实践过程中依然受到外部政治环境的种种干扰与约束。在国家放松对社会力量的控制之前，中国的社会力量处于被约束状态，在数量增长和功能培育上处于十分不足的状态。受到这种低度发展的影响，进入新世纪的社会力量虽在数量上有所增长，但发展的水平依旧十分低下。发展程度不高，加之政府不断放开对社会力量的控制力度，造成中国目前社会力量的发展形态呈现为“爆炸式”增长带来的无序。这可从中国目前的社会组织的成长上看得一清二楚。社会组织“爆炸式”增长对培育社会空间至关重要，但由于过去的发育水平较低，数量增多的社会组织在缺少外部环境的制约之下，难以形成自我规制，这自然而然带来社会组织发展的无序。正是由于外部和内部的因素，中国的社会力量在参与社会治理，尤其是贫困治理的过程中遇到了种种困难。

1. 组织内部管理困境。中国的社会力量扶贫包括定点扶贫、对口扶贫、社会组织扶贫、企业扶贫和国际发展援助五个主要部分。在这五个部分中，定点扶贫的主体是各级党政机关、国有企事业单位和社会团体，对口扶贫的主体是各级政府部门与少数的企事业单位，社会组织扶贫的主体是各种类型的社会团体，企业扶贫的主体是国有企业和民营企业，国际发展援助的主体则是政府间机构和非政府组织。这些主体的类型虽然有所差异，但在形态上都属于组织。由此，这些主体的扶贫行动就涉及组织内部管理问题。当然，一些比较简单的扶贫行动如捐赠物资、派遣专业人员，由于其执行过程很简短，所以在具体实施过程中几乎不会涉及组织内部管理问题。即便有，也是比较容易解决的问题。而在一些比较复杂的扶贫行动如贯彻执行具体的发展项目以达成特定的扶贫目标时，则需要专业化的分工、明确的职责权限和合理的资源配置。这种复杂的扶贫行动不仅仅要求外部环境的合理配合，还对组织内部的管理提出了较高的要求。换言之，合理科学的组织内部管理有助于实现扶贫行动的预期目标；反之则会成为实现扶贫目标的障碍，在组织目标和组织理念清晰的时候尤其如此。孙飞宇、储卉娟和张闫龙研究的国际公益组织 R 基金会就是一个典型的案例。

R 基金会从属于大型的多元化跨国企业集团。R 基金会在中国大陆的组织结构为 1 个总部（包括部门办公室）和 12 个分散在不同贫困县的扶贫基地，扶贫基地的员工要么向本地政府借调，要么通过社会招聘。R 基金会的总部和扶贫基地均有着强烈的“改造人的素质与行为模式”的理念，试图通过“整体性”理解方法——兼顾教育、环境与水资源、医疗卫生和产业的扶贫工作内容，来提升扶贫对象的素质与能力。在具体实践上，R 基金会选取 12 个贫困县，预期在每一个扶贫点花 15 年时间进行“全方位”的扶贫工作。在上述组织结构与理念指导下，R 基金会从总部到扶贫基地的行为模式明确地指向组织目标，一切行为均服从于组织目标的实现。在组织理念、行为模式与扶贫目标如此一致的情况下，R 基金会的扶贫目标最终仍然落空。[①] 究其原因，不是达到目标的资源条件不足，而是总部与基地在日常管理上的种种冲突。

R 基金会内部管理上的矛盾或局限性见于如下三个例子。第一个例子是关于扶贫基地办公用品的更换与维修的。在扶贫基地的工作人员下乡过程中，扶贫基地的汽车轮胎突然坏了。其实早在几个月前，扶贫基地的司

---

① 孙飞宇，储卉娟，张闫龙：《生产“社会”，还是社会的自我生产？》，《社会》2016 年第 1 期，第 155~156 页。

机就判断汽车轮胎磨损太厉害，必须要更换。但更换手续相当复杂：首先要口头打报告，再填表格申请资金，其次在购买轮胎过程中需要货比三家并将对比的结果上交总部，最后总部才会批准此次的购买申请。复杂的手续导致扶贫基地难以在事故发生前更换设备。第二个例子是关于扶贫基地申请项目资金的。扶贫基地在西部地区筹划了“膜下滴灌导管补贴项目”，即通过“基地补贴100元+村民自筹剩余费用”模式推动村民购买膜下滴灌导管，变喷灌为滴灌。按照R基金会内部流程，项目在取得村民同意后才能进入审批流程。于是，在取得村民同意后扶贫基地便开始申请项目。为了显示项目的重要性，扶贫基地工作人员在申请书结尾处加入“推动农业合作社的发展”字句。根据部门工作相互独立原则，财务部门认为这个项目不能归入水利部门，只能归入产业部门。但由于产业部门的项目预算不足以支付此次项目所需资金，所以扶贫基地的项目申请被驳回。由于类似的细节问题，扶贫基地工作人员在经过10余次的申请后才拿到项目资金。但此时播种季节已过去，农户早已自行筹资购买膜下滴灌导管，项目也因此作废。第三个案例是关于扶贫基地与总部在管理理念上的差异。R基金会曾在7个扶贫基地建设农业示范园，让农民在示范园内学习科学的种养技术，熟悉现代农业的产销流程。但问题在于，农业示范园产出的农产品如何处理？鉴于R基金会的扶贫基地为非营利组织，不具备出售这些农产品的资质。扶贫基地主任提出以“变通”的方式处理这些农产品，但总部的高层工作人员认为这种变通方式有悖于R基金会的公益性质和组织理念，不同意给予施行。最终导致4个扶贫基地的产业示范园相继关停。①

在上述三个案例中，R基金会的扶贫行动或扶贫项目均受到不同程度的影响，甚至有两个扶贫项目惨遭失败。深入分析发现，R基金会扶贫项

---

① 孙飞宇，储卉娟，张闫龙：《生产“社会”，还是社会的自我生产?》，《社会》2016年第1期，第162、169~170页。

目失败的原因不在于其扶贫意识淡薄，也不在于其实施扶贫目标的资源条件不够，根本原因在于R基金会与扶贫基地的种种冲突上。而总部与基地冲突背后是现代的组织管理模式与传统的组织管理模式的冲突。R基金会从属于大型的多元化跨国企业集团，总部高层管理人员和各部门的管理人员均面向大都市的跨国企业招聘，他们有着现代企业的从业经验和管理方法。此外，R基金会在制度体系上更偏向于现代企业高度理性化的科层制。以项目为例，R基金会对项目实施的过程——申请、实施和评估均有着标准化的操作程序和管理过程，而在日常管理上，从R基金会总部到扶贫基地都要遵循这套现代化的科层制逻辑。不可否认，现代化的科层体制是更有效率的组织管理模式。对于R基金会来说，选择这种组织管理模式是为了更好地实现扶贫目标。可遗憾的是，这种组织模式却与扶贫基地的“地方性知识”相冲突。R基金会扶贫基地的工作人员由政府借调或社会招聘进入，他们既没有大都市现代化的管理方式，也没有相关的知识背景和从业经验。所以他们难以适应科层制标准化和理性化的工作流程。这突出地表现在扶贫基地工作人员对轮胎更换手续的抱怨、扶贫基地工作人员申报项目频频出错以及扶贫基地对产业示范园的建议不被采纳上。R基金会现代化科层制管理模式与扶贫基地“地方性知识”之间的张力，导致R基金会总部悬浮于地方社会之外。关于社会力量尤其是社会组织内部建设问题的讨论，学术界往往认为大多数社会力量或社会组织内部管理模式过于传统，进而导致其不能充分发挥扶贫效率。因为传统的组织管理模式难以有效处理大规模的日常运行工作。但对于那些组织规模庞大的社会力量来说，如果以现代化的科层体制来运行整个组织，就会遭遇总部与地方之间的冲突。这是社会力量目前存在的问题。如果社会组织以科层制为运行逻辑，就必须解决科层制度与“地方性知识”的冲突。办法之一是扶贫基地聘用具有科层制背景的人员，但这种办法会导致扶贫基地的工作人员并非全部来自本地，进而带来难以“进入”和参与不足两个问题。

2. 行政限制困境。秩序供给和改善民生是政府职能的题中应有之义。相对于改善民生，政府的秩序供给责任更加重要。因为秩序是改善民生的前提，和谐稳定的经济社会秩序有利于促进人民生活水平的提高。但是改善民生不一定带来合理的社会经济秩序。最显然的例子就是，在改革开放40年里，中国人民总体的生活水平得到很大的提升，政府改善民生的工作成果很显著。但与之相反的是，中国地区之间的社会不平等程度日益加深。1978年城镇居民家庭人均可支配收入为343.4元，农村居民家庭人均可支配收入为133.6元，二者比值为2.57：1；2012年城镇和农村家庭人均可支配收入分别为24564.7元和7916.6元，比值为3.10：1①。这一数据显示民生改善的同时不一定带来合理的分配秩序。换言之，并不是所有能够改善民生的政策和方式都必然带来秩序的健康稳定。

从组织职能看，政府在履行秩序供给职能时，会有区别地对待不同的措施和手段。政府会优先选择既能够提供秩序稳定，又能够改善民生的措施和力量。政府有可能对于那些能改善民生却有可能破坏秩序的措施和力量加以制约。农村地区的贫困治理行动可以看作是中国政府改善民生的重要举措。达到贫困县全部脱贫摘帽的方法和主体可谓众多，比如为贫困地区划定特定的市场领域和无限度地加大对贫困地区的再分配力度等。这些方式能够快速地实现2020年的脱贫目标，却可能会恶化中国的社会经济秩序。所以中国各级政府不会采取这些举措。而对于社会力量参与贫困治理，中国政府的态度则要复杂得多。一方面，社会力量在微观层面提供公共物品的能力与效率要优于政府组织，社会力量的参与显然有助于加快减贫进程；另一方面，社会力量能够为集体行动提供载体，是政府组织面临的隐患之一。对于追求利益最大化的政府来说，最好的策略便是在倡导社会力量参与贫困治理的同时，能以政策手段化解社会力量对政府的潜在威

① 数据源自国家统计局网站的年度数据。

胁。汶川地震的社会组织联合救灾行动是政府这种策略选择的生动体现。

2008年的汶川地震是中国自1949年以来破坏性最强、波及范围最大的地震——地震造成极重灾区10个县（市），较重灾区41个县（市），一般灾区186个县（市）。大规模的受灾范围在短时间内需要大量的救援行动。除了政府部门，中国境内的社会力量也参与到紧急救援行动之中，其中社会组织的行动尤为迅速有效。在汶川地震发生后，全国各地大约出现20个大规模NGO集体性联合救灾行动，NGO和志愿者组织等民间公益力量在汶川地震救灾过程中的价值贡献超过20亿元①。NGO救灾联合办公室和ZD志愿者协调办公室是NGO集体性联合救灾行动中影响力较大的两个联合组织。

筹划成立NGO救灾联合办公室（简称联合办）的工作开始于地震发生后的第二天。联合办的工作目标在于整合一切资源为灾区提供紧急物资资源。为了实现这个目标，联合办组建了前方和后方两个小组来组织协调具体工作。后方小组吸纳了云南、贵州、深圳和厦门等地的区域性NGO救灾小组。通过联合办前方和后方的协调与组织，联合办在收集一线灾区灾情、处理传播一线灾情以及救灾物资筹集运输上起到极大的作用。在筹资和救援行动开展10天后，各地政府和军队也展开大规模的救援行动，灾区紧急需求得到有效缓解。正是此时，当地政府开始对类似的联合救灾机构产生怀疑，联合办也受到政府部门的财政审计。此后，一系列限制社会组织参与救灾政策不断出台，联合办不得不解散。②

ZD志愿者协调办公室（简称协调办）也遭到与联合办同样的境遇。在汶川地震发生后第二天，陆续有20多个自愿组织来到ZD镇开展救援行

① 中山大学公民与社会发展研究中心，香港中文大学公民社会研究中心：《关于民间公益组织参与汶川大地震救灾重建的报告及建议》。

② 朱建刚，赖伟军：《“不完全合作”：NGO联合行动策略——以“5·12”汶川地震NGO联合救灾为例》，《社会》2014年第4期，第192~193页。

动。但自愿组织之间各自为政产生了诸多问题，如存在大量的重复劳动和外界涌入的大量人力、物资得不到有序的引导和管理。为了更为有效地协调物资，一些自愿组织开始倡导成立自愿团队沟通平台——ZD志愿者协调办公室。这一举措得到当地政府部门的支持。在协调办成立后，驻扎ZD镇的民间自愿组织开展了大量有效的救援行动，受到当地政府和灾民的广泛认可，协调办的民间救援行动被媒体称为“ZD模式”。由此可见协调办对当地紧急救灾行动的重要性。随着灾情逐渐减缓，政府对协调办的态度也大为转变，由开始的支持转变到后来的限制。政府的限制，加之协调办成员的资源基础、行为倾向有差异，所以协调办原先的合作基础逐渐消解。2008年10月当地政府成立“社会资源协调领导小组”，撤销了原先的ZD志愿者协调办公室，并成立政府主导的“ZD社会资源协调办公室”承接原先协调办的工作。虽然有部分协调办的老员工留在政府主导的ZD社会资源协调办公室工作，但随着上级政府颁发了更为严格的志愿者管理条例，越来越多的老员工选择退出灾区，ZD社会资源协调办公室也随之解体。①

通过上述两个案例，我们看到社会组织在救灾过程中发挥着极为重大的作用，而且在灾后重建过程中社会组织也有巨大的发挥空间。但是在紧急救灾和灾后重建时，政府对社会组织的态度却截然相反。很显然，政府态度的转变并不是由于社会组织在紧急救灾和灾后重建时发挥的作用有差异，而是政府基于对社会组织潜在危险的考量。这些潜在危险不仅限于社会组织有可能形成集体行动以对抗政府的治理，还包括社会组织在参与社会治理过程有可能做出损害民众利益的举动。由于社会组织外在于政府体系，中国各级政府部门难以利用行政系统内的监督手段去化解这些潜在的

---

① 朱建刚，赖伟军：《“不完全合作”：NGO联合行动策略——以“5·12”汶川地震NGO联合救灾为例》，《社会》2014年第4期，第194~195页。

危险，只能利用政策、资源等手段来限制和引导社会组织。而在政府部门的政策限制下，社会组织为了不被行政力量取缔，会有选择性地进行自我约束，以获取政府部门的认可和支持。在政治机会结构受限的情况下，社会组织参与社会治理的成效必然会受到影响，在农村贫困减缓领域尤其如此。

3. 资源不足困境。在决定组织行动能否取得成功的众多要素中，资源条件是最不可或缺的要素。虽然组织架构、执行能力和目标冲突也可能成为组织目标实现的障碍，但资源条件对组织行动的影响更加重大。因为在组织资源有限的情况下，组织的执行能力会受到影响，组织架构也会倾向于简单化。既然资源条件对组织目标的实现相当重要，那么中国社会扶贫力量的资源条件又如何？总体上来看，中国社会力量投入扶贫领域的资金在很大程度上弥补了政府扶贫资金的不足，但对于社会力量尤其是社会组织来说，它们能够用于扶贫开发工作的资金仍然存在很大问题。

首先是资金总量上的不足。在中国的贫困治理中，政府特别重视对治理资源的整合，除了逐年加大财政扶贫资金的支付外，还广泛动员社会力量参与其中。但是，中国社会力量的扶贫资金是否充足？这从社会扶贫资金占扶贫资金总投入的比例上可以窥见一二。在“八七扶贫攻坚计划”期间，定点扶贫、对口扶贫、社会组织扶贫和国际机构扶贫的扶贫资金总投入量为526.3亿元，占扶贫总投入的28%；在“十五”期间，定点扶贫、对口扶贫、社会组织扶贫和国际机构扶贫的扶贫资金总投入量为610.56亿元，占扶贫总投入的28.7%①。从这些数据可以看出，从“八七扶贫攻坚计划”时期到“十五”时期中国社会扶贫资金不仅总量很少，而且上升的幅度不大。

除了资金总量不大外，社会扶贫资金不足之处还体现为资金来源于外

① 李周：《加大力度促进社会扶贫》，《农业发展与金融》2016年第7期，第22页。

部主体，对外部主体依赖大。这在社会组织方面体现得尤为明显，中国社会组织的资金大部分来自国外捐赠。如中华慈善基金会2002年接受的全部捐赠中，有80%是海外政府和非政府组织的捐赠；在中国扶贫基金会2005年的捐赠收入中，也有50%来源于境外政府和非政府组织的捐赠；中国国际民间组织合作促进会的资金几乎全来自国外[①]。而对于来源中国境内的社会扶贫资金，则在很大程度上带有政府色彩，社会组织由此对政府部门的依赖性很大。黄承伟和刘欣所研究的贵州省本土民间组织的资金来源就有很强的政府色彩。

X慈善组织是贵州省Z地的第一个本土民间组织。自从成立后，X慈善组织不断通过慈善助学、社会救助和公益宣传等形式参与到扶贫开发之中。其参与扶贫开发的资源主要来自三个方面：社会募捐、“慈善一日捐”和政府资金支持。社会募捐包括X慈善组织成立初期理事会成员的捐赠和发生重大灾难时发起的临时捐赠。据统计，在X慈善组织成立当日，当地党政领导部门及企事业单位、官兵代表、社会团体和爱心人士对其进行捐赠，总计募集善款130万元和价值2万元的物资。与这次捐赠相比，X慈善组织在历年突发事件中募集的资金少之又少。为了促使当地社会组织完成组织资金的募集指标，当地政府于2005年启动“慈善一日捐”活动。通过该活动，2012年Z地共募集到爱心资金11.36万元，其中各机关单位的捐款为11.36万元。由此看出政府部门是“慈善一日捐”活动中的捐赠主体。此外，当地政府不仅为X慈善组织面向政府部门的筹资行为提供合法性，还在X慈善组织承接政府职能过程中为其提供部分资源。[②]

中国的社会扶贫力量中也有经济力量雄厚的主体，如对口扶贫中东部

---

① 匡远配：《中国民间组织参与扶贫开发：现状以及发展方向》，《贵州社会科学》2010年第6期，第86页。

② 黄承伟，刘欣：《本土民间组织参与扶贫开发的行动特点及发展方向》，《贵州社会科学》2015年第1期，第158、160页。

地区的经济实力就相当强大，又如企业扶贫中有相当一部分企业的经济实力也非常雄厚。但即便如此，中国社会扶贫的资金总量仍然不足。非营利性社会组织更是如此。在扶贫资金上的缺乏，会促使社会扶贫的各个主体想尽办法地从政府部门获取相关的扶贫资金，进而给政府干预社会力量的扶贫行动提供机会。所以，扶贫资金的缺乏不仅会直接造成社会扶贫主体的扶贫效率下降，还会间接地给政府干预社会力量的扶贫行动创造机会。这是社会力量参与扶贫开发面临的又一个困难和挑战。

4. 制度缺失困境。政府作为秩序的供给者和政策的制定者，有义务通过政策手段创造稳定、健康的社会关系。从历史的实践中，我们看到中国政府为了构造良好的社会秩序，制定和出台了多种多样的政策文件，其中就包括为了构建政府、市场和社会在扶贫中良好关系而出台的一系列政策文件。如《国家八七扶贫攻坚计划（1994—2000 年）》《中国农村扶贫开发纲要（2001—2010 年）》和《中国农村扶贫开发纲要（2011—2020 年）》中均倡导市场和社会力量参与到中国的扶贫开发工作中。这些政策的出台为社会力量参与扶贫开发工作奠定了良好的基础，但关于社会力量开展扶贫行动的具体政策以及相关社会环境的支持仍然有很大的欠缺。

上文提及的汶川地震的社会组织联合行动就能说明社会力量开展扶贫行动缺乏具体政策支持。在开展联合紧急救援行动中，联合办和协调办狭小的政治机会空间促使他们的服务范围缩小。根据 2008 年 4 月 28 日国家民政部颁布的《救灾捐赠管理办法》总则第二条的规定，发生自然灾害时可以开展募捐活动的“救灾募捐主体是指在县级以上人民政府民政部门登记的具有救灾宗旨的公募基金会”。总则第三条同时规定，救灾捐赠受赠人主要包括“县级以上人民政府民政部门及其委托的社会捐助接收机构，或经县级以上人民政府民政部门认定的具有救灾宗旨的公益性民间组织”。地震前的制度规定促使联合办和协调办在地震发生的一周内只能从事灾情传播和物资转运等工作，而没有参与救灾资金募集行动。

这种情况在地震发生一周后得到改善。地震发生后，政府力量难以在短时间完全覆盖受灾的村落，需要社会组织的介入和协助。民政部在2008年5月17日颁布《关于进一步做好抗震救灾工作的紧急通知》，要求各级民政部门“围绕抗震救灾的具体需要，引导和规范公益慈善类组织，积极动员广大会员和社会力量向地震灾区捐款捐物”，“组织专业社会工作人才，发挥其专业和技能优势，认真做好受灾群众尤其是孤儿的心灵抚慰和心理康复工作”。这些规定鼓励社会力量参与救灾，政治机会结构有所放开。但中纪委等五部门在三天后发布的《关于加强对抗震救灾资金物资监管的通知》却要求对社会组织的捐赠和募捐活动加强指导和监督。随后，国务院办公厅在5月31日发布的《关于加强汶川地震抗震救灾捐赠款物管理使用的通知》中规定，除法定募捐主体之外的“其他社会组织接收的捐赠款物要及时移交民政部门或者红十字会、慈善会等具有救灾宗旨的公募基金会”。更为明确的规定来自民政部在6月9日公布的《关于社会组织在抗震救灾中开展活动及有关事项的公告》，该公告限定“其他社会组织接收的救灾捐赠款物应当在公告发布后15日内，转交给县级以上人民政府民政部门或其委托的社会捐助接收机构、红十字会、慈善会等具有救灾宗旨的公募基金会”。政府部门出台的这些政策把社会组织的紧急救灾行动限定在更小的范围内，社会组织在动员社会资源方面的作用得不到发挥。

在社会力量参与社会治理过程中，需要政府部门在宏观政策和微观政策上给予指导和支持。中国虽然在宏观政策上大力倡导社会力量参与到社会治理工作中，但与社会力量治理行动更为密切的微观政策却极为欠缺。不但如此，政府部门出于维护社会经济秩序的考虑，对社会力量的具体行动做出不少的限制。在扶贫领域的社会组织也遭遇了政策法律环境缺失问题。如郑功成认为，2000年发布的《关于完善城镇社会保障体系的试点方案》虽然对慈善公益事业的作用以及税收减免政策进行了规定，但对社会组织的法律地位、公益职能及其作用迄今仍然没有明确规定，相关税收减免政策还缺乏相应的操作规范，整个社会对社会组织的认知和支持还相当有限①。

（二）社会力量参与扶贫开发面临的挑战

中国近10年的反贫困实践证明，社会扶贫在中国农村减贫中的地位越来越不可忽视。随着《中国农村扶贫开发纲要（2011—2020年）》的颁布，中国扶贫开发事业迈入一个崭新的阶段。在减贫任务更为重大的新时期，社会扶贫也被上升到一个不同于以往的地位。国家、地方社会和贫困地区都对社会扶贫寄予厚望，希望能够最大地化发挥社会力量的减贫效果。但是社会力量在中国成长的时间较短，社会空间的发育不完善，社会扶贫的各个主体还处于与外部环境相适应的阶段。中国贫困问题在新时期表现出来的特征，以及社会力量自身的状态，均为社会力量参与扶贫开发工作带来了种种挑战。

1. 减贫压力大。依据中国以往的减贫速度，在1978年到2007年间，中国政府用29年时间将贫困人口减少了23521万。按照这个减贫速度，完全有可能在2020年实现全部贫困人口脱贫致富的目标。但由于新时期的贫困特征和减贫条件不同于以往，所以要完成目前的减贫目标还存在相当大的压力。减贫难度加大、发展需求多样化以及外部环境的制约，给社会力量减贫工作带来极大的压力。

首先是减贫难度加大。按照2010年的贫困标准，中国2015年的农村贫困人口为5575万。其中有2914万分布在西部地区，占全国贫困人口的52.3%；分布在连片特困区的农村贫困人口为2875万，占全国贫困人口的

① 郑功成：《中国的贫困问题与NGO扶贫的发展》，《中国软科学》2002年第2期，第12页。

51.57%；分布在民族八省的贫困人口为 1813 万，占全国贫困人口的 32.52%[①]。这表明，中国剩余贫困人口具有很强的区域性：有一半左右的贫困人口居住在自然条件恶劣、生态环境脆弱的革命老区、边缘地区和民族地区。这些区域的贫困人口往往是发展能力最差、发展资源最匮乏，减贫难度要比以往大很多。

其次是发展需求多样化。在中国政府的扶贫政策和市场经济浪潮的推动下，中国结构性、区域性贫困已经被消除，普遍性贫困几乎不存在，剩余贫困人口的致贫因素各不相同。而且贫困人口的分散化导致贫困人口的资源优势也不一样。因此，要有效地促进贫困群体的发展能力，发展项目就至少要考量两个变量：致贫因素和资源禀赋。致贫因素的多样化和资源禀赋的差异化使得发展项目要尽可能多样化，只有这样才能够保证制定出来的发展项目适合每一个贫困地区。根据不同地区规划针对性更强的发展项目，这对社会扶贫力量的创新能力提出了更高要求。

最后是外部环境的制约。近年来，参与扶贫开发的社会力量越来越多，但社会力量参与贫困治理的外部条件并没有得到很大改善。如国家政策仍然反对社会团体募集资金，这切断了社会组织可持续的资金来源；又如中国大多数民众不认可社会企业“以商业化手段实现社会目标”的运作模式，认为其是打着公益的幌子赚民众的钱。制度环境、发展资源和社会氛围等外部环境上的缺陷，依然是限制社会组织更好地参与扶贫开发工作的阻碍。由此可见，要在 2020 年实现“全部贫困县脱贫摘帽”这一目标，社会扶贫力量面临着相当大的挑战。

2. 社会主体弱小。20 世纪 90 年代后，以社会组织为代表的社会力量在中国蓬勃发展。经过 20 余年的发展，越来越多的社会力量参与到中国扶

---

① 国家统计局住户调查办公室：《中国农村贫困监测报告（2016）》，中国统计出版社 2016 年版，第 53 页。

贫开发事业当中，尤其是在国民经济中占据重要地位的民营经济和数量不断壮大的社会组织，壮大了社会扶贫的力量队伍。但一个不容忽视的事实是，即使中国政府放松了对社会空间的控制，不断鼓励社会力量的发展，但市场经济在20世纪90年代的迅速起飞，导致国家让渡出来的空间大部分被市场经济占据。社会力量的发展仍然不够，参与到扶贫开发工作中的社会主体也比较弱。这体现为如下三个方面。

首先是参与扶贫的社会主体能力不强。参与扶贫开发的社会力量，其中不乏物资资源雄厚、市场竞争能力强大的国有企业和民营企业，但这些龙头企业参与过程中带有浓厚的政治色彩，扶贫行动以政府意志为导向。而那些自愿参与其中的社会主体，如小型企业、经济合作社或者社会组织，他们的物资资金或市场能力都比较有限，这严重制约了他们扶贫效率的发挥。

其次是参与扶贫的社会主体规模过小。在政府行政能力的动员下，参加定点扶贫的单位在2013年达到310家，23个省（自治区、直辖市）确定了结对帮扶关系。与以往相比，中国的定点扶贫和对口扶贫取得了很大的进步。但相对于贫困人口存量较大、政府的财政资源有限的情况，这些进步显然还不够。而在民营企业扶贫、社会扶贫和个人扶贫上，均没有形成较大规模。参与贫困治理的民营企业、社会组织自身规模还有待发展，并急需在民营企业之间、社会组织之间形成合力。

最后是参与扶贫的社会主体管理欠缺。组织规模小、发展历史短的社会组织和企业表现尤为明显。中国社会组织的成立一般是由志愿者发起号召，在成立后自己摸索完善相关的制度设置和组织建设，没有比较成熟、可供复制的方案作为参照，这往往会给其日后管理危机埋下伏笔。比如关于组织的产权分配不明确会造成日后组织内部的利益纠纷。总而言之，除了国内少数发展历史悠久、管理方式专业的社会团体外，其余的企业、民间组织和分散的扶贫力量在从事扶贫行动时，往往缺少科学的管理体制和先进的服务理念，进而带来管理缺失或混乱问题。

三、如何充分发挥社会力量的扶贫功能

一般来说，国家对贫困的理解决定了该国解决贫困的主要方式。以中国为例，在改革开放以前，中国对贫困的认识停留在物质层面，相应地处理办法便是以“输血式”的社会救助为贫困群体提供日常生活所必需的物资资源。随着阿马蒂亚·森的权利贫困观传入中国，以及参与式发展理念在中国盛行，中国政府逐渐意识到贫困的根本原因不仅仅在于物质匮乏，更在于发展能力的欠缺。由此，以往“输血式”的减贫方式被“造血式”的发展项目取代。在赋权参与减贫方式中，政府部门的科层式组织方式难以满足各地差异化的需求，而社会力量却有着与之相反的行动效果。在这种背景下，参与扶贫的社会力量越来越多。但在中国社会力量发展不足的境况下，社会力量在扶贫中遭遇到种种困难和挑战，无法将组织优势最大化地发挥出来。为了构建“政府市场社会大扶贫格局”，如期实现中国2020年的减贫目标，有必要从以下四个方面发挥社会力量的扶贫功能，以期能够促进社会扶贫效率的提高。

（一）发挥政府资源供给能力

中国政府作为中国社会的治理者，有着天然的合法性，这为政府制定政策、调配社会资源提供了便利。政府的优势正是社会力量的缺陷所在。上文也提到，政府部门在扶贫行动上存在的局限也正是社会力量可以发挥优势的地方。政府部门完全可以与社会力量在扶贫领域做到优势互补、合作共赢。但前提是，政府部门要积极发挥自身的资源供给优势，在合理、科学引导社会力量往扶贫开发轨道上运作时，要给予社会力量必要的政策支持、扶贫资源扶持以及完善基础设施建设等，这也是发挥社会力量在减

贫中作用的具体举措。

1. 完善相关社会扶贫政策。目前中国政府出台的有关社会扶贫的政策大多属于宏观政策，旨在鼓励、倡导社会力量参与到中国的扶贫开发工作中。除了宏观政策外，中国政府也出台了少部分更为细致的政策。这些政策往往指向社会扶贫的具体行动，一般是以优惠政策激励社会参与或者是限制某种行为。很显然，关于社会扶贫的宏观政策和微观政策都很有必要，这为社会扶贫提供参与的合法性。但是，目前出台的更为细致的社会扶贫政策却不足以满足社会扶贫主体的实际需求。一方面，社会扶贫涉及政府机构、国有企业、私营企业、国内社会组织和境外机构这五类社会扶贫主体，每一类扶贫主体参与扶贫的途径、方式和缺陷都有所不同，所以它们对政策的诉求也就不一样。换言之，社会扶贫主体在参与过程中有着差异化且多样化的政策需求。另一方面，政府基于社会经济秩序的考虑，在出台政策时往往需要考虑很多因素，兼顾多方面的利益。即使政府有能力出台社会扶贫主体所需要的差异化政策，实践中也会慎之又慎，进而不能良好地回应社会力量差异化的政策需求。但是社会力量参与扶贫已成为必然，构建“政府市场社会大扶贫格局”也是必然之事。由此，政府部门在兼顾社会经济秩序的同时，也应该尽可能地完善相关的社会扶贫政策，以便社会力量能在一个更加开阔和健全的政策环境下发挥自身的扶贫优势。

2. 合理配置扶贫资源。资源对行动目标达成的重要性不言而喻。与政府部门相比，社会力量掌握的资源总量少之又少。但在开展具体的扶贫项目时，社会力量的效率却要比政府部门高。这本身不构成任何问题。但关键在于，社会力量的扶贫资金往往不足以支撑其全部的扶贫行动。为了获取足够的扶贫资金，社会扶贫力量，尤其是社会组织会受到外部环境的约束，如政府部门给予社会组织资金时必然会对资金的使用做出限定。为了避免资金匮乏影响扶贫成效，政府部门应该将部分扶贫资金转移到社会组织，比如通过“服务购买”方式，将扶贫项目交由社会力量具体执行。通过扶贫资金转移来提高社会主体的资源实力，进而使其更好地发挥减贫作用。此外，在转移资金过程中，政府部门应当避免扶贫资金的“马太效应”，不要将扶贫资金过多转移到某几个社会扶贫主体上。因为这样不仅会造成社会扶贫主体之间相互争夺扶贫资源，还会使得扶贫资源配置不合理。只有公平、合理的扶贫资金转移才能够使当前扶贫格局中政府与社会主体、社会主体之间的资源竞争关系转化为合作共生、互通有无的良性关系。所以，政府部门不仅要为缺乏扶贫资金的社会主体提供必要的资源，还应该以公平、合理的方式分配这些资源。

3. 完善基础设施建设。贫困地区之所以陷入低度发展状态，除了自身能力不足、发展资源匮乏外，区域性的基础设施缺乏也是重要方面。区域性基础设施建设不完善会增加发展成本。最简单的例子便是道路建设。畅通的交通可以降低货物运输成本且更有效率，而在交通闭塞地区运输货物效率低且成本高。从目前的贫困人口分布上看，中国大多数贫困群体分布在边远山区。这些地区的交通、水电和灌溉设施比较落后，这就导致企业到这些地区投资建厂时面临着较高的外部成本。由于成本增加，社会扶贫主体在这些地区的扶贫行动也会受影响。为了尽量降低发展项目的外部成本，政府部门应该对贫困地区的基础设施进行完善，补齐基层设施建设和公共服务的短板。这不仅有利于市场机制在贫困地区的扩散和社会组织效能的发挥，对贫困地区的日常生活也很重要。

（二）建立全民参与的扶贫理念

作为社会治理的重要内容，参与贫困治理不仅仅是政府应该承担的责任，市场力量和社会力量也应该为之奉献一己之力。但中国普遍的扶贫理念还没有建立起来。所以贫困治理与政府部门的其他工作一样，都存在政府外的力量主动参与不足问题。在全民参与的扶贫理念，包括企业社会责任相当薄弱的情况下，参与贫困治理的社会主体不仅数量不够多，而且实力还有所欠缺。这也是社会扶贫力量在应对贫困问题时遇到的挑战之一。政府部门应当联合其他社会力量共同构建全民参与的扶贫理念，以更大规模的社会力量促进贫困问题的解决。

从现实基础看，构建全民参与的扶贫力量有很大可能性。随着中国经济发展水平的提升，人们的收入水平普遍提高。手中拥有更多的资金，这是人们参与到社会治理事业的经济基础。除了经济条件外，新时期的人们比以往更加关注自身权利实现的问题，越来越多的人以“合法公民”的身份出现在公共治理领域。这种“公民意识”的觉醒是建立全民参与的扶贫力量的思想基础。构建全民参与的扶贫理念具有很大的现实可能性，政府要做的事情便是合理引导这种扶贫理念的形成，尤其要注重对“先富裕”起来的那部分群体加以引导。此外，在放开社会空间的同时，政府也要避免这种扶贫理念往消极方向发展，警惕风险高的集体行动对社会秩序和全民参与理念的破坏。

除了政府部门的积极引导和宣传外，社会空间本身也要由内而外地发育出这种全民参与的扶贫理念。在以往的社会扶贫中，不管是定点扶贫，还是对口扶贫，均是政府“口令式”的行动，行政动员色彩过于浓厚，自愿性质不足，并不是真正意义上的社会扶贫。真正意义上的社会扶贫应该是在无任何形式的外在压迫下，不同主体参与其中的主动行为，进而真正实现扶贫主体的社会化、扶贫资源的社会性和组织方式的自主性。一旦社会空间内生出这种扶贫理念，社会扶贫才是真正意义上的社会扶贫。

由此看来，政府部门在合理引导、构建全民参与的扶贫理念之时，社会空间本身也应该有所发力，将“政府要社会扶贫”向“政府和社会要扶贫”的“双轮驱动转变”。一旦全民参与的扶贫理念得以构建，参与到扶贫开发中的社会力量就有可能大幅度上涨，这些力量能够撬动更多的扶贫资金，这也间接解决了社会扶贫主体资金不足的问题。

（三）构建制度化的参与机制

政府扶贫历史悠久，加上扶贫是政府的政治职能——不是市场和社会的“道义”工作，所以长期以来政府都被当作扶贫工作中的重要主体。相较于政府，社会扶贫则更加像是一种辅助性、补充性的扶贫工具，如上文提及的汶川地震社会组织联合行动。作为地震中的两个重要的紧急救援联合组织，联合办和协调办在紧急救援中和灾后重建阶段面临的政治环境显然不同。在地震刚发生时，政府力量难以全面覆盖全部受灾县，需要社会力量的援助。此时，政府部门大力支持联合办和协调办的建设工作。但在地震发生半个月后，灾情有所减缓，政府力量已经全部进入灾区，当地政府开始限制联合办和协调办的行动，最终导致二者解体。

上述的社会组织在整个救灾过程中只是应急性和暂时性存在。虽然从1994年《国家八七扶贫攻坚计划（1994—2000年）》开始，中央政府就号召社会力量参与到社会治理之中，但在实践过程中，参与进来的社会力量缺乏制度的保障。参与进来社会力量即使得到政府的很大鼓励，也很难保证外部环境发生变动后这些社会力量不受影响。所以构建一个常态化的参与机制就显得很有必要。在这种常态化参与机制下，社会扶贫被放置到一个与政府扶贫同等重要的位置，进而保证社会扶贫的长效性。

将这种常态化的扶贫长机制进一步演化发展，便成了制度化的参与机制。制度化参与机制除了要保证参与过程是制度化的，不是人为主观性选择的结果外，还要确保有一整套行之有效的运作规范、动员机制、协调机制、整合机制、激励机制和评估机制等。从实践上看，这种制度化的参与机制还没有形成，中国的社会扶贫正处于探索阶段。有些地方存在定点扶贫和社会扶贫形式化问题，其他社会扶贫力量在参与过程中缺乏科学的引导和规划，形成各自为政的局面。为了更好地发挥社会扶贫的作用，构建制度化的参与机制是当务之急，不能再把社会扶贫当作应急性、暂时性角色来看待。

(四) 加强组织能力建设

与西方国家社会力量上百年的发展历史相比，中国的社会力量发展历史极为短暂，仅有不到30年的时间。发展历史短暂导致社会力量本身发展不完善。这种不完善除了体现为规模过小外，还体现在组织建设上不健全。中国社会力量参与扶贫开发工作的实践极为短暂，积累的经验不丰富，在日常的组织协调、组织管理、处理内外部危机、组织发展创新和动员外部资源上显得能力不足。为了更好地发挥社会力量的扶贫效果，应该从以下两个方面加强社会扶贫力量的组织能力建设。

一是完善组织的管理结构。组织建设是否完善、成熟的标准之一是组织内部管理架构是否科学，包括组织制度、组织理念和信息传达模式等。在社会空间发育迟缓的情况下，中国社会力量并不属于西方国家严格意义上的社会空间。如许多社会扶贫主体在组织内部的管理上存在种种缺陷。组织管理上达不到理想的状态会增加组织日常运行成本，妨碍效率的提高。研究表明，那些参与国外大型机构项目的社会组织，在组织管理上常常是比较理想的，原因是他们能够学习到先进的管理结构和方式。所以中国本土的社会力量在组织管理上并非没有改进的余地，只是没有学习或接触到先进管理理念和方式的机会。为了使社会扶贫力量更加完善，政府也应该为社会扶贫力量学习先进的组织管理方式上创造机会，以便能够提高社会力量的扶贫效率。

二是完善社会主体的扶贫能力。社会力量的各个主体，特别是社会组织在实施减贫项目上具有较大的灵动性，能够依据贫困群体的现有资源条件制定针对性更强的扶贫项目，这是社会力量参与贫困治理的优势所在。

但是在新形势下，中国贫困人口的致贫因素越来越多样化，减贫难度空前加深，这给社会扶贫力量增加了扶贫压力。所以社会主体本身也应该增强自身的扶贫能力，这既包括以企业、经济合作社为代表的市场主体要增进他们自身的市场竞争能力和生产技术才能够提高他们带动贫困户发展的能力，还包括以非营利组织为代表的国内外社会组织应该提高他们的创造性和应变能力，以更具创造性的发展项目来满足贫困群体的差异化诉求。

·第八章·

多元协同大扶贫格局的中国特色及其意义

中国的基本国情为“人口多、底子薄、耕地少”。同时，中国也是世界上贫困人口最多的国家。数据显示，按照世界银行1美元的贫困标准计算，中国在1981年有8.6亿贫困人口，贫困发生率为90%，比世界排名第二的贫困国家印度多出4.3亿[①]。但中国在改革开放的历史进程中大规模地减少了贫困人口，是中国经济社会发展的一大成就。参与中国减贫事业的扶贫力量多种多样，既有利用财政扶贫资金的各级政府部门，也有市场经济领域的企业，更有近些年在社会空间中不断发育的社会力量。扶贫力量多样化，正切合中国地域广袤、差距大但贫困人口多、底子薄的国情，这也是中国减贫成就巨大的原因。与过去多样化的扶贫力量单独作战不同，新时期的扶贫力量在不断扩大的时候，还表现出双向互动、多元协同作战的互动关系。中国语境下的政府、市场和社会之间的相互关系不同于其他国家，尤其是在中国政府的主导下，多元协同大扶贫格局表现出中国独有的特色。在具有中国特色的多元协同大扶贫格局中，中国扶贫格局的理论与实践意义也值得我们思考和挖掘。因为这既是中国模式或者中国经验的重要构成部分，也是推进当前扶贫开发工作不可或缺的要点。

① 陈少华，马丁·瑞沃林：《发展中国家比我们早先的设想更贫困，但反贫困斗争依然成功》，世界银行政策研究工作论文，2008年8月25日。

一、多元协同大扶贫格局的中国特色

协同治理是近些年出现在社会治理领域的一个理论，它强调社会以及社会治理的整体性，即社会以及社会治理应当是由政府、企业、社会组织和公民个人诸多子系统构成的整体。与此相对应，协同治理所倡导的社会治理方式也与政府主导的单一模式有所不同。它认为政府应该将企业、社会组织和公民个人诸多子系统协调统一在制度化的体系内，以联动、合作的方式激活这些子系统在参与社会治理过程中的主观能动性，进而实现多样化的社会治理。在中国的语境下，多元协同大扶贫格局具有浓厚的中国特色。

（一）政府主导之下的协同关系

一直以来，中国政府在中国各项事业建设中都处于核心位置。这既是基于中国政府在政治制度上的优越条件，更是由政府部门在过去各项社会事业中所取得的巨大成就所奠定。中国政府的政治制度优势和所取得的成绩使人们相信中国政府有能力为“多数人”谋取利益。这是中国政府在各项事业中占据主导地位的政治基础和社会基础。中国政府之所以能够在社会经济建设中取得如此大的成就，这在很大程度上得益于中国政府在治理过程中的学习能力。在实践过程中强大的学习能力为政府主导的正确性提供了必不可少的经验基础。而政府主导正是政府、市场和社会能够协同作战的原因。

社会治理不是政策文本简单作用于目标对象的直线过程。在政策文本作用于治理对象的过程中，政策执行者会遭遇各种各样复杂的局面：未知的环境条件、多元的价值观念和潜在的利益冲突等。而政策制定者，包括专家学者，往往难以全面预见政策落地过程中所可能引发的种种问题。因此，在政策制定到政策落地这一复杂过程中，政策执行者必然会面对各种各样难题，需要快速学习并做出判断。对于像中国这样的转型中的国家来说，具备这种在实践中学习并不断适应的能力更是至关重要。如上文所述，中国政府在扶贫开发的具体工作中，不断摸索和学习，为政府主导奠定了充实的经验基础。

而中国之所以能够在很短时间内将贫困人口大幅度降低，很重要的原因是政府在其中发挥了主导的作用，将减贫作为国家重要的发展战略，形成正式的制度安排，制定正确的减贫目标、方针与政策，凝聚全国各地的扶贫力量，动员全社会共同参与，帮助贫困地区发展，促进贫困人口脱贫。

中共中央、国务院在 1984 年 9 月 30 日出台的《关于帮助贫困地区尽快改变面貌的通知》中指出，减少贫困的根本途径是通过依靠当地人民自己的劳动能力，按照本地的特点，因地制宜，扬长避短，充分利用当地的自然资源，发展商品生产，增强本地区的内部活力。总的来说，在指导贫困地区的扶贫开发工作时，同时兼顾必要的财政支持和发展贫困地区的商品经济。如在坚持土地公有制的前提下，允许农村居民自主选择经营形式，允许转让承包权；又如国家鼓励贫困地区的国有企事业单位让利于民，凡是国有企事业单位无力经营或者不善经营的山场、水面、矿藏可以承包给农民经营；又如“鼓励外地到贫困地区兴办开发性企业（林场、畜牧场、电站、采矿、工厂等），免交五年税”。这些减贫措施无疑是鼓励市场力量参与到中国的扶贫开发当中，与中国当时在农村进行的经济体制改革几乎同步进行。

1986 年中国成立国务院贫困地区经济开发领导小组（1993 年更名为国务院扶贫开发领导小组），中国开始大规模的组织化扶贫。1994 年中国政府制定实施了《国家八七扶贫攻坚计划（1994—2000 年）》，提出用 7 年时间基本解决当时全国农村 8000 万贫困人口的温饱问题，基本方针是开发式扶贫——在国家扶持下，以市场需求为导向，依靠科技进步，开发利用当地资源，发展商品生产，解决温饱问题进而脱贫致富。虽然该《计划》没有明文要求市场力量和社会力量参与扶贫开发工作，但其中规定的扶贫开发方式却为市场力量参与扶贫工作提供了机遇。如该《计划》指出“依托资源优势，按照市场需求，开发有竞争力的名特稀优产品”，“坚持兴办贸工农一体化、产加销一条龙的扶贫经济实体，承包开发项目，外联市场，内联农户，为农民提供产前、产中、产后的系列化服务”。实际上，这就是要求扶贫开发工作应合理利用市场因素。

2001 年中国政府颁布《中国农村扶贫开发纲要（2001—2010 年）》，指出到 2010 年尽快解决剩余贫困人口的温饱问题，进一步改善贫困地区的生产生活条件，巩固扶贫成果。在继承以往开发式扶贫政策和方式的基础上，中国政府再次强调“以经济建设为中心，引导贫困地区群众在国家必要的帮助和扶持下，以市场为导向，调整经济结构，开发当地资源，发展商品生产”。与以往的扶贫战略有所不同，这个纲要明确提出要“积极动员和组织社会各界，通过多种形式，支持贫困地区的开发建设”。这是在中国经济发展重心由农村转移到城市，经济体制改革对农村减贫作用式微的情况下，中国政府积极构建政府、市场和社会共同参与的扶贫机制。

在 2011 年出台的《中国农村扶贫开发纲要（2011—2020 年）》中，中国政府将专项扶贫、行业扶贫和社会扶贫单独列为三个重要的章节来阐述。从这可以看出，中国政府将市场扶贫力量和社会扶贫力量放置到一个空前重要的位置。至此，中国完备的减贫组织体系与政策体系已经形成，主要包括建立以国务院扶贫开发领导小组为主的反贫困组织体系，制定反贫困发展目标，确立 592 个国家贫困县瞄准到 14.8 万个贫困村。在减贫方式上则更加系统化——政府以扶贫信贷资金、财政发展资金、以工代赈资金、优惠政策和减轻农村地区负担等形式开展扶贫工作，市场和社会力量则以产业扶贫、定点扶贫和对口扶贫形式促进扶贫开发，共同强化造血机制，进行开发式扶贫。

中国在改革开放前、改革开放后以及进入新千年后这三个阶段，面对的国内发展局势差异较大，经济、社会发展形式和战略也有所区别。以减贫为例，在改革开放前，中国农村经济僵化造成普遍性贫困，激活农村经济活力的系列经济体制改革便成为减贫的内在因素；改革开放后，中国经济发展重心由农村转移到城市，农村体制改革带动减贫的作用式微，政府变成了推动减贫事业的主要力量；进入新千年后，贫困形式日益复杂，政府力量难以有效应对贫困问题，市场扶贫力量和社会扶贫力量便应运而生。这一系列政策和减贫机制的变化，是政府基于对不同时期扶贫经验的学习和扶贫形式的适应而做出的政策反应。“政府市场社会大扶贫格局”也正是在此基础上由政府主导成立。所以，多元协同大扶贫格局的中国特色首先表现为，在政府主导的局面下，中国政府基于对扶贫形式的学习和判断而不断鼓励与倡导市场和社会参与。

（二）市场参与之下的协同关系

市场主体具有独立的产权，在经济活动过程中享有自主决策权；相应地，市场主体在追求经济利益最大化过程中也要对自主决策承担相应的责任。总的看来，市场主体具有四个重要特征：独立性、灵活性、多元性和营利性。从扶贫行动的产出—收益关系来看，市场主体的独立性、灵活性和多元性无疑有利于提高扶贫资源的使用效率。市场的独立性与灵活性使市场主体的扶贫行动比政府部门更有效率。因为独立性使市场根据市场规律从事市场活动时受到的外部约束少，灵活性为市场依据市场规律对经营战略和策略进行调整时预留了很大空间。而市场主体的多样性——市场主体遍布于社会经济的各个领域，则使得市场可以在扶贫工作中涉及更多领域。这三个特性是市场主体参与扶贫开发的有利条件，奠定了市场为中国扶贫开发事业做出贡献的基调。但是，市场的营利性却可能会与扶贫开发的性质相冲突。由此，市场参与之下的政府、市场和社会关系表现为，政府和社会既希望市场参与其中，努力与之构建和谐关系，但又对市场力量有所约束，防止市场对扶贫开发事业带来负面作用。政府与市场构建和谐关系体现在政府制定相关政策给予市场支持，政府约束市场带来负面作用体现为政府对市场的合理引导上。

1. 市场参与的保障措施。受传统农业生产方式和城乡非均衡发展双重影响，中国农村的基础设施比较落后，市场主体和市场环境严重发育不足。在发展市场的基础设施严重不足的情况下，市场主体在农村地区投资设厂的成本不仅要比基础设施较好的城市地区要高出很多，在投资风险上也要比基础设施较好的地区要大。在此前提下，政府积极、合理地为市场参与贫困治理提供必要的保障措施则是促进市场参与的必要因素。实际上，中国各级地方政府一直以来都从扶贫战略或扶贫政策上鼓励和支持各类市场主体参与扶贫开发。鼓励并保障市场主体参与扶贫开发的措施主要有如下三类。

一是出台市场参与扶贫的激励政策。从更为广泛的角度看，中国的扶贫政策主要包括国家层面的普惠性支持政策和扶贫类专项政策。虽然这些扶贫政策涉及的领域比较广泛，但主要从金融和税收两个方面给予市场主体政策鼓励和政策支持。在具体实践中，地方政府与企业开展经济合作、招商引资等扶贫项目时，地方政府往往会出台各类优惠政策，比如在土地使用、税收减免、行政审批、项目支持等各方面给予优惠措施，方便市场主体在贫困地区开展扶贫行动。

二是改善贫困地区的外部市场环境。长期以来，贫困地区恶劣的生态环境和地理区位是制约贫困地区生产发展的关键因素。这些生态和地理上的因素会进一步造成贫困地区的市场主体和市场环境发育程度不高。即使贫困地区有着丰富的资源优势，但是基础设施的落后会阻碍其将资源优势转化为市场优势。由此，改善外部市场环境对于保障市场主体参与扶贫开发具有重要作用。经过多年的农村开发和建设工作，中国现阶段的农村基础设施得到很大的改善，乡村道路修建、用水用电、交通运输等配套设施的完善也为市场主体参与扶贫开发提供了必要支持。

三是提供服务吸引市场主体参与。除了从政策上给予市场主体激励以及改善贫困地区的投资环境外，政府为参与贫困治理的市场主体提供相关服务也是保障市场参与的重要因素。政府针对参与扶贫开发的市场主体做了如下的服务提升：简化扶贫项目的行政审批程序，构建涉及面更广的市场营销平台，增强对市场主体的技术培训，加强市场风险保障和发展推广区域内的商业品牌等。这些服务也为市场主体参与扶贫开发提供保障，激发市场主体带动贫困地区和贫困农户发展的积极性。

2. 政府对市场的合理引导。市场参与扶贫开发的意义仅从市场主体带动的扶贫资金上就可见一斑。市场主体参与扶贫开发，除了有利于贫困地区和贫困群体的脱贫致富外，还能充分发挥市场配置资源（包括扶贫资源）的基础性作用，充分激发贫困地区经济增长的内生动力。但从市场本质属性上看，市场主体在市场经济环境中趋向于将优质资源投向投入与产出比高的地区和行业，进而谋取更多利润。所以，将市场主体引入贫困地区而无相应的制约机制，很容易形成市场剥夺贫困群体的风险。鉴于此，政府对市场参与进行了合理的引导，鼓励市场主体将市场活动与贫困地区发展有机结合起来。

从目前看来，市场主体或者市场机制在参与扶贫开发中对贫困地区的破坏性影响并不大，这在很大程度上得益于政府部门的合理引导。一方面，政府妥善地处理了其与市场的关系，找准政府和市场在大扶贫格局之中的位置。在政府和市场协同作战的大扶贫过程中，政府部门一改过去惯有的扶贫开发手段，让渡部分政府不擅长的领域给市场主体。政府部门在此过程中主要对项目实施过程进行监督以及对项目结果进行评估，以防止市场主体的“资本逐利”行为。另一方面，政府将贫困地区可用的发展资源与市场主体的优质资源链接在一起，避免市场主体在发展过程中利益受损而贫困地区获益的单向发展局面，构建市场主体和贫困地区双向共赢的机制，进而将市场主体可能产生的风险降低到最低程度。

（三）社会参与之下的协同关系

社会各方力量参与扶贫开发工作是中国扶贫力量的重要组成部分，也是中国的社会主义制度优越性的表征。自从1986年社会力量进入中国扶贫开发工作后，参与到扶贫开发事业的社会力量便逐年增加，并取得显著的扶贫成效。但在20世纪80年代，中国社会空间的发育应该说还是相当薄弱的，潜在的社会力量参与公共空间治理的意识尚不强。此时的社会力量往往是在政府部门的号召之下参与到扶贫开发当中。到了新世纪以后，社会空间虽然得到一定程度的发育，但参与社会治理的意识仍有待改善。所以，与市场参与扶贫开发一样，社会力量参与扶贫开发工作也是在政府力量的指导下进行的。

1. 政府主导奠定社会参与基础。透过社会扶贫的历史实践可以发现，政府主导是社会扶贫得以顺利推进和发展的重要原因。在定点扶贫、对口扶贫方面，政府主导的痕迹和作用更为明显。以定点扶贫为例，从1986年开始至今，定点扶贫工作已有30余年的历史。经过30余年的发展，中国定点扶贫力量不断扩大，现今社会扶贫主体主要有中央和国家机关各部门单位、参照公务员法管理的事业单位、国有大型骨干企业、国有控股金融机构、国家重点科研院校、人民团体、军队和武警部队。2010年国务院办公厅印发的《关于进一步做好定点扶贫工作的通知》要求上述社会扶贫主体均应参加定点扶贫工作，承担相应的定点扶贫任务。这实际上体现了政府在社会扶贫推进过程中的主导作用。

政府主导在社会扶贫发展尚不成熟的阶段有其特有的积极影响。在非政府组织的数量很少以及社会公众的扶贫意识还不成熟的时期，社会力量动员扶贫资源的能力还很弱，由政府出面动员社会力量参与扶贫，是一种更便于操作、更立竿见影的做法。此外，政府主导是社会扶贫的政治保障，社会扶贫过程中的资源整合协调、监督管理等都需要政府部门的介入，政府主导有利于推动社会扶贫向常态化、规范化和持续化的方向发展。从某种程度上而言，在社会扶贫的初级阶段，政府主导有其必然性，也有其必要性。这也是中国社会扶贫几十年来取得较大成效的重要因素。在今后的一段时期内，社会扶贫仍然会延续政府主导，社会力量广泛参与扶贫的格局，将会为社会扶贫的进一步发展奠定基础。

2. 政府动员为社会参与提供动力。扶贫开发既是重大的经济问题、政治问题，也是与发展战略紧密相关的要事。扶贫开发的重要性决定必须动员各种社会力量参与其中，做到“全党动手、全国动员、全社会参与”。社会扶贫取得成效，与多元化的主体参与和多样化社会资源投入密不可分。在社会扶贫的进程中，广泛挖掘社会力量参与扶贫开发为社会扶贫发展提供了动力。而政府在挖掘和鼓励社会力量参与扶贫开发方面做出了重要努力。一方面，从社会扶贫主体来看，除了政府以及与政府部门关联紧密的社会力量之外，各级政府通过积极鼓励、引导、支持和帮助各类非公有制企业、社会组织、社会公众等力量参与到社会扶贫中来。随着社会扶贫力度的加大，参与主体也不断扩展，社会扶贫的覆盖面和影响力不断提升，越来越多的社会力量正在增强扶贫意识、提高参与能力和加大投入力度，为社会扶贫做出了重要贡献。另一方面，广泛挖掘社会资源为社会扶贫服务。通过努力挖掘民间资源，建立社会、企业参与扶贫的激励机制，充分发挥党委、政府及部门的积极作用，使政府、市场、社会的资源形成合力，为社会扶贫的持续发展提供动力。

二、多元协同大扶贫格局的理论意义

在中国特色社会主义制度下，中国的政府、市场和社会协同推进的大扶贫格局，不同于西方国家的政府、市场和社会的关系。在中国的政府、市场和社会协同作战的大扶贫格局中，国家将扶贫上升到一定的战略高度，政府始终保有对扶贫开发的主导地位。在这一主导地位中，政府与市场、社会的关系也隐含着中国的意蕴——政府对市场、社会的强有力引导，市场和社会在政府的指导下开展行动。那么，中国这种大扶贫格局的理论意义和实践意义又何在？第一，中国的多元协同大扶贫格局是对协同治理的实践与回应；第二，中国的这种大扶贫格局可有效应对政府、市场和社会在某些领域的失灵现象；第三，中国的多元协同大扶贫格局是政府"摸着石头过河"的经验总结。

（一）治理理论与大扶贫格局

可以说，多元协同大扶贫格局是协同治理理论在中国农村贫困治理的实践。虽然协同治理源于20世纪70年代的联邦德国，后被援引到中国的社会治理，但这一理论色彩在中国的实践并不必然完全充斥着西方语境下的色彩，而毫无中国本土的特色。相反，中国的扶贫开发历史，尤其是新世纪以来的农村贫困减缓，使西方语境下的协同治理理论呈现出中国的本土特色。

"治理"一词在20世纪90年代成为政治学、社会学和管理学等学科学术研究中常见的学术词汇，其原意为拉丁文和和古希腊语中的"控制、引导、操纵"。在英国学者格里·斯托克对治理理论的不同观点进行梳理后，学术界对"治理理论"的看法逐渐形成以下观点：一是治理的主体不应该只有政府部门，非政府以外的力量应该更为广泛地参与到治理之中；

二是与治理主体多样性对应，治理手段也要随着主体的丰富而丰富；三是这些治理手段的首要目的应该是社会问题和经济问题，不能仅限于政治问题；四是由于多元化治理主体在不同领域占据的优势不同，所以不同治理主体应该团结协作。本质上，治理理论聚焦于权力关系的重新分配——政府部门占据的部分权力向其他治理主体转移，在这个过程中实现治理过程的优化。

放到贫困治理领域，治理理论认为国家并不是唯一的治理中心，而是国家、市场和社会共进的多元治理中心。在政府扶贫力量和市场扶贫力量、社会扶贫力量团结协作过程中，应当构建一种相互合作、相互依赖的优势互补格局。通过多主体合作协商、建立伙伴关系，政府与非政府的合作、公共机构与私人机构的合作、政府与市场的合作等可以克服单一行为主体在扶贫过程中所遇到的难题。在中国过去的扶贫历史中，政府力量、市场力量和社会力量没有形成广泛、制度化的协同关系，但是一些小范围、临时性的合作也给扶贫工作带来不小的积极作用。进入新时期后，社会各界，尤其是政府部门对市场扶贫力量和社会扶贫力量有了新的认识，开始重视市场力量和社会力量在扶贫领域的活动。实践也证明，政府力量、市场力量和社会力量在扶贫领域的协作意义值得重视。在这种情况下，治理理论常常被学术界引证，以促进政府、市场和社会协同推进大扶贫格局的发展。

在治理理论为中国扶贫实践提供理论指引的同时，中国扶贫实践中市场和社会的参与也丰富了治理理论的理论色彩。一是中国“政府、市场和社会协同推进的大扶贫格局”在某种程度上能够说明社会治理理论在中国场域的适用性。援引于西方理论的中国实践，往往是以“他者”的面目呈现，面临着理论色彩与现实境况之间巨大的张力。但在治理理论与中国的扶贫格局中，理论与现实之间的张力虽然也存在，但二者之间的适用性似乎更受到学术界的关注。原因在于，中国扶贫大格局与治理理论之张力所引发的种种问题并非不能克服，而且这些问题和缺陷并不能掩盖中国扶贫大格局所具有的减贫成效。由此，中国的“政府市场社会大扶贫格局”是西方治理理论成功运用于中国实践的案例之一。二是中国“政府、市场和社会协同推进的大扶贫格局”能够丰富治理理论的理论意义。在中国大扶贫格局的实践中，多元主体之间的关系呈现出中国独有的特色，如多元主体之中有一个主体占据主导地位，又如市场和社会力量受到政府力量的约束，但市场和社会力量也需要政府部门给予政策支持。毫无疑问，这些不同于西方多元主体的中国特有关系能够丰富治理理论的内涵。

（二）政府、市场、社会失灵与大扶贫格局

在中共十八大以前，政府在资源配置中一直都起着决定性作用。但随着市场经济制度的不断改革与发展，资源配置方式由以政府为单一主体向政府和市场的二元主体转变。但在具体实践中，政府和市场均存在自身难以克服的缺陷。政府和市场内在的缺陷显见于频繁发生的政府失灵和社会失灵上。政府部门层级分明的管理结构或者政府力量的外在干预，有时候会造成治理行动走向失败。而市场无法达到理想的完全竞争状态，市场经济的外部性往往会造成资源的浪费。二者的缺陷为社会力量的发展和参与提供了契机。与政府失灵和市场失灵相类似，社会力量也存在失灵现象。而中国的政府、市场和社会大扶贫格局恰好能够弥补上述三者的缺陷。因为政府力量、市场力量和社会力量存在的缺陷是造成其失灵的原因，但三者之间的优势互补恰好能够补足这些缺陷，进而避免失灵现象的出现。

（三）扶贫开发中政府的学习过程

在世界历史上，中国的改革开放之路与其他国家的发展道路很不一样，中国的改革开放之路没有现成可学习的样本，所以中国的改革开放是“摸着石头过河”。与此相似，中国政府在扶贫开发事业中也是“摸着石头

过河”。这构成了中国扶贫格局的特色。

在改革开放以来的社会经济制度演变过程中，中国农村减贫形势随中国农村改革与发展趋势的变动而变动。对应地，在这广泛的社会变迁过程中，中国国家贫困治理体系也经历了持续的适应性调整，中国政府的学习能力在广泛的中国贫困治理体系变迁背景中呈现出其意义。简言之，中国农村经济体制改革、农村贫困治理的专门政府议事协调机构的成立和新时期一系列扶贫措施是中国在扶贫实践和学习过程中做出的正确选择。

改革开放之前，中国农村地区普遍实行人民公社制度。在人民公社制度近乎平均分配和层层管理之下，农民生活水平普遍低下，农业生产积极性和生产力水平长期处于低度发展水平状态。改革开放之后，如何打破低效率的人民公社制度对农村生产力发展和生活水平的束缚，是中国农村改革的基本思路。在这基本思路的指导下，中国政府在农业领域进行了大刀阔斧的改革，先是对土地经营制度进行调整，后是逐步放开农产品流通领域，最后是促进乡镇企业快速发展。众多研究表明，中国政府在 20 世纪 80 年代所进行的上述改革是中国农村减贫的内在动力。虽然中国政府部门所进行的上述经济体制改革并不是专门针对农村贫困问题，但中国政府对中国农村所做的判断和所制定的政策显示中国政府具有极强的学习能力。

在农村经济得到一定的发展后，中国政府于 20 世纪 80 年代末将改革的重心由农村转移到城市。在经济发展重心转移的同时，中国政府对农村的注意力也随之减少。普遍意义的农村改革一度陷入停顿，由经济、社会改革带来的农业发展成效也逐渐式微。此时，中国政府在 1986 年成立了专门负责农村贫困治理的政府议事协调机构——国务院贫困地区经济开发领导小组。由此，在中国农村贫困治理领域，虽然失去了经济发展重心转移所带来的一系列政策和国家注意力，却有了专门的国家机构来总体推动贫困治理事业的前行。这再次证明了中国政府在实践中的学习能力和决策能力。

20世纪90年代以来，中国在不断完善市场经济体制的同时，对外开放程度也持续提高。在国内和国外因素的相互作用下，中国的社会经济经历持续快速发展的历程，为农村减贫事业提供了强劲的动力。进入新千年以来，外部的经济和社会环境更加有利于农村地区的减贫事业：一方面，市场经济多年快速增长以及逐渐向农村地区蔓延，越来越多的贫困农户参与到市场经济的竞争之中，这体现在贫困地区的农户从事生产经营和外出务工的空间和机遇空前提高上；另一方面，中国政府以“多予、少取、放活”为核心的惠农政策颁布实施，实际上也为农村贫困治理提供了更多的政策和资源支持。在这一系列“多予、少取、放活”的惠农政策中，中国政府的专项扶贫资金连年增加，专项扶贫的手段和方式也日趋成熟。这再次说明了中国政府在新时期的扶贫开发工作是在不断摸索学习中进行变革的。

可以说，中国农村贫困治理取得成功的一个重要经验就是，将中国农村的贫困治理置于中国农村社会经济制度改革与演进的宏大历史语境中进行理解，并在实践过程中不断学习总结经验。基于对减贫经验的学习和总结，中国政府的贫困治理方式和治理策略也发生了相应的改变，由以单一的结构性致贫因素向结构性与个体性致贫因素相结合转变。在一贯有之的整体制度改革和政策供给的同时，中国还强调贫困地区和贫困人口的差异性和多元化需求，以市场扶贫力量和社会扶贫力量来对不同地区贫困人口的多元化和差异化需求进行回应。

三、多元协同大扶贫格局的反思

纵观中国扶贫开发工作的进程，我们发现要有效回应贫困群体多种多样的发展需求，需要构建“政府、市场和社会多元协同大扶贫”的治理格局。在早期对贫困问题的学术探讨中，学术界往往将目光聚焦于物质条件，认为物资匮乏是导致贫困的首要原因。相应地，中国关于贫困治理的主要手段是“输血式”的社会救助，以为贫困群体提供物质资源为主要的减贫手段。但随着人力资本理论和社会排斥学说在中国盛行，学术界对贫困问题的理解也发生了较为深刻的改变。透过物资匮乏的表象，人力资本薄弱和发展能力剥夺为我们揭示了贫困问题的深层原因。上述对贫困问题的新理解在减贫方式上的反映为，扶贫开发工作不仅限于为贫困群体提供直接的物质帮助，更在于通过人力资本建设和赋权，强化贫困人口自身的发展能力，增强其适应社会环境的能力。此外，越来越多的研究强调，贫困问题成因的复杂性和不同群体所面临的困境是有差异的，多元的致贫原因需要更有弹性和适应性的贫困治理模式。这就意味着，减贫的绩效，取决于政府、市场和社会三者的协调互动，既要关注普遍性的公共产品供给，又要回应特殊群体的差异性诉求；既要保持合理的社会安全网络，又要通过产业发展和市场参与来增强贫困群体的造血能力。

中国政府在新世纪以来，一直致力于构建能够满足上述减贫需求的政府、市场和社会协同推进的大扶贫格局。可以说，在政府的推动下，政府、市场和社会协同推进的大扶贫格局逐步得到完善，在扶贫开发工作中也发挥了重大的作用。但在政府、市场和社会协同推进的大扶贫格局中，仍然存在一些值得我们注意和反思的问题，诸如大扶贫格局中行政色彩浓厚、相关政策不足和社会空间发育不全等。对这些问题的思考和解决有助于构建更加完善的大扶贫格局。

1. 行政色彩浓厚。作为政府部门的补充力量，市场力量和社会力量在中国扶贫开发工作中发挥了不可忽视的作用。这在很大程度上是因为市场力量和社会力量在行动上具有政府部门难以比拟的优势。政府部门受限于行政组织的科层制，在行动上受到“条条框框”的制约，政策实行和运作的效率有时候也会受到影响；而市场力量和社会力量在行动中虽然有自身的行动框架需要遵循，在微观上却比政府部门要灵活得多，能够突破常规科层式行政组织的运行界限，发挥自身的主观能动性，为扶贫行动带来更多的灵活性和创造性。换言之，市场力量和社会力量的“灵活性”是社会各界尤其是政府部门极力倡导市场力量和社会力量参与扶贫开发的重要原因，也是市场力量和社会力量能为中国扶贫开发事业发挥一己之力的优势。但在具体参与扶贫开发过程中，市场力量和社会力量却表现出极大的行政色彩，导致其灵活性和创造性不能够得到最大化发挥。市场力量和社会力量扶贫过程中行政色彩浓厚，表现为两个方面：一是市场力量的参与以政府动员为主；二是社会力量的参与受到政府行政力量的约束。

（1）市场的行政动员。中国政府具有极强的动员能力，能够集中力量办大事，这是中国政治制度具有的优势，也是改革开放后中国在社会经济发展上取得巨大进步的保障。从这个角度看，政府强大的动员能力是一个具有正面意义的事情。但是在政府强大的动员能力之下，市场对资源的动员能力有可能被忽视，这显见于扶贫领域“政府动员强大，但市场、社会动员有限”中。

市场主体参与扶贫济困的历史可以追溯到古代的教会，但市场主体大规模参与并成为扶贫领域中标志性事件的却是1996年的中央扶贫开发工作会议。1996年的中央扶贫开发工作会议提出“全社会扶贫，党政机关要带头”这一“政治命令”。随后越来越多的企事业单位投入扶贫开发领域，承担起扶贫济困的社会责任。这时期市场主体参与扶贫开发的典型特征便是国有企业为主，民营企业相对较少。因为国有企业一般是政府部门投资或控股，与政府部门的联系比较多，在某种程度上看，政府的意志和利益很可能会决定国有企业的行为和盈利状况，因而国有企业受到政府的影响也比较大。所以当中央扶贫开发工作会议提出“全社会扶贫，党政机关要带头”这一“政治命令”时，国有企业参与扶贫开发的数量便逐渐增加。但这并不是说，参与扶贫开发的国有企业全是因为“政治因素”而参与，也有小部分国有企业是本着“让利于民”的惠民思想参与到扶贫开发工作中的。

与国有企业相比较，民营企业参与扶贫开发的行政动员色彩就要淡一些。1991 年，中国首家以扶贫为主要宗旨的民营企业——海南阳光实业贸易发展有限公司开创了企业参与扶贫的道路①。1994 年出台的《国家八七扶贫攻坚计划（1994—2000 年）》倡导“集中人力、物力、财力，动员社会各界力量”解决全国农村贫困人口的温饱问题。在这之后，方小文、王力、王命兴、刘永好等十位民营企业家代表向全国各级工商联执委、常委企业家、全体工商联会员企业家以及所有民营企业家发出《让我们投身到扶贫的光彩事业中来》的倡议。这可以看作民营企业家们对国家“八七扶贫攻坚”行动的响应，众多非公有制企业积极响应、参与到扶贫开发工作当中。在倡议发出的同一年，中共中央统战部下发《关于大力推动光彩事业的意见》，可以看作是国家对倡议的回应，除了高度评价民营企业家们的光彩事业行动外，还对各级政府开展光彩事业的政策、措施做了总体性的指导和规定。从这可以看出，民营企业家参与扶贫事业秉承着一定的“自愿精神”，但也是在国家动员之下才逐渐出现，民营企业家的自愿行动与政府部门的号召是相呼应的。

（2）社会对政府的依赖。按照西方对“社会”的解释，社会力量应当是依据自身力量逐渐成长起来，并成为与国家力量和市场力量相独立的社会空间。但是在中国“强国家弱社会”的格局下，中国社会空间的发育有着一套与西方社会空间发育不一样的发展路径。以社会组织为例，可以说明中国参与扶贫开发的社会力量与西方国家的社会力量有差别。因为在参与扶贫开发的社会力量中，社会组织应当算是最具有独立性和自主性的，但其仍然与政府部门有着千丝万缕的关系。

---

① 李崇明：《企业办扶贫——邓小平特区建设思想的结晶》，《世界经济与政治》1993 年第 8 期。

20 世纪 80 年代末，中国社会力量刚刚开始萌芽，社会组织的力量更是渺小。在这种情况下，民间组织的逐步发展壮大，并在国家政策引导下步入规范的发展道路。国家政策既是在约束社会力量的发育，也是在引导其往政府预期的方向发展。换句话说，社会组织在自身发展过程中主要以国家为标签，笼罩着国家的光环并保持着自身的合法性。据不完全统计，约有 77%的社会组织领导职务是由挂靠单位或主管部门的领导担任。从社会组织自身角度来看，如果社会组织的领导人由当地的政府官员担任，那么在从事民间组织的管理与推动过程中，社会组织便可以从政府部门获取更多的信息和资源。有研究者指出，在决定社会组织发展状况和前途的因素中，政府部门的领导任职于社会组织是最为显著的①。而在实践中，政府主导的社会组织占据中国社会组织较大的比例，具有中国特色的“官办”或“半官办”的社会组织更是随处可见。由此可见，在发展过程中，社会组织并没有与政府脱离，中国社会组织能否顺利发展以及如何发展，与政府对民间组织的控制力度及政府主导之后的政策倾斜程度有直接的关联。

在开展具体的行动时，不管是在汶川地震的抗震救灾活动中，还是在新时期的扶贫开发工作中，不少社会组织为了能够参与其中，会有意识地在政府允许的范围之内开展活动，或者投其所好以争取政府部门更多的支持。如果社会组织以政府部门的意志作为自己行动的取向，那社会组织在扶贫领域所具有的创新性和灵活性也可能受到影响。

2. 支持市场、社会参与的政策不足。由于市场力量和社会力量在贫困治理中具有政府所不具备的优势，所以近些年中国政府极力倡导市场力量和社会力量参与到扶贫开发工作中，国家层面和地方政府层面也为市场力量和社会力量参与扶贫开发制定了相关的激励政策。这些政策的制定和落

① 高丙中：《社会团体的合法性问题》，《中国社会科学》2002 年第 2 期。

实的确促进了市场力量和社会力量发挥减贫成效，但对于市场力量和社会力量来说，这些已制定和落实的政策难以满足它们的实际需求。

（1）市场参与的政策不足。在中国，有关企业参与扶贫开发的法律法规尚不健全，某些方面的制度规范近乎空白，处于一种滞后的状态。也正是由于企业在扶贫开发事业中的法律地位不够明确，导致企业在建立、注册、运作、决策和管理方面极度缺乏明确的规范化依据，这容易在不同方面对参与扶贫的企业合法权益造成损害。而社会企业被看作是企业和非营利组织的合体，它既是企业，也是高级形态的非营利组织，这也为我们从法律方面对它进行区分增加了难度。社会企业的法律地位不明确和缺乏规范化法律管理，致使社会企业在扶贫领域的法制建设无法展现出一种健全的姿态。在社会企业的扶贫领域，相关法律法规仍相当滞后，主要表现为：社会企业有的以一般企业的身份进行扶贫工作，有的则以非营利组织身份进行扶贫工作。这种两重身份的混乱现象，必然会对社会企业进行扶贫工作造成诸多不便和困扰。当前的首要工作就是制定与社会企业相关的法律或管理条例，填补社会企业在社会扶贫工作中的法律法规的空白，逐渐提高立法的质量和层次，强化相关法律的规范性、可操作性，为社会企业的扶贫工作提供坚实的法律保障，从而不断提高社会企业的自主性。

（2）社会参与的政策不足。一是相关法律法规不健全。目前民间社会组织在中国仍处于发展的初级阶段，尽管在国家相关政策的支持下，民间社会组织如雨后春笋一般不断涌出，但由于发展时间较短，国家对于民间社会组织的相关管理制度还很不完善。中国已经建立包括贫困救助、自然灾害救助、特殊对象救助及扶贫工作在内的各种扶贫救济制度，但具体条文大多分散在各种法规政策之中，尚未形成专门的法律体系，难以适应新形势下农村扶贫需要，也不能为改善扶贫组织运行环境、整合扶贫资源、完善社会参与机制、促进监督评估等提供有效的法律保障。民间社会组织参与扶贫更是如此。在当前参与扶贫的民间社会组织数量较少、时间较短、实际活动空间不足的情况下，相关法律法规存在不健全、不合理问题，这主要体现在以下两个方面：一方面是角色定位不明确。民间社会组织作为社会扶贫主体之一，与政府之间应该是合作而非依附关系，当前相关法规中对民间社会组织与政府之间的关系界定模糊，出现了民间社会组织在参与扶贫工作中成为政府“第二条腿”的可能性，不利于其扶贫功能的充分发挥。另一方面是职责权限不合理。在“小政府、大社会”理念的倡导下，政府鼓励社会组织参与到扶贫攻坚中，支持其发挥自身第三方优势，汇聚社会力量共同扶贫。但是理念先行的同时制度并未及时跟上，呈现出“外松内紧”的状况。当前法律法规中对于民间社会组织募集扶贫资金的条件较为严格，在募集资格、募集渠道、资金使用等方面的限制过多，导致民间社会组织能够获取的资源十分有限，给其参与扶贫造成了一定的阻碍。

二是制度环境的制约。民间社会组织实际活动空间狭小，很多领域难以涉足，民间社会组织发展空间受限。民间社会组织参与扶贫的主要资金来源于项目，主要通过政府购买服务、社会组织支持、基金会支持等方式获得资源，大多数民间社会组织筹款能力弱，只能通过以层层项目分包的形式来开展合作。目前，国际组织的援助逐渐减少，民间社会组织享受某些特殊政策方面的优势逐渐减弱，民间社会组织的生存面临很大压力，其扶贫的持续性也受到影响。政府对社会组织认可度不高，导致组织缺乏公信力，在深入乡村时较难得到信任与接纳，增加了扶贫难度。

三是扶持政策较少。民间社会组织参与农村扶贫政策优惠偏少，可操作性不强，落实起来较困难。当前法律法规中对于民间社会组织募集扶贫资金的条件严格，在募集资格、募集渠道、资金使用等方面的限制过多，导致民间社会组织能够获取的资源十分有限，给其参与扶贫造成了一定的阻碍。另外，民间社会组织普遍规模较小、实力较弱，在争取政府购买服务方面难以与其他社会团体平等竞争。

3. 社会空间发育不足。自20世纪90年代以来，中国政府就开始从政策层面积极号召和合理引导市场力量和社会力量参与到农村减贫事业之中。而进入21世纪，中国政府的这种政策倾向更为明显，这也是市场力量和社会力量广泛参与扶贫开发事业的重要因素。但在看到中国政府的这种政策倾向的同时，我们也应该看到中国社会空间发育不足，进而导致参与扶贫开发领域的社会力量虽逐年增加但增加仍然有限。中国社会空间发育不足，并不是社会空间自身因素造成的，与外部的环境如国家力量和市场力量有很大关系。

在古代，社会在国家、市场和社会三者之间应当是占据比较重要的位置。在社会和国家的关系上，社会对国家有着极为重要的影响力。自先秦以来，"仁义礼智"等一整套社会价值观念被放置到一个极为重要的位置，以至于来自社会的"圣人"能够号召底层群众推翻与这套价值观念相悖的国家。这种农民"揭竿起义"推翻当朝统治的例子在古代社会数不胜数，也验证了魏征所说的"水能载舟，亦能覆舟"。而在社会和市场的关系上，市场交易同样受到社会价值观念的约束。与现代社会的市场交易不同的是，古代社会的市场交易除了遵循基本的"等价交换"原则之外，还常常受到社会伦理的制约，如被社区公认为有钱的人，为了表示慷慨或免受公众舆论的指责，他们将响应他人有正当理由的求助。由此，在由伦理道德主导的古代社会里，市场力量很难发展成为一种独立的力量而与社会的伦理道德相抗衡。

到了近现代社会，社会在国家、市场和社会三者之间的重要地位被国家所取代。以"伦理道德"为核心要义的社会力量由于缺乏组织能力而难以将分布于全国各地的社会力量聚集起来。所以在面临帝国主义入侵的国家危机时，社会力量虽然能够号召民众起来进行局部反抗，却无法完全抵抗帝国主义列强大规模的入侵。就在此时，组织纪律性更强的中国共产党应运而生。中国共产党在继承传统文化层面的圣人理想的同时，还将之与契合于大规模集体行动的组织纪律性结合起来，通过土地改革、社会主义改造和人民公社化等运动建立起社会动员机制。而在市场力量方面，中华人民共和国在建立之初就建立了条块分明、层级严密的经济管理结构。通过这种由上而下的经济管理结构，国家掌握了对市场经济的控制权。而此后的计划经济体制更是将国家对各项资源的调配权强化到极致。由此，在层层的制度社会之下，市场力量也受制于国家力量。

改革开放以来，国家意识到对市场和社会的过度抑制不仅压制了社会的活力，还给社会经济的发展带来了负面的影响。所以在改革开放后，中国政府有意识地弱化自身对社会资源的控制力度，开始为市场和社会让渡出一些空间。但是由于国家力量在近代社会发展壮大的过程中，传统社会发展起来的社会力量受到很大的冲击，所以在国家让渡出一些发展空间的时候，社会力量并没有得到较大发展，反而是市场力量得到较为明显的发展。因此，即使是在国家有意识构建“小政府大社会”的新时期，中国的社会空间仍然发展有限。

由此可见，中国社会空间的发育不足并不是有史以来就有的事情。在古代社会，中国的社会力量还是能够与其他力量相抗衡的。让人遗憾的是，在此后的内忧外患以及国家、市场的崛起中，社会力量逐渐弱化，进而导致参与现代扶贫开发工作的社会力量不足。但是当代社会空间发育不足并不仅仅是社会本身的问题，国家力量与市场力量在发展壮大过程中对社会力量的压制或破坏也是重要的原因。所以，要增强扶贫领域的社会力量，就要改善社会在国家—市场—社会三者之间的关系，进而促进社会空间的发展。

后记

党的十八大以来，我国扶贫开发事业进入一个崭新的阶段。全国上下一系列超常规脱贫攻坚措施不仅从根本上改变了此前形成的扶贫开发格局，而且为国家治理、社会治理创造了很多崭新经验。实践变化是如此之快、如此之大，以至于研究工作有时候才刚刚开始，就已经被实践抛在了身后。

本研究启动于两年以前，现在来看，研究中讨论的一些问题已经被实践所超越。若要跟进实践变动的步伐，把新近成果吸纳进来，本研究恐怕还需要再花一两年甚至更长时间。到了那个时候，脱贫攻坚战已然结束，本研究服务于脱贫攻坚战的初衷恐怕也就付诸东流了。于是，笔者只好不揣浅陋，将仍然颇为粗糙的成果付梓出版了。

本书是由陆汉文提出写作框架，梁爱有撰写各章初稿，其中第二、三章初稿由梁爱有在陆汉文、彭堂超完成的一项研究报告的基础上修改而成。初稿完成以后，覃志敏、岳要鹏对部分章节进行了润色加工，陆汉文最后修改定稿。

国务院扶贫办全国扶贫宣传教育中心主任黄承伟研究员就写作大纲和初稿提出了具体指导意见，并对作者一再拖延交稿时间给予宽容和理解。湖南人民出版社黎红霞博士也一直关心书稿进度，不时送来温馨的提示。

本书的延宕影响到整个丛书的出版进程，作者深感愧疚。借书稿出版之机，特向他们及丛书其他作者致以诚挚歉意！同时也衷心感谢黄承伟研究员和黎红霞博士，没有他俩的关心和支持，本书的出版恐怕遥遥无期了！

因成书仓促，本书一定存在许多错讹之处，这些概由作者负责。祈望扶贫领域的研究者、政策制定者、实践推动者批评指正。

图书在版编目（CIP）数据

政府市场社会大扶贫格局 / 陆汉文，梁爱有，彭堂超著. —长沙：湖南人民出版社，2018. 7

（中国扶贫攻坚前沿问题研究丛书 / 黄承伟主编）

ISBN 978-7-5561-1745-1

I. ①政… II. ①陆… ②梁… ③彭… III. ①扶贫—研究—中国 IV. ②F126

中国版本图书馆CIP数据核字（2017）第293718号

ZHENGFU SHICHANG SHEHUI DA FUPIN GEJU

政府市场社会大扶贫格局

著　　者　陆汉文　梁爱有　彭堂超
责任编辑　黎红霞　郭　平
装帧设计　黎　珊

出版发行　湖南人民出版社［http://www.hnppp.com］
地　　址　长沙市营盘东路3号
邮　　编　410005

印　　刷　长沙超峰印刷有限公司
版　　次　2018年7月第1版
　　　　　2018年7月第1次印刷
开　　本　710 mm × 1000 mm　　1/16
印　　张　18. 5
字　　数　240千字
书　　号　ISBN 978-7-5561-1745-1
定　　价　68.00元

营销电话：0731-82683348　　（如发现印装质量问题请与出版社调换）